治理秩序论：经义今诂

秋 风 著

广西师范大学出版社
GUANGXI NORMAL UNIVERSITY PRESS
·桂林·

图书在版编目（CIP）数据

治理秩序论：经义今诂 / 秋风著. —桂林：广西
师范大学出版社，2013.10
　ISBN 978-7-5495-4353-3

　Ⅰ．①治… Ⅱ．①秋… Ⅲ．①行政管理－政治
思想史－中国－古代 Ⅳ．①D69

　中国版本图书馆 CIP 数据核字（2013）第 212779 号

广西师范大学出版社出版发行

（广西桂林市中华路 22 号　邮政编码：541001）
　网址：http://www.bbtpress.com
出版人：何林夏
全国新华书店经销
湛江南华印务有限公司印刷
（广东省湛江市霞山区绿塘路 61 号　邮政编码：524002）
开本：880 mm × 1 240 mm　1/32
印张：12.25　　　字数：250 千字
2013 年 10 月第 1 版　　2013 年 10 月第 1 次印刷
印数：0 001~4 000 册　　定价：45.00 元

如发现印装质量问题，影响阅读，请与印刷厂联系调换。

目　录

自　序

　　广川董子云："道者，所繇适于治之路也。"五经十三经者，华夏-中国之道之文也。

　　余少习国史，后治西学，中年始读诸经。每叹其广大而精微、高明复中庸，而不能自已。遂取《尚书》、《周易》、《礼记》、《论语》、《孟子》诸经之十章，诂解其大义，探寻华夏-中国治理之道。

　　华夏-中国治理之道自始即为超大规模的"天下"治理之道，故以《尚书·尧典》开篇，论天下之大义；

　　治理之主体为人，对象为人，故次之以《孟子》不忍章，论人心之趋向；

　　无君子即无治理，故次之以《论语》首章，论君子养成之道；

　　治理当以人之开明为前提，故次之以《周易》"蒙"卦，论发蒙之道；

　　治理仰赖于规则，故次之以《尚书·皋陶谟》，论客观规则之治；

　　徒善不足以为政，故次之以《孟子·离娄上》仁政章，论仁本宪政之道；

邦国、天下不可以无财，故次之以《大学》平天下章，论健全的财政之道；

治国平天下有道，故次之以《论语》季氏篇，论治国平天下之大道；

政、制必有弊，弊则不通，不可以不变，故次之以《周易》"革"卦，论变革或革命之道；

秩序生成于人之秩序想象，故次之以《礼运》大同章，论华夏-中国之秩序想象。

以上十篇均依乎汉、宋儒之注、疏，参以现代人文与社会科学理论，疏解经文大义，以揭明社会治理之常道。不求有所发明，唯愿得圣贤用心之一二。当此三千年未有之变局，与时贤共作商量。

壬辰岁杪，蒲城姚中秋于北京三里河陋室

第一篇　天下:《尧典》义疏

　　孔子删定《尚书》,断自尧舜。正是帝尧,初步构建华夏"天下",仅具有地理意义的华夏具有了文明意义。此后,中国人生存之文明与政治框架就是作为一个超大规模的文明与政治共同体的天下,圣贤所思考者也是天下之优良治理。由圣王之言行与圣贤之思考所构成的华夏-中国治理之道,从一开始就是普遍主义的天下治理之道。欲明中国治理之道,自当从天下开始。《尧典》则清晰地记载了帝尧构造天下之道。

平天下之德

《尚书·尧典》开篇云:

　　曰若稽古:帝尧曰放勋,钦、明、文、思、安安,允恭、克让。光被四表,格于上下。

　　"曰若"者,语词,不为义。稽古者,考古也。"曰若稽古"的意思就是稽考古事。①

　　这句话十分清楚地表明了《尧典》的性质。晚近疑古学派断定，《尧典》乃战国后儒者伪造。此说荒诞无稽，无待反驳。然今人诵读《尧典》，亦不免生疑：何以《尧典》之文字相当晓畅？"曰若稽古"四字已明白而诚实地说明，《尧典》并非成文于尧舜之时，而成文于周时。当然，具体时间，今天已无法确定。推测起来，大约是周室史官或瞽师稽考历代口耳相传之史而写定。很有可能是在周室东迁、礼制崩坏之时，瞽、史忧惧圣王之道湮灭，乃写定成文，以保存圣王言行，昭示后人。也因此，它大体上呈现为略微明白晓畅之韵文。② 而尽管写成于两千年后，但瞽史口耳相传之史实当确凿无疑，因为，那就是瞽、史的生命。

　　尧、放勋究竟是名、是号、是谥？经学家们说法不一，此处不欲定论。重要的是，尧为"帝"。不过，这里可涉及另一问题：究竟是尧时已称帝，还是后代追谥，而当时称王？对此，经学家们同样说法不一。③ 重要的是，尧乃为人所公认之共主。然而，尧何以为共主？经文乃列举帝尧之七德。

　　首先需指出，此处之德当为德行，而非今人所说的道德、

----

① 关于此句之意，可见皮锡瑞之考证。皮锡瑞：《今文尚书考证》，中华书局，1989年，第3—4页。

② 与之相反，《尚书》所收之周公书，则多为实录，故比较而言，反而诘诎聱牙，难以索解。

③ 董仲舒《春秋繁露·三代改制质文篇》云：王者之法，必正号，绌王谓之帝，封其后以小国，使奉祀之。下存二王之后以大国，使服其服，行其礼乐，称客而朝。故同时称帝者五，称王者三，所以昭五端，通三统也。是故周人之王，尚推神农为九皇，而改号轩辕谓之黄帝，因存帝颛顼、帝喾、帝尧之帝号，绌虞而号舜曰帝舜，录五帝以小国。下存禹之后于杞，存汤之后于宋，以方百里，爵号公。皆使服其服，行其礼乐，称先王客而朝。

德性。

帝尧德行之首为"钦"。孔传:"钦,敬也。"①这是敬第一次作为德行之一种被记录在案。在稽考帝尧之圣的人士看来,敬是帝尧最为重要的德行。事实上,只要思考敬之内涵,即可发现,敬是后面所列各种德行之基础。

敬是什么?后来周公重申敬之德,徐复观先生解释说:"尤其是一个敬字,实贯穿于周初人的一切生活之中,这是直承忧患意识的警惕性而来的精神敛抑、集中,及对事的谨慎、认真的心理状态。"②敬是一种态度和意向,一种精神状态:精神始终处在紧张、诚悫、专一的状态,面对外界的一切,天、神、人、事、物,以"战战兢兢、如临深渊、如履薄冰"③之态度严肃地对待它,负责任地处理它。对于未来可能的风险,则尽可能做好应对的准备。这样的精神状态是其他一切德行之心理前提。没有敬,就不可能有其他德行。帝尧之所以具有伟大的德行,就是因为他有敬之自觉。

帝尧以敬为德之首,对于华夏族群具有典范意义。此后五千年,敬就是最为卓越的中国人之最为重要的品德,敬始终在华夏—中国德行纲目之首,历代圣贤也反复发明、重申之:周公作《康诰》《酒诰》《无逸》,为周人立教,核心就是敬。周礼之本,也正在于敬。《礼记》开篇《曲礼》曰:

① 《尚书正义》卷二,《虞书·尧典第一》。
② 徐复观:《中国人性论史·先秦篇》,台湾"商务印书馆",1969 年,第 22 页。
③ 《诗经·小雅·节南山之什·小旻》。

毋不敬，俨若思，安定辞。安民哉！

郑玄注：礼主于敬。

孔颖达正义曰：《孝经》云"礼者敬而已矣"是也。又案郑《目录》云"《曲礼》之中，体含五礼"，今云"《曲礼》曰毋不敬"，则五礼皆须敬，故郑云："礼主于敬。"然五礼皆以拜为敬礼，则祭极敬、主人拜尸之类，是吉礼须敬也。拜而后稽颡之类，是凶礼须敬也。主人拜迎宾之类，是宾礼须敬也。军中之拜肃拜之类，是军礼须敬也。冠昏饮酒，皆有宾主拜答之类，是嘉礼须敬也。兵车不式，乘玉路不式，郑云"大事不崇曲敬者"，谓敬天神及军之大事，故不崇曲小之敬。

一直到宋明儒，其所示人的修身之道，无非敬而已，其渊源就在帝尧之德。

帝尧之第二德为"明"。马融、郑玄解释说："照临四方谓之明。"《洪范》五事曰："视曰明，听曰聪。"《论语·季氏》篇之孔子曰"君子有九思：视思明，听思聪"云云，皆以视之"明"列为感官之德之首。对此，《困学纪闻》卷七解释说：

四勿、九思，皆以视为先。见弓以为蛇，见寝石以为伏虎，视汩其心也。闵周者，黍稷不分；念亲者，莪蒿莫辨：心惑其视也。吴筠《心目论》：以动神者，心；乱心者，目。《阴符经》：心生于物，死于物，机在目。蔡季通释其义曰："《老子》曰：'不见可欲，使心不乱。'西方论六根、六识，必先曰眼、曰色，均是意也。"

　　人主要通过视觉认知他人、认知外部世界。控制视觉,保持视觉的客观性,是准确地认知他人、世界的根本所在。而帝尧具有敬之德,因此,他能够有效地控制自己的视觉,而对他人、对外部世界始终具有准确的认知、把握。

　　这一点,对于构建天下的伟大事业至关重要。构建天下,意味着对于下面将提及的九族、百姓、万邦各自之特征,对于这些共同体横向、纵向间的关系,都有准确的把握。更深一层次,对于人之天性,人之上的超越者,对于当时的人们的生存状态,对于他们的希望等等,都具有准确的理解。也就是说,他必须让自己"照临四方"。

　　从这个意义上说,帝尧之明就是开明,就是理智,《史记·五帝本纪》对"钦、明、文、思、安安"有解释性转写:"其仁如天,其知如神。就之如日,望之如云。富而不骄,贵而不舒。黄收纯衣,彤车乘白马。"经文之"明"大约就是这里的"知"。具体来说,就是准确地观察、深入地思考、恰当地判断,以及审慎而坚定地行动的能力。举例来说,假如帝尧对于人的天性缺乏准确体认,他就不大可能采取下面所说的合理的合群策略。而在实施这些合群策略的过程中,如果他不是足够的明,也就不可能让每个参与者各得其所,从而维持天下之稳定。

　　帝尧之第三德为"文"。马融、郑玄皆解释为:"经纬天地谓之文。"此处之文,就是孔子讨论的文质之文,也即司马迁比较具体地描述的"黄收纯衣,彤车乘白马"。这样的文就是礼文,就是礼乐,就是以完善的规则所支持的高贵、优美的形象。人皆有向往文明之心,帝尧以其文德获得人们普遍而诚心的尊敬。而此后,华夏文明也总是以"修文德"吸引远方之人,也即通过自己的文明,赢得远人的尊敬,使之自愿归附。文德是帝尧所具有的感召性力量。

帝尧之第四德为"思",今文作"塞"①。何谓塞?皮锡瑞引郑玄注《考灵异》云:"道德纯备谓之塞,宽容覆载谓之晏。"含义仍不显豁。《皋陶谟》中,皋陶论"亦行有九德",内有"刚而塞",孔颖达正义曰:"塞训实也。刚而能断失于空疏,必性刚正而内充实乃为德也。"②而《舜典》帝舜命夔典乐,教胄子以四德,内有"刚而无虐"。可见,塞即无虐。明、文均具有刚的倾向:明即明察,文则高贵。两者若失之于过,则令人敬而远之,不足于协和万邦。塞之德表明,帝尧道德纯备,因此,虽明、虽文,却并无苛虐。反过来,如司马迁所说,天下之于帝尧,"就之如日,望之如云"。

安安,今文作"晏晏"。蔡邕《司空袁逢碑》曰:"其惠和也,晏晏然。"③晏晏就是惠和之态,也就是郑玄所注的"宽容覆载"。晏就是和,即和柔、宽和,也就是皋陶九德之"宽而栗,柔而立"中的宽、柔。"晏晏"就是司马迁所说的"富而不骄,贵而不舒"。

总起来说,"明、文"与"塞、晏晏"似乎形成某种互补。这构成了帝尧的第一组德行。

帝尧的第二组德行是"允恭、克让"。

孔传:"允,信。克,能。"郑玄云:"不懈于位曰恭,推贤尚善曰让。"④钦、明、文、思、安安是对人之德,允恭、克让则是对待自

---

① 《今文尚书考证》,第 7 页。
② 《尚书正义》卷四,《皋陶谟第四》。
③ 《今文尚书考证》,第 7 页。
④ 《尚书正义》卷二,《虞书·尧典第一》。

己的位和职分的态度。《说苑·敬慎篇》曰:"昔尧履天子之位,犹允恭以持之,虚静以待下。"恭者,供也,贡也。每个职位均有特定的义务,在其位,当谋其政。天下共主之位同样如此。帝尧在此位上,能够恪尽职守,履行共主之位所要求之义务。

"克让"同样是对待位的态度,说明帝尧完全从此位于天下之作用的角度而思考谁在此位。因此,他能够谦让此位,而不贪恋此位,确保此位的公共性,此即"推贤尚善"。《礼运》篇说的"天下为公",就是克让。帝尧允恭,所以克让。在帝尧心目中,那个位本身之功能,才是至关重要的,自己能谋其政,则守其位,不能谋其政,则让其位。

接下来的"光被四表,格于上下"是描述帝尧之上述德行具有十分广大的影响。光者,广也。① 俞樾《群经平议》以为,"表"字系以衣为喻:"以其在极外而言则曰四表,犹衣之有表也。以其在极末而言则曰四裔,犹衣之有裔也。"金景芳先生认为,广被四表"意谓尧之德泽广及四边夷狄。这正说明尧作为华夏部落联盟首长,其实力虽不能与后世中央集权的秦汉帝王相比,但是其统摄的范围绝不仅限于中原地区,四裔少数民族肯定也在他的影响之内"②。

"格于上下",孔传:"格,至也……至于天地。"也就是说,帝尧之德上至于天,下及于地。下及于地容易理解,也就是广被于人。上至于天,则是孔子所说的"唯天为大,唯尧则之",对此,经文下面将会述及。实际上,回头来看孔子对帝尧之赞美,与这里

---

① 参考《今文尚书考证》,第 8—9 页。
② 金景芳、吕绍刚:《〈尚书·虞夏书〉新解》,辽宁古籍出版社,1995 年,第 11 页。

所述之帝尧德行，似乎有密切关系。《论语·泰伯》篇：

> 子曰："大哉，尧之为君也！巍巍乎！唯天为大，唯尧则
> 之。荡荡乎！民无能名焉。巍巍乎！其有成功也；焕乎，其
> 有文章！"

总之，帝尧具有十分伟大的德行。帝尧也正是依凭这样的
德行构造天下。帝尧确立了华夏之道的根本范式：德行为本。

合群之道

帝尧以自己伟大的德行展开构造天下之伟大事业：

> 克明俊德，以亲九族。九族既睦，平章百姓。百姓昭
> 明，协和万邦。黎民于变时雍。

帝尧本人具有建国者之伟大美德，此即"克明俊德"。经学
家们对此有两种不同诠释：孔传解为"能明俊德之士任用之"；
《中庸》谓"自明也"，也即"明明德"，自明其固有之明德。但也
许，司马迁通过对《尧典》之诠释性转写，最得真义：

> 能明驯德（《集解》：徐广曰：驯，古训字。《索隐》：史记
> "驯"字，徐广皆读曰训。训，顺也。言圣德能顺人也。案：
> 《尚书》作"俊德"，孔安国云"能明用俊德之士"，与此文意别

也），以亲九族。①

帝尧能够彰显自己的"顺人之德"，以使九族亲。

就本段文脉而言，"族"是最小的共同体单元。《白虎通义·宗族》这样解释宗与族：

> 宗者，何谓也？宗，尊也，为先祖主也，宗人之所尊也。《礼》曰："宗人将有事，族人皆侍。"圣者所以必有宗，何也？所以长和睦也。大宗能率小宗，小宗能率群弟，通于有无，所以纪理族人者也……
>
> 族者，何也？族者，凑也，聚也，谓恩爱相流凑也。生相亲爱，死相哀痛，有会聚之道，故谓之族。《尚书》曰："以亲九族。"族所以九何？九之为言究也，亲疏恩爱究竟也，谓父族四，母族三，妻族二。②

"族"是长期共同生活在同一个居民点的一群人，其间的联系纽带主要是感情。此感情可能来自血缘，来自婚姻，但也可能来自同一地域的共同生活关系。族并不单纯是一血缘团体。关键是长期而密切的联系所产生的恩爱之情，换言之，这是今人所说的"熟人社会"。它是自然地形成并保持长期稳定的最小的社会治理聚合体。

天下就是由这些族组合而成的。但从族到天下需经过几个

---

① 《史记·五帝本纪第一》。
② 《白虎通义》卷八，《宗族》。

层次，形成大小不同的共同体，帝尧运用不同的原理，构建或者说稳固不同层级的共同体。

首先，若干族聚合而为"九族"，九族构成中间层级的共同体。但经学家对于"九族"向来有两种解释，《白虎通义》已记载了一种，《尧典》传疏如下：

> 孔安国传：九族，上自高祖，下至玄孙，凡九族。马、郑同。百姓，百官。
>
> 孔颖达正义曰：又《异义》、夏侯、欧阳等以为九族者，父族四、母族三、妻族二，皆据"异姓有服"。①

第一种说法的"九族"之间纯粹依靠血缘关系联结；第二种说法的九族则同时通过血缘与婚姻关系联结。比较而言，后一种说法更为可取。"九族"就是生活在相邻地区的若干群人联结而成的较为紧密的共同体。如果说"族"是自然形成的，"九族"则带有人为的成分，需要通过特别的努力，以具体的制度维系。这就是"亲"。帝尧有顺人之德，故而令各族之间"亲睦"，而联结为具有一定公共品供应能力的治理共同体。这也许就是后世的"家"。

接下来是"平章百姓"。《五帝本纪》作"便章百姓"，三家注曰：

> 《集解》：徐广曰：下云"便程东作"，然则训平为便也。
> 骃案：《尚书》并作"平"字，孔安国曰："百姓，百官。"郑玄曰：

---

① 《尚书正义》卷二，《尧典第一》。

“百姓，群臣之父子兄弟。”《索隐》：古文尚书作“平”，此文盖读“平”为浦耕反。平既训便，因作“便章”。其今文作“辩章”。古“平”字亦作“便”，音婢缘反。便则训辩，遂为辩章。

又《后汉书·刘恺传》曰：“职在辩章百姓。”注引《尚书》曰：“九族既睦，辩章百姓。”郑玄注曰：“辩，别也。章，明也。”

据此，“平章百姓”就是辨别、分别“百姓”，令其不相混杂。下文的“百姓昭明”也正说明了这一点。

然则，何谓百姓？孔传：“百姓，百官。”《国语·周语中》富辰曰：“百姓兆民。”韦昭注：“百姓，百官也。官有世功，受氏姓也。”《左传·隐公八年》：

> 无骇卒，羽父请谥与族。[鲁]公问族于众仲。
>
> 众仲对曰：“天子建德（杜预注：立有德以为诸侯），因生以赐姓（杜预注：因其所由生以赐姓，谓若舜由妫汭，故陈为妫姓）。胙之土而命之氏（杜预注：报之以土而命氏曰陈）；诸侯，以字（杜预注：诸侯位卑，不得赐姓，故其臣因氏其王父字），为谥，因以为族（杜预注：或便即先人之谥称以为族）。官有世功，则有官族。邑亦如之（杜预注：谓取其旧官、旧邑之称以为族，皆禀之时君）。”
>
> 公命以字为展氏（杜预注：诸侯之子称公子，公子之子称公孙，公孙之子以王父字为氏。无骇，公子展之孙，故为展氏）。
>
> 孔颖达正义曰：姓者，生也，以此为祖，令之相生，虽下及百世，而此姓不改。族者，属也，与其子孙共相连属，其旁

支别属则各自立氏。《礼记·大传》曰："系之以姓而弗别"，"百世而昏姻不通者，周道然也"，是言子孙当共姓也。其上文云："庶姓别于上，而戚单于下。"是言子孙当别氏也。氏犹家也。传称"盟于子哲氏"、"逐瘈狗入于华臣氏"，如此之类，皆谓家为氏。氏、族一也，所从言之异耳。《释例》曰："别而称之谓之氏，合而言之则曰族。"例言别、合者，若宋之华元、华喜皆出戴公，向、鱼、鳞、荡共出桓公。独举其人，则云华氏、向氏；并指其宗，则云戴族、桓族，是其别、合之异也。

　　旧官谓若晋之士氏，旧邑若韩、魏、赵氏，非是君赐，则不得为族。嫌其居官邑不待公命，故云"皆禀之时君"。此谓同姓、异姓皆然也。

　　姓是比较古老的，通常是以其所生之地为姓。但此姓乃因其有德，进而因其位而获得。一个姓可分化为多个氏，氏之得名同样因被封赐以土地、人民，至于其命名，则可因祖先之字或者谥。至关重要的是，姓、氏均与治理权相关。顾炎武曾说："《路史》曰：余尝考之，古之得姓者，未有不本乎适封者也。"①《国语·周语下》记周灵王太子晋劝谏周灵王之语，清楚表明这一点：

　　　　昔共工弃此道也，虞于湛乐，淫失其身。欲壅防百川，堕高堙庳，以害天下。皇天弗福，庶民弗助。祸乱并兴，共工用灭。其在有虞，有崇伯鲧，播其淫心，称遂共工之过，尧用殛之于羽山。

---

① 《日知录》卷二十三，《氏族相传之讹》。

　　其后伯禹念前之非度,厘改制量。象物天地,比类百则。仪之于民,而度之于群生。共之从孙四岳佐之,高高下下,疏川导滞,钟水丰物。封崇九山,决汩九川,陂鄣九泽,丰殖九薮,汩越九原,宅居九隩,合通四海。故天无伏阴,地无散阳。水无沉气,火无灾燀。神无间行,民无淫心。时无逆数,物无害生。帅象禹之功,度之于轨仪。莫非嘉绩,克厌帝心。皇天嘉之,祚以天下,赐姓曰"姒",氏曰"有夏",谓其能以嘉祉殷富生物也。祚四岳国,命以侯伯,赐姓曰"姜",氏曰"有吕",谓其能为禹股肱心膂,以养物丰民人也。

　　此一王、四伯,岂繄多宠?皆亡王之后也。唯能厘举嘉义,以有胤在下,守祀不替其典。有夏虽衰,杞、鄫犹在;申、吕虽衰,齐、许犹在。唯有嘉功,以命姓受祀,迄于天下。及其失之也,必有慆淫之心间之。故亡其氏姓,踣毙不振,绝后无主,湮替隶圉。夫亡者岂繄无宠?皆黄、炎之后也。唯不帅天地之度,不顺四时之序。不度民神之义,不仪生物之则。以殄灭无胤,至于今不祀。及其得之也,必有忠信之心间之。度于天地,而顺于时动,和于民神,而仪于物则。故高朗令终,显融昭明,命姓受氏,而附之以令名。

　　这段话说明,姓、氏是随着治理权而转移的,是一个族群或者更为具体地说,是其首领和他的继嗣者所在的族群享有治理权的标记。若享有治理权,就可以保有这个姓、氏,假如失去治理权,就会丧失姓、氏。但一旦建立功德,又可以重新获得原有的姓、氏或新得姓、氏。

　　此处之治理对象乃是上文所说的族,更有可能是若干族联结而成的家。"姓"以及氏就是对较大范围内的若干家行使治理权的那个优势家之标识。或许可以说，一个姓、氏的背后就存在着周代的诸侯"国"。百姓就是百国，百国之君也即诸侯在天下共主之所、也即后来的王室任职，就是"百官"。

由此，"辩章"二字也就有了着落。某个家拥有一个姓，也就治理着一国。国的规模较大，若干个家之所以愿意组成一个国，大约是为了有效地生产规模较小的家难以有效提供的公共品：安全。诸国之间可能产生冲突，帝尧必须减少国之间的纷争，在国之间建立和平关系。如何做到这一点？《周易》"讼"卦大象传曰：

> 天与水违行，讼。君子以作事谋始。
>
> 王弼注："听讼，吾犹人也。必也使无讼乎？"无讼在于谋始，谋始在于作制。契之不明，讼之所以生也。物有其分，职不相滥，争何由兴？讼之所以起，契之过也。故有德司契而不责于人。

辩章百姓，也就是作事谋始，也即，厘定各姓之治理权，具体说来包括：

首先，帝尧承认各姓诸侯既有之治理权，即帝尧昭明于百姓。这是帝尧之"能明驯德"的制度性表现，帝尧有顺诸侯之德。他并不准备改变、夺取诸侯之治理权，而是承认之。当然，帝尧承认诸侯之治理权的另一面，则是诸侯承认帝尧之共主地位。可以说，这是一种"承认的封建"，双方相互承认，以确定封建的尊卑等级。

其次，借助于帝尧的承认，"百姓"之间也实现了相互之"昭明",也即,诸侯相互承认彼此的治理权,确认相互间的权利、义务,由此也就减少了彼此发生纠纷、冲突的可能性。

十分重要的一点是,经由这一自上而下的承认与相互的承认,作为天下之组成单位的共同体——国——内部的"君道",在各自国内树立起来了。相比于家,国的人为构造成分更大,其所治理的范围更大,人群更为复杂。治国之诸侯的治理权威因为获得了天下共主的承认和外部同侪的承认,而在内部具有了更为充分的正当性。这一点对于诸侯维持其内部秩序具有重要意义。反过来,诸侯内部权威之稳定,又可以减少各国彼此冲突的可能。

总结一下,此处之文本虽顺承而下,但"亲"与"平章"以及它们所达到的效果"亲睦"与"昭明",在性质上却是相反的。唐儒孔颖达基于文字考辨,对此有所说明:

> 此上经三事相类,古史交互立文。以"亲"言"既睦","平章"言"昭明","协和"言"时雍"。"睦"即"亲"也,"章"即"明"也,"雍"即"和"也,各自变文以类相对。平九族使之亲,平百姓使之明,正谓使从顺礼义,恩情和合,故于万邦变言"协和",明"以亲九族"、"平章百姓"亦是协和之也。但九族宜相亲睦,百姓宜明礼义,万邦宜尽和协,各因所宜为文,其实相通也。民言"于变",谓从上化,则"九族既睦"、"百姓昭明"亦是变上,故得睦得明也。①

---

① 《尚书正义》卷二,《虞书·尧典第一》。

　　孔颖达已委婉指出，"亲"、"平章"、"协和"三个词尽管都是协和之意，其含义并不相同，因为其所面对的对象不同，其所构造的共同体处于不同层级，要解决的问题也不同。

　　"族"是社会的基本单元，属于熟人社会，人们具有亲密的情感。人自始就生活在群，也即共同体中，族就是人所结成的最为自然的群。在这里，人们相互之间自然具有亲睦之倾向。无须帝尧介入，就能够保持共同体的稳定。

　　但是，若干个族，也即"九族"之间，或者存在血缘关系，或者存在婚姻关系，或者长期共同生活在一起，因而，其间关系同样遵循"亲亲"原则。不过，这样的感情是需要唤起、需要有意维护的。故经文说帝尧"以亲九族"，帝尧之努力，使"九族"之间得以稳定地保持"亲睦"关系。这就是后儒所说的"亲亲"原则。

　　"平章"则是辨别，孔颖达已清楚指出，"百姓宜明礼义"。帝尧辩章百姓，依靠的是礼。《礼记·曲礼上》所说："夫礼者，所以定亲疏，决嫌疑，别同异，明是非也。"《礼记·乐记篇》曰："乐者为同，礼者为异。同则相亲，异则相敬。"礼之功能就在于辨别贵贱、上下，乃至于夫妇、父子、兄弟、朋友，使之各自明确自己的义务，同时享有自己的权利。帝尧欲辩章百姓，不能不创制礼。这就是后儒所说的"尊尊"原则。

　　总之，不同层级的共同体之构造，帝尧使用不同的原则。更进一步，帝尧协和万邦，构建和平、合作的天下秩序。

协和万邦

　　人天然地具有合群的倾向，因为合群能够给人们带来利益。

上天也赋予了人们合群的能力,比如,人具有理性,具有构造制度的能力。但是,并不是所有的族群都能发展出足够程度的合群的技艺,构造出理性治理的架构,令其族群超越野蛮状态,建立文明而稳定的超大规模共同体。

帝尧之前,黄帝曾进行了一次努力。《史记·五帝本纪》记载:

> 轩辕之时,神农氏世衰。诸侯相侵伐,暴虐百姓,而神农氏弗能征。于是,轩辕乃习用干戈,以征不享。诸侯咸来宾从。而蚩尤最为暴,莫能伐。炎帝欲侵陵诸侯,诸侯咸归轩辕。轩辕乃修德,振兵,治五气,艺五种,抚万民,度四方,教熊罴、貔貅、貙虎,以与炎帝战于阪泉之野。三战,然后得其志。蚩尤作乱,不用帝命。于是,黄帝乃征师诸侯,与蚩尤战于涿鹿之野,遂禽杀蚩尤。而诸侯咸尊轩辕为天子,代神农氏,是为黄帝。天下有不顺者,黄帝从而征之。平者去之,披山通道,未尝宁居。东至于海,登丸山,及岱宗。西至于空桐,登鸡头。南至于江,登熊、湘。北逐荤粥,合符釜山,而邑于涿鹿之阿。迁徙往来无常处,以师兵为营卫。

黄帝之前是一个混乱的时代,最大的问题即万国诸侯相互侵伐。为什么会这样?不得而知。也许,由于某种原因,人们的激情被释放出来,而走上了这种秩序陷阱:每个人都以为自己可以通过伤害他人获得收益,最终的结果却是所有人相互伤害。这就是华夏的前文明状态,万国相互为敌的"丛林状态"。

黄帝决心终止这样的状态。这是一个伟大的理想。不幸的是，黄帝似乎并没有跳出"丛林逻辑"：他选择了以暴制暴。他决意使用更为强大的暴力，来制止诸侯之间滥用的较小的暴力。黄帝发展了兵器的工艺和战争的艺术。借着这些技术力量，他投身于连绵不断的战争之中。黄帝的一生就是战争的一生，这就是黄帝构造华夏共同体之道。

但是，黄帝真的达到了构造天下的目的了么？恐怕没有。太史公已清楚地说明这一点：黄帝"迁徙往来无常处，以师兵为营卫"。这就是黄帝结束丛林状态的事业遭到失败的证据：即便黄帝本人也始终没有获得安全感，没有享受到和平而安宁的生活。他本人就生活在恐惧之中，而不得不时刻依赖众多卫兵的保护，且被迫从一个地方迁徙到另一个地方，持续进行征伐，或以强大的武力为后盾监视诸侯。由此可以想象其他人的处境：黄帝的到来，给他们带来的更多的是恐惧。也许，在黄帝的强大暴力和暴力威慑下，万国间的战争暂时停止。但是，人们并没有安全感和秩序感。而如果人们的心灵并不安宁，那和平就是虚幻的。

或许可以说，黄帝并没有构造出可维持稳定与和平的天下秩序，万国没有走出丛林状态。确实，正是多样性让万国处于相互疏离的状态，甚至是相互为敌的丛林状态。这样的状态当然是悲惨的。但是，为了结束这种状态，而以武力强制万国同一，却只能带来另一种意义上的巨大灾难，而不能结束丛林状态。野蛮不能用野蛮来终结，而只能用文明来"化"。

唯一能结束万国间相互疏离和丛林状态的策略，就是中道的合和-协和之道，而这必以天下共主之伟大德行为前提。帝尧具有这样的德，因此，他得以"协和万邦"。

"协和"一词，《五帝本纪》转写为"合和万国"。《尔雅》训"协"为"和"，孔安国也作如是训解。但仔细阅读，"协和万邦"与"合和万国"两种说法还是有一些微妙的差异的。《说文解字》："协，同众之和也。"协者，协调也。段注"合"曰："引申为凡会合之称。"合者，合之也，会合也，撮合、联合也。"合和"突出了帝尧让万国形成会合之意的功业，"协和"突出了帝尧协调万国不同诉求的功业。万国有会合之意，才有协调之可能。也唯有通过协调，万国才可以真正地会合。两者孰先孰后，我们无法遽定。

不过，合、协之义或有区别，其目的却是相同的："和"，协和、合和都有一个"和"字。由此就可以看出，"和"是中国治理之道之关键概念，《说文解字》："和，相应也。""和"以不同为前提，目标则是寻求不同之应和、协调，而各得其所。就帝尧的事业而言，"和"以万国具有不同的规模、文化、治理特质，因而也具有不同的诉求为前提。"协和"的目的乃在于协调各邦国在保持自己特质的前提下，相互合作，让各个邦国更好地实现自己的目的，获得更多合作受益。

因此，"和"绝不等于"同"。"和"恰恰反对"同"。《国语·郑语》记载周史伯对郑桓公发表的一段议论：

> [郑桓]公曰：周其弊乎？
>
> 对曰："殆于必弊者也。《泰誓》曰：民之所欲，天必从之。今王弃高明昭显，而好谗慝暗昧。恶角犀丰盈，而近顽童穷固：去和而取同。"
>
> "夫和实生物，同则不继。以他平他，谓之和。故能丰长，而物归之。若以同裨同，尽乃弃矣。故先王以土与金、

木、水、火杂，以成百物。是以，和五味以调口，更四支以卫体。和六律以聪耳，正七体以役心，平八索以成人，建九纪以立纯德，合十数以训百体。出千品，具万方，计亿事，材兆物，收经入，行姟极。故王者居九畡之田，收经入以食兆民。周训而能用之，和乐如一。夫如是，和之至也。于是乎，先王聘后于异姓，求财于有方。择臣取谏工，而讲以多物，务和同也。声一，无听；物一，无文。味一，无果；物一，不讲。王将弃是类也，而与剶同。天夺之明，欲无弊，得乎？"

"和"是处理"不同"的健全方案，"不同"绝不是劣势，而是巨大的优势。"不同"乃是生机所在。但"不同"也可能导致疏离，引发冲突。让"不同"发挥优势的唯一方案就是和。也即，让不同的事物各自发挥优势，形成合作、协调关系。由此，各方从中均可以得到合作的收益。而如果不协调、不合作，就没有这样的收益。取消了事物的不同，则人们本来可以获得的这种合作收益也就丧失了。文明就依赖于这样的"协和不同"的智慧：让"不同"各自实现其天性，同时让其处于相互协调的状态，而共享合作收益。

帝尧所从事的正是这样的事业。帝尧的伟大恐怕就在于具有了协和、合和的意识，也掌握了这样的技艺。合和、协和这两个词在华夏治理之道中的重要意义，无论如何强调，都不过分。孔子编订《尚书》，以《尧典》为第一，用意至深。帝尧构造天下秩序，所使用的战略是"合和"。他提议万国汇聚，相互协调彼此的关系，建立其一种和平的互惠的架构。

"万国"为何？《左传·哀公七年》记子服景伯曰："禹合诸侯

于涂山,执玉帛者万国,今其存者,无数十焉。"《汉书·地理志》曰:"昔在黄帝,作舟车以济不通,旁行天下,方制万里,画野分州,得百里之国万区。是故,《易》称先王以建万国、亲诸侯,《书》云协和万国,此之谓也。"据此,万国为实数,只是后来,国之数量不断减少——各国间合群的程度不断加深,小共同体合为大共同体,这似乎也是文明演进之大趋势。

万国之数相当惊人,也因此,其范围相当广泛,《五帝本纪》记载:舜"践帝位三十九年,南巡狩,崩于苍梧之野。葬于江南九疑,是为零陵"。上引"禹合诸侯于涂山",《夏本纪》记"十年,帝禹东巡狩,至于会稽而崩",由此可见,古典文明初创时期之天下共主确曾花费极大心力于协和四裔之万邦①。这就是上文所说的"光于四表"之大义所在。

由此,似乎也可大概确定"百姓"与"万邦"之关系。"百姓"似乎也是百国,但这应当是华夏文明中心的核心邦国,华夏礼制较为有效地覆盖此一地域,这些诸侯在相对严格的礼制下,与天下共主间已确定了较为明确的君臣关系,相互之间也有较为明确的礼法约束,此所谓"百姓昭明"是也。

在这个中心区域之外还有大量邦国,他们与天下共主的关系不是那么确定,帝尧乃采取了一种不同于对待"百姓"之策略,即"协和"。这既不同于针对熟人族群之"亲",也不同于承认邦国治理权之"辨章"。它是在承认不同、分别、相对独立性的前提下,通过协商的方式协调彼此间关系,以实现联合,从而在万邦之间建立普遍的合作性关系,令万邦之间不再相互为敌,而成为

---

① 关于这一点,可参考《〈尚书·虞夏书〉新解》,第18—19页。

具有共同生活之意向,进而具有休戚与共之感的伙伴。

综合前面的亲、辩章、协和,也许可对"克明俊德"作出更为深入的解释。帝尧有"顺人之德",然则,帝尧能顺人,则人必有可顺之处。这就是人皆具有之顺人之德,也即人的合作天性。黄帝构建天下之道以人性恶为本,如此,构造天下之进路当然是暴力征服,强制他人服从自己。帝尧却相信,人具有合作的本性,因而居于领导地位的人或群体只需提供一些制度构想,引导人们循奉自己的合作本性。如此,人们自可广泛参与天下之构造事业。也即,帝尧的顺人之德,其实是人皆自顺己德。当然,帝尧的历史性作用在于,他发现和运用了实现人的合作天性之三种进路:情感亲睦,礼法界定,合而和之。这是治国平天下之大法。

帝尧努力之结果乃是"黎民于变时雍"。孔传:"黎,众。时,是。雍,和也。言天下众民皆变化化上,是以风俗大和。"《汉书·成帝纪》阳朔二年春诏书有"故书云黎民于蕃时雍",注引应劭曰:"黎,众也。时,是也。雍,和也。言众民于是变化,用是太和也。"

九族亲睦、百姓昭明、万邦协和所涉及者实为制度,帝尧确立了各个层级的共同体的治理原则,据此而形成了一系列制度,比如,亲九族也就意味着族制、尤其是封建的家制之确立;辩章百姓也就意味着制度化的"封建"之确立;协和万邦也就意味着华夏天下之形成与稳定。帝尧之种种创制立法达成了一个效果,那就是"和",而且是"太和"。《周易》"乾"卦《文言》:"各正性命,保合太和。"《礼运篇》最后一段是对"太和"秩序之最佳描述:

故治国不以礼,犹无耜而耕也;为礼不本于义,犹耕而弗种也;为义而不讲之以学,犹种而弗耨也;讲之于学而不合之以仁,犹耨而弗获也;合之以仁而不安之以乐,犹获而弗食也;安之以乐而不达于顺,犹食而弗肥也。

四体既正,肤革充盈,人之肥也。父子笃,兄弟睦,夫妇和,家之肥也。大臣法,小臣廉,官职相序,君臣相正,国之肥也。天子以德为车、以乐为御,诸侯以礼相与,大夫以法相序,士以信相考,百姓以睦相守,天下之肥也。是谓大顺。

大顺者,所以养生送死、事鬼神之常也。故事大积焉而不苑,并行而不缪,细行而不失。深而通,茂而有间。连而不相及也,动而不相害也,此顺之至也。

由亲九族而有"家之肥",由辩章百姓而有"国之肥",由协和万邦而有"天下之肥"。三个层面的共同体之肥,则有万民之"太和"。所谓太和就是所有人相互之间处于"连而不相及也,动而不相害也"的状态。这个状态下的个体,就是有尊严而自由的。

"和"就是人间治理之理想状态,《尧典》本章用十分简短的语言描述了帝尧确立的达致此一状态的华夏治理之道。不过,这个治道现在还不算完整。

天道信仰

借助于亲睦、辩章、合和三道,帝尧初步构造了和的人间秩序。不过,此一秩序之维系和扩展,尚需至关重要的前提:超越的保障。

　　《论语·泰伯》记孔子赞美帝尧："大哉，尧之为君也！巍巍乎！唯天为大，唯尧则之。"朱子以为，"唯天为大，唯尧则之"只是一种修辞方式。① 何晏注引孔安国则认为，此为实指："则，法也。美尧能法天而行化。"②这个看法更为准确。"则天"是帝尧最伟大的功绩。帝尧确立了华夏族群之主流信仰——天道信仰，并建立了法天而治的理念。

　　对于华夏族群早期神灵、宗教生活之基本格局，《国语·楚语下》记春秋时楚国大夫观射父有长篇追忆：

　　　[楚]昭王问于观射父曰：《周书》所谓重、黎实使天地不通者，何也？若无然，民将能登天乎？

　　　对曰：非此之谓也。古者，民神不杂。民之精爽不携贰者，而又能齐肃衷正，其智能上下比义，其圣能光远宣朗，其明能光照之，其聪能听彻之。如是，则明神降之。在男曰觋，在女曰巫。是使制神之处位次主，而为之牲器时服。

　　　而后，使先圣之后之有光烈，而能知山川之号、高祖之主、宗庙之事、昭穆之世、齐敬之勤、礼节之宜、威仪之则、容貌之崇、忠信之质、禋洁之服，而敬恭明神者，以为之祝。使名姓之后，能知四时之生、牺牲之物、玉帛之类、采服之仪、彝器之量、次主之度、屏摄之位、坛场之所、上下之神、氏姓之出，而心率旧典者，为之宗。

　　　于是乎，有天地、神民、类物之官，是谓五官。各司其

<hr>

① 《论语集注·泰伯第八》。
② 《论语注疏》卷八，《泰伯第八》。

序,不相乱也。民是以能有忠信,神是以能有明德。民神异
业,敬而不渎。故神降之嘉生,民以物享。祸灾不至,求用
不匮。

在这一段及下面将要引用的话中,观射父系统地阐述了上
古时代民、神关系演变的历史,及此种关系对社会治理秩序之决
定性影响。

按照观射父的说法,最初的情形是民、神不杂,或者是神、民
异业。但是,人间秩序必须有神的参与,故有人专司沟通人神,
这就是专业的巫、觋。稍后的祝、宗,同样专业地负责沟通神、
人。

但观射父指出,这是两类性质不同的人员,前者是宗教社会
学中所说的"巫师",后者则是"祭司"。巫师主要借助自己的超
自然能力引入神的力量,以达成某些具体的、私人性的目的。巫
师可让神灵暂时附着于自己的肉体,而直接对世俗发言。祭司
与此不同。他并不声称自己能够与神直接沟通,相反,祭司高扬
神的崇高性与绝对性,并承认,自己也不可能接触到神。他的角
色是利用专业知识和礼仪服侍神,借以服务于共同体的公共性
目标。相对于巫师,祭司有了更加明显的理性化色彩。① 更为
重要的是,人人可利用巫师,祭司却只服务于共同体。也即,祭
司具有公共性。

---

① 关于两者的详尽区分,可以参看[德]马克斯·韦伯《经济与社会》第一卷,阎克
文译,上海世纪出版集团,2010 年,第 548—553 页。他给祭司下的定义是:"一
个专业化的特殊人员群体,他们持续从事一种礼拜活动,与特殊规范、地点和时
间永久性地结合在一起,并与特定社会群体有关。"(第 552 页)

　　观射父又指出，祭司"后"于巫师。巫师通常是自发出现的，以个体身份活动于民间，满足各种私人性需求。祭司则不同，按照观射父的描述，祭司很早就成为一种官职。在共同体的治理架构中，管理世俗事务和神圣事务各有不同专业人员，两者是分离的。人在祭司的指导下崇拜神灵。神灵是绝对的，人不能冒充神，人也不可能具有神的能力，即便他是君王。同时，在祭司制度下，神灵主要保护共同体，而非满足个体的非理性欲望。

　　这应当是有文字记载以来，华夏历史上神、人之初次分立。或许也可以说，巫师和祭司制度都意味着神、民分业。观射父已提出成为巫师的条件。因而，即便在巫师时代，神、民也是分隔的。不同的是，在祭司制度下，神、民之分立更为严格。此一神、民分业格局乃是理性化信仰的基石。唯有如此，神才可以树立其绝对性。尤其是根据祭司制度，除祭司之外的民，包括王，都不能够再与神私相沟通。由此，人意识到，自己既不是神，也不可能成为神，不能拥有神的力量。民，甚至包括王，都不能够冒充神，不能够僭称神。相反，他们的行为必须接受神的监察。

　　神、民分业的格局让理性具有必然性。人知道自己只是人，不可能依靠超自然力解决自己面临的问题，而只能依靠自身的理性来处理自身的事务，不管是私人事务还是公共事务。在这种压力下，人的理性将会发育、成长。不过，神的绝对性又需要通过其对人间不断呈现权威而自我肯定。因而，神、人之间又需要沟通。祭司，也即古人所说的祝、宗，恰恰就凭借着其关于神的专业知识，负责沟通神、民。因此，祝、宗之存在乃合理的信仰体系所必需的。透过这一相对理性的中介，人与天、神之间可以按照明确的仪轨进行正常而有效的沟通。民崇拜神，但不会对神提出不合理的要求。反过来,神也就不会对人提出不合理的要求。这个时候的神和人都是理性的。

在观射父看来,神与人之间这种关系乃健全的人间秩序的基础。因为,祭司属于"五官",祭司借助神的权威保障整个治理秩序的稳定。祭司让万民崇拜大型共同体共同遵奉的神,这个神也会要求万民尊敬世俗的治理者。至关重要的是,这样的信仰体系培育了人民的"敬"的心态,这心态是"忠"和"信"这两种最为重要之德行的基础。忠和信乃人际间关系的一种状态,这种状态要求人们对于他人保持心灵的开放性。神灵则引领人们走出自我,人会按照神的要求看待自己。这样,人就会从自我中心的牢笼中抬起头来。由此,个人将会关注到他人之存在。而神灵对于人们提出的要求是共同的,这种共同性让人们相互产生信任,从而在必要的特定关系之中生成和发展忠与信两种伦理意识。没有对神的共同的敬,人与人之间就不可能产生忠与信。而一个共同体成员之间如果不存在底线程度的忠、信,共同体必然趋向解体。

历史上,果然发生了这样的情形——并且重复发生。观射父说,首先是少昊时代:

> 及少皞之衰也,九黎乱德。民神杂糅,不可方物。夫人作享,家为巫史,无有要质。民匮于祀,而不知其福。蒸享无度,民神同位。民渎齐盟,无有严威。神狎民则,不蠲其为。嘉生不降,无物以享。祸灾荐臻,莫尽其气。

韦昭注："少皞，黄帝之子金天氏。"少昊为黄帝之子青阳①。"九黎"大概属于比较野蛮的族群，其影响力在华夏世界突然上升，其非理性的信仰开始占据支配性地位。华夏信仰体系迅速返祖，专业祭司的权威被抛弃，甚至连巫师也成为多余的。现在，每个人都直接与神沟通。

可以想象，当神、人沟通是如此便利的时候，每个人必然无法抑制欲望的诱惑，基于自己琐碎的欲望和意志，对神提出各种非理性的要求。一旦人把神当成自己实现贪欲和意志的工具，神必然丧失崇高性。另一方面，面对人的贪婪，神也会堕落，同样变得贪婪，对人提出过分的要求。但当然，神不可能满足俗人那些过分的愿望。失望之余，人必会怠慢神，甚至污辱神。这样，如观射父所说，神、人杂糅后，人亵渎神，神轻忽人，神、人迅速走向互不信任，神丧失崇高性，人的信仰逐渐瓦解。

人对神的敬畏瓦解之后，必会放纵自己。被欲望和意志支配的人，不会关注外部的规则。事实上，人不信神灵后，必会本能地回向小我，把自己对他人封闭起来，一心关注于自己身体的欲望和自己头脑的意志，而根本不在乎他人的意向和反应。人们不关心他人，世俗的规则无人遵守，社会秩序必定陷入混乱之中。

圣王复出，乃重建理性的信仰制度，观射父说：

---

① 《淮南子·天文训》："其帝少昊。"注："少昊，黄帝之子青阳也。"又《国语·晋语四》载司空季子曰："黄帝之子二十五人，其同姓者二人而已；唯青阳与夷鼓皆为己姓。"《五帝本纪》："嫘祖为黄帝正妃，生二子，其后皆有天下：其一曰玄嚣，是为青阳，青阳降居江水。"《索引》引宋衷又云："玄嚣青阳是为少昊，继黄帝立者，而史不叙，盖少昊金德王，非五运之次，故叙五帝不数之也。"

颛顼受之,乃命南正重司天以属神(韦昭注:所以会群神,使各有分序,不相干乱也。《周礼》则宗伯掌祭祀),命火正黎司地以属民(韦注:《周礼》则司徒掌土地人民也)。使复旧常,无相侵渎,是谓绝地天通(韦注:绝地民与天神相通之道)。

颛顼重新恢复了祭司的主导地位,而"绝地天通"。《五帝本纪》的记载印证了观射父的叙述:

静渊以有谋,疏通而知事;养材以任地,载时以象天(《索隐》:载,行也。言行四时以象天),依鬼神以制义(《索隐》:鬼神聪明正直,当尽心敬事,因制尊卑之义,故礼曰"降于祖庙之谓仁义"是也。《正义》:鬼之灵者曰神也。鬼神谓山川之神也,能兴云致雨,润养万物也,故己依冯之剬义也。剬,古制字),治气以教化(《索隐》:谓理四时五行之气以教化万人也),洁诚以祭祀。

颛顼行四时以象天,依鬼神而制人之义。颛顼只是崇拜神灵,而并非支配神灵。在这里,神、人不再杂糅,相反,神在人之上,人崇拜神,并确立和践行世俗之德。

帝尧再度进行"绝地天通"的工作:

其后,三苗复九黎之德。

尧复育重、黎之后,不忘旧者,使复典之,以至于夏、商。

故重、黎氏世叙天、地，而别其分主者也。①

这里的记载与《尚书·吕刑》相衔接：

> 若古有训：蚩尤惟始作乱，延及于平民。罔不寇贼，鸱义，奸宄，夺攘，矫虔。苗民弗用灵，制以刑，惟作五虐之刑曰法。杀戮无辜，爰始淫为劓、刵、椓、黥。越兹丽刑并制，罔差有辞。民兴胥渐，泯泯棼棼。罔中于信，以覆诅盟。虐威庶戮，方告无辜于上。

> 上帝监民，罔有馨香德，刑发闻惟腥。皇帝哀矜庶戮之不辜，报虐以威。遏绝苗民，无世在下。乃命重、黎，绝地天通，罔有降格。

> 孔颖达疏曰：昔炎帝之末，有九黎之国君号蚩尤者，惟造始作乱，恶化递相染易，延及于平善之民。平民化之，亦变为恶，无有不相寇盗，相贼害，为鸱枭之义。钞掠良善，外奸内宄，劫夺人物，攘窃人财，矫称上命，以取人财，若己固自有之。然蚩尤之恶已如此矣。至于高辛氏之末，又有三苗之国君，习蚩尤之恶，不肯用善化民，而更制重法。惟作五虐之刑，乃言曰此得法也。杀戮无罪之人，于是始大为四种之刑。刵，截人耳。劓，截人鼻。椓，椓人阴。黥，割人面。苗民于此施刑之时，并制无罪之人。对狱有罪者无辞，无罪者有辞，苗民断狱，并皆罪之，无差简有直辞者。言滥及无罪者也。三苗之民，惯渎乱政，起相渐染，皆化为恶。

---

① 《国语·楚语下第十八》。

泯泯为乱,棼棼同恶,小大为恶。民皆巧诈,无有中于信义。
以此无中于信,反背诅盟之约,虽有要约,皆违背之。三苗
虐政作威,众被戮者方方各告无罪于上天。上天下视苗民,
无有馨香之行。其所以为德刑者,发闻于外,惟乃皆腥臭,
无馨香也。君帝帝尧哀矜众被杀戮者,不以其罪,乃报为暴
虐者以威,止绝苗民,使无世位在于下国。言以刑虐,故灭
之也。

　　三苗乱德,民神杂扰。帝尧既诛苗民,乃命重、黎二氏,
使绝天地相通,令民神不杂。于是,天神无有下至地,地民
无有上至天,言天神、地民不相杂也。①

值得注意的是,《吕刑》的记载极为有力地支持观射父的说
法:神、人杂糅,则必然导致暴政。帝尧针对苗民之暴虐,而再度
"绝地天通"。那么,帝尧如何"绝地天通"?《尧典》经文记载如下:

　　乃命羲、和,钦若昊天。历象日、月、星辰,敬授民时。
　　孔安国传:重黎之后羲氏、和氏世掌天地四时之官,故
尧命之,使敬顺昊天。昊天,言元气广大。星,四方中星。
辰,日、月所会。历象其分节,敬记天时以授人也。
　　孔颖达正义曰:案《楚语》云,重司天以属神,黎言地以
属人。天地既别,人神又殊,而云通掌之者,外传之文说《吕
刑》之义,以为少昊之衰,天地相通,人神杂扰,颛顼乃命重、
黎分而异之,以解绝地天通之言,故云各有所掌。天地相

① 《尚书正义》卷十九,《周书·吕刑第二十九》。

通，人神杂扰，见其能离绝天地，变异人神耳，非即别掌之。

"使敬顺昊天"，昊天者，混元之气，昊然广大，故谓之"昊天"也。[尔雅]《释天》云："春为苍天，夏为昊天，秋为旻天，冬为上天。"《毛诗》传云："尊而君之，则称皇天。元气广大，则称昊天。仁覆闵下，则称旻天。自上降监，则称上天。据远视之苍苍然，则称苍天。"《尔雅》四时异名，《诗》传即随事立称。

日、月与星，天之三光。四时变化，以此为政。故命羲和，令以算术推步，累历其所行，法象其所在，具有分数节候，参差不等，敬记此天时以为历而授人。

首先值得注意的是，"命"字之前何以加"乃"字？此前经文记载，帝尧亲九族、辩章百姓、协和万邦，在人世间实现了"和"。"乃"字表明，帝尧清楚，这个人间之"和"是脆弱的。为巩固人间之"和"，必须进一步架构社会治理之超越性建筑，即天道信仰。

另外值得注意的是"命羲和"。观《五帝本纪》黄帝、颛顼章之文本，似乎是黄帝本人"获宝鼎，迎日推策"，颛顼本人也"絜诚以祭祀"，同样，帝尧之前的高辛也是亲自"历日月而迎送之，明鬼神而敬事之"。《尧典》经文则明确记载，帝尧"乃命"羲和钦若昊天。或可推断，帝尧之前的天下共主似乎同时担任天官甚至祭司，借助天地鬼神之力量维护其在人间的权威。帝尧则实现了一次伟大的跃迁。人神分立，他专任天下共主，而策命羲和担任天官。世俗之王与天官分立，这或许是"绝地天通"的第一层含义。

天官所司者有两项相互关联但也有所区别的职责。第一项

是"钦若昊天",《五帝本纪》转写为:

> 敬顺昊天(《正义》:敬,犹恭勤也。元气昊然广大,故云昊天。释天云:"春为苍天,夏为昊天,秋为旻天,冬为上天。"而独言昊天者,以尧能敬天,大,故以昊大言之)。

天官的首要职责是敬顺上天。对天的崇拜,似乎有一个演进过程。《五帝本纪》,黄帝于"鬼神、山川、封禅与为多焉(《索隐》:鬼神、山川、封禅、祭祀之事,自古以来帝皇之中,推许黄帝以为多)","顺天地之纪"。帝颛顼"载时以象天,依鬼神以制义",高辛"顺天之义,知民之急……历日月而迎送之,明鬼神而敬事之"。到了帝尧,则不提鬼神,而只是"敬顺昊天"。通过比较可以发现,孔子所说"唯天为大,唯尧则之",实系对古典历史的如实描述。"唯"字强调了帝尧敬天之开创性意义。

也就是说,到了帝尧才确立天道信仰,由此才真正实现了"绝地天通",而不再有人、神杂糅之反复。华夏族群崇拜之对象向来是多元的。颛顼"乃命南正重司天以属神",诸神居于天上,重将其予以次序,制成祀典。推测起来,在此过程中,崇高的天本身会从诸神中突出,到帝尧时代,天终于稳固地成为最高崇拜对象。

这似乎就是"绝地天通"的根本含义之一。在巫术时代,诸神混杂,同居天上,没有特别明显的尊卑之分。天本身逐渐成为崇拜对象,乃与诸神分隔,自然成为最为崇高的崇拜对象。反之,诸神现在则落于天之下,也即地上,最多只是在天地之间。"绝地天通"的意思就是,地上的诸神不再能上天、通天。天作为崇拜对象，绝对地在诸神之上。天就是宇宙之最高者。如此，则人对于天，就当有最高的敬意，并顺从于天，也即"钦若昊天"。这是人的最为崇高的责任。

这样的天作为最高崇拜对象，自然超越于地方性神灵之上，从而令稳定的"天下"成为可能。回到《尚书·吕刑》："蚩尤惟始作乱，延及于平民。"蚩尤时代是一个混乱的时代，也是一个神、人杂糅的时代。《五帝本纪》又记载：

> 诸侯相侵伐，暴虐百姓，而神农氏弗能征。于是，轩辕乃习用干戈，以征不享，诸侯咸来宾从。而蚩尤最为暴，莫能伐。

神、人杂糅的时代，正是诸侯征伐的时代。也许，我们可以换一个角度理解神、人杂糅，它的意思是说，每个诸侯都信仰专属于自己的神灵，这个神灵只保护本族群。因此，从天下的普遍的眼光看，这个族群就是神、人杂糅的。所有的邦国都是神、人杂糅的。因为，各个神灵与特定群体的人们之间具有过分紧密而直接的关系，这一关系具有高度的排他性。也就是说，神、人杂糅很可能是先民对于诸侯各信其神、缺乏统一的神灵崇拜的前华夏时代之信仰状态的描述。

在此脉络中，"绝地天通"的含义就是，在地道信仰之外，树立天道信仰。所谓地道信仰就是各诸侯国的区域性神灵崇拜。这些神灵崇拜仍然存在。但现在，帝尧又建立了天道信仰，"天"高居于万国各自信仰的神灵之上。这些区域性神灵终究是在地上，天则是最为崇高的。只有天下共主可祭祀天，其他一切诸侯均没有这样的资格。借由这样的天道信仰体系之建立,天下共主获得了最高阶的神灵的确认和保障。华夏天下的普遍秩序获得了终极保障。

在敬天基础上,天官承担起第二项职责——制定历法:

> 历象日、月、星辰,敬授民时。
>
> 数法(《索隐》:《尚书》作"历象日月",则此言"数法",是训"历象"二字,谓命羲、和以历数之法观察日月星辰之早晚,以敬授人时也)日月星辰(《正义》:历数之法,日之甲乙,月之大小,昏明递中之星,日月所会之辰,定其天数,以为一岁之历),敬授民时(《正义》:《尚书考灵耀》云:"主春者,张昏中,可以种稷。主夏者,火昏中,可以种黍菽。主秋者,虚昏中,可以种麦。主冬者,昴昏中,可以收敛也。"天子视四星之中,知民缓急,故云敬授民时也)。

历来注者以此句属上句,然细绎文本即可发现,"钦若昊天"与此句实别为两事。敬顺上天者,崇拜上天也。天是绝对的最高者,对天,人唯有敬顺。至于日月星辰,只是天道的具体表现,而非天本身。制作历法,所观察者乃日、月、星辰之运转,而非天本身。天高高在上,恒定不动,无所谓运转,亦无从"历象"。

那么,帝尧制作了何种历法,其对于天下构建具有何种意义?据金景芳先生考证,帝尧之前行"火历",以观察星辰位置安排生活。[1] 黄帝以来,不断观察日月运转。《五帝本纪》记载,首

---

[1] 《〈尚书·虞夏书〉新解》,第 25—26 页。

先，黄帝时代，"获宝鼎，迎日推策"，三家注曰：

> 《集解》：晋灼曰："策，数也，迎数之也。"瓒曰："日月朔
> 望未来而推之，故曰迎日。"《索隐》：《封禅书》曰"黄帝得宝鼎
> 神策"，下云"于是推策迎日"，则神策者，神蓍也。黄帝得蓍
> 以推算历数，于是逆知节气日辰之将来，故曰推策迎日也。

高辛"历日月而迎送之"，注引《正义》"言作历弦、望、晦、朔，
日月未至而迎之，过而送之，上迎日推策是也"。

经由历代之积累，至帝尧时代，羲和二氏更为准确地观察、
推算日、月、星辰。金景芳先生解释"历象"二字曰："历就是计算
亦即推步，象就是察看亦即观象。"[①]行火历时，只需以肉眼直接
观察昏时大火（即心宿二）的位置，即可确定岁首和春种秋收的
季节，也即只需"象"。一旦人们的观察对象从星辰进入日月，光
有"象"就不够了，需要"历"，也即数学的推算。因此，"历象日月
星辰"一语实记录了"中国古代天文历法史和认识史上的一次伟
大的革命。以前只看星星，现在则历象日月，日月成为历法的真
正主角"[②]。

可以说，日月从众星中凸显，与天从诸神中凸显，互为表里。
天成为最高崇拜对象，意味着信仰之理性化；历法之观测对象由
大火转到日月，也意味着理智之大幅度提升。由此，帝尧确定了
天道信仰，也制定了更为准确的历法。

---

① 《〈尚书·虞夏书〉新解》，第27页。
② 《〈尚书·虞夏书〉新解》，第28页。

　　帝尧命羲、和二氏四人"敬授民时",具有重大的实际效用。制定统一的历法,对于共同体的凝定具有至关重要的意义:由此,人们可以稳定地进行合作、交换,形成共同的生活节奏,形成共同的习俗、礼仪。华夏共同体获得了深厚而普遍的生活基础。

　　实际上,羲和二氏的作用更为复杂,经文曰:

　　　　分命羲仲,宅嵎夷,曰旸谷。寅宾出日,平秩东作。日中,星鸟,以殷仲春。厥民析,鸟兽孳尾。

　　　　孔安国传:宅,居也。东表之地称嵎夷。旸,明也。日出于谷而天下明,故称旸谷。旸谷、嵎夷一也。羲仲居治东方之官。寅,敬。宾,导。秩,序也。岁起于东而始就耕,谓之东作。东方之官敬导出日,平均次序东作之事,以务农也。日中谓春分之日。鸟,南方朱鸟七宿。殷,正也。春分之昏,鸟星毕见,以正仲春之气节,转以推季孟则可知。冬寒无事,并入室处。春事既起,丁壮就功。厥,其也。言其民老壮分析。乳化曰孳,交接曰尾。[1]

　　羲、和的职责是发现和守护"天道"。此天道就是天的运行之道,具体地体现为"日、月、星辰"的运转之道。而天地间之万物均依循此天道而动,羲仲仔细观察,而制定出民人行动之规范。在这一章中,我们看到了日、耕作、四季、人民、鸟兽,所有这些因素被整合在一个有机的体系中,天地间万物包括人,都法天而行。最为重要的是,人民的生活节奏与天道合拍。由此发展

_____

① 《尚书正义》卷二,《虞书·尧典第一》。

出"朔政"制度和《月令》体系。这样,天既是崇高的,又是具体
的。天道左右着人间的生活节奏,人无时无刻不与天发生关系,
这样的关系却基本上是理性的。

> 申命羲叔,宅南交。平秩南讹,敬致。日永,星火,以正
> 仲夏。厥民因,鸟兽希革。
> 分命和仲,宅西,曰昧谷。寅饯纳日,平秩西成。宵中,
> 星虚,以殷仲秋。厥民夷,鸟兽毛毨。
> 申命和叔,宅朔方,曰幽都。平在朔易。日短,星昴,以
> 正仲冬。厥民隩,鸟兽氄毛。

帝尧分命羲、和二氏四人居于东、西、南、北四方之极远处,
此四方之地点大约位于前文所说的"四表"。"四表"远出华夏核
心区域之外,但帝尧之德"光于四表",故而羲、和二氏四人得以
在"四表"司天。

由于观测范围之扩大,羲、和二氏得以积累更为丰富的天文
知识,制定出更为准确的历法和更为全面的朔政。更为重要的
是,他们所制定的朔政为四表范围内之天下所用。这也许是帝
尧协和天下之最为重要的手段。由此,华夏共同体向外大幅度
扩展,且逐渐形成共同的生活方式,不论私人的还是公共的。

> 帝曰:咨!汝羲暨和,期三百有六旬有六日,以闰月定
> 四时,成岁。允厘百工,庶绩咸熙。
> 孔安国传:咨,嗟。暨,与也。匝四时日期。一岁十二
> 月,月三十日,正三百六十日;除小月六,为六日,是为一岁

有余十二日;未盈三岁足得一月,则置闰焉,以定四时之气节,成一岁之历象。允,信。厘,治。工,官。绩,功。咸,皆。熙,广也。言定四时成岁历,以告时授事,则能信治百官,众功皆广,叹其善。①

正是基于羲、和二氏在大范围内详尽的观测和理智的推算,华夏族群较为准确地确定了每年的日数、闰月设定规则、四季分配。金景芳先生引用盛百二《尚书释天》曰:

> 盖历象在授人时,授人时岁月日时之正,正日之长短必以日出入之早晚,正月之朔望必以日与月之冲合,正时之春秋冬夏必以日之长短与昏之中星,昏之中星,二十八宿也。正岁必以日之周天与月会日之常数及其闰,而五纬于数者并无所用。

金景芳先生解释此论曰:"意谓尧之新历法目的是确立岁月日时的概念(这是前所未有的)。"②这是文明的一次飞跃,由此,公共和私人生活获得了准确而统一的时间尺度,华夏共同体这个身体具有了清晰而有力的节奏。

因此,"允釐百工,庶绩咸熙"。天道信仰和新历法之制定、颁行,极大地提升了天下治理之水平。《五帝本纪》转写曰:"信饬百官,众功皆兴。"饬者,正也,节之以制度也。"百官"似与前

---

① 《尚书正义》卷二,《虞书·尧典第一》。
② 《〈尚书·虞夏书〉新解》,第30页。

文"百姓"同义,也就是诸侯。帝尧确定天道信仰,制定新的历法,将人事系统地纳入天道之中。

诸侯循历法天而行,如此则人人——尤其是君子,皆致力于德行,而成就功业。天道信仰以及历法、朔政之建立推动了治理之理性化,《吕刑》在"乃命重、黎,绝地天通,罔有降格"之后说:"群后之逮在下,明明棐常,鳏寡无盖。"孙星衍释之为:"于群后之遏讼在下者,能明扬明哲之人,以辅天常,使鳏寡无壅蔽之情也。"① 其意思大体是,绝地天通也即神、人分立之后,诸侯开始专注于理性的治理,治理的德行开始具有至关重要的意义。

在神人杂糅时代,神可直接卷入人间秩序,某些通神之人可声称自己成为神而在人间活动。在这种状况下,德行就是多余的。那些相信自己成神的人将会放纵自己,并试图依此建立对他人的绝对统治。其他人同样会放纵自己,因为他们没有任何希望。这两者都会摧毁德行和责任感。

"绝地天通"之后,人只能是人,而不能成为神。人要达到自己的目标,不能指望神灵,而须充分运用自己的德行和理性。同时,天地间万物纳入天道中,包括公共和私人活动,人就被施加了一个天赋义务。人须履行此义务,人出于对天的敬畏,也会积极地履行此义务。庶民固然会尽自己的天赋义务,君子同样如此。至于圣贤,则会致力于构建各种制度,践行君子之德。因此,在帝尧之后,各种制度迅速地建立起来了,此即"众功咸熙"。

至此,"天下"被构建起来了。帝尧本乎顺人之德,运用各种联合的技艺,构建了人的共同体。但是,仅有人,平铺于大地上

---

① 孙星衍:《尚书今古文注疏》,中华书局,1986 年,卷廿七,第 524 页。

的人,是不足形成稳态的天下的。没有天,就没有天下。分散于大地上的人共同崇奉天,共同按照天道运行的法则而生活,才可生成最为深刻的共同体感。由此,才有天下可言。这个时候,天下就不再只是地理概念,而是文明概念,其核心乃是信仰,以及这个信仰所支撑的共同的生活秩序。

经义概述

《五帝本纪》太史公曰:"学者多称五帝,尚矣。然《尚书》独载尧以来;而百家言黄帝,其文不雅驯,荐绅先生难言之。"《尧典》就是文献所记可信的中国文明之开端,尧就是自觉的华夏天下之始创者。

帝尧具有伟大的德行,以敬为首。但归根到底,这种德行乃顺人之德。

天下首先是人的聚合。其基本细胞是族。帝尧以其顺人之德,充分激发人的合作天性,借助于亲九族、平章百姓、协和万邦等共同体联合之道,构建了超大规模的人的共同体。

接下来,帝尧为这个共同体构造了联结的精神纽带。通过"绝地天通",分别神人,帝尧确立了对绝对至高、超越诸神的天之信仰。天道对于华夏天下之凝定,具有至关重要的意义:一方面,面对崇高的天,人,包括王,只有崇拜之义务,而不可能操纵之。由此,社会治理趋向理性化。另一方面,天超越于万邦的神灵之上,只有天下共主可祭天,天成为这个新构建的超大规模共同体的终极保护者。

同时,帝尧为这个新构建的共同体制定了新的历法,它覆盖了广阔的地域。本来相互陌生、甚至具有敌意的不同族群的人们,逐渐形成共同的生活方式,形成共同的秩序想象。被聚合在一个共同体中的人们不再只是地理上的邻居,而逐渐形成共同体感,休戚与共之感。华夏天下共同体逐渐形成。

本章揭示了理解华夏治理之道的三个关键词:天、德、和。天道信仰是天下之本。德以敬为本。构建不同层次的共同体应采用不用原理:亲睦、辩章与协和。

深可注意者,华夏文明始于"天下"之构造。自帝尧始,华夏文明就在天下框架中展开、演进。地理、人口、社会结构上的超大规模,这就是华夏文明与生俱来的基本特征。历代圣贤所追索者,就是天下之优良治理。这似乎是华夏文明相当独特之处。在很多文明中,比如古希腊哲人所思考的,乃是点状的城邦之治理。但华夏文明始于点状的邦、国之联合,其思考和实践者乃天下之优良治理。体认华夏-中国治理之道,不能不注意这一基本事实;思考中国治理之道在当代之实现形态,也须立足于此一基本事实。

第二篇　人心:《孟子》不忍章义疏

人间秩序状态取决于人的状态:人是什么,他们就将得到什么样的秩序。而人是什么,由人期望成为什么所决定。对人性的自我定义,决定着由人组成的生活与治理之良窳。

孟子之前的人性论

战国时代,礼已崩,乐已坏,中国处于古今之变中。从礼乐之约束中释放出来的人,展示了其精神与人格发育之多种方向。对这些方向予以反思构成诸子百家思想之核心问题,此即当时相当盛行之人性论。《孟子·告子上》公都子概述孟子时代流行之三种人性论:

> 公都子曰:告子曰:性无善无不善也。
> 赵岐注:公都子道告子以为人性在化,无本善不善也。①

---

① 《孟子注疏》卷十一上,《告子章句上》。下引本卷,不复一一注明。

朱子集注:此亦"生之谓性、食色性也"之意。①

本篇前引告子之人性论命题曰:"生之谓性。"朱子注:"生,指人物之所以知觉运动者而言。告子论性,前后四章,语虽不同,然其大指不外乎此。"告子又提出:"食、色,性也。"赵岐注:"人之甘食、悦色者,人之性也。"朱子注:"告子以人之知觉运动者为性,故言人之甘食、悦色者即其性。"

这一命题的预设是:人就是其作为动物而存在的身,这个身为了生存而有食、色之欲,除此之外,人并无其他的愿望。联系到后面的讨论,也就是说,人没有心,只有肉体所构成的身,故人性就是身满足肉体的自然欲望之倾向。

公都子列举的第二种人性论是以上一种为基础的:

> 或曰:性可以为善,可以为不善。是故文、武兴,则民好善;幽、厉兴,则民好暴。
>
> 赵注:公都子曰:或人以为可教以善、不善,亦由告子之意也。故文、武圣化之起,民皆喜为善;幽、厉虐政之起,民皆好暴乱。

第一种人性论预设,人只有身,而没有心,那么人就只有肉体之自然欲望,而不具有善、不善之类的道德判断力——当然,也没有这个必要。据此,人以肉体之生存为唯一人生目标,这就是人的最高价值。人依此决定自己的生存策略,即以最高效率

---

① 《孟子集说》卷十一,《告子章句上》。下引本卷,不复一一注明。

获取满足肉体之需的物质。这是一个物质主义的人。

这样的人不可能具有善或不善的道德观念,或者说,肉体的生存及其欲望满足之最大化是唯一的目标,善就是获得满足肉体之需的物的高效率。这样的人完全由制度、环境所塑造,而没有自己的主体性,即本篇前面引用的告子:"性犹湍水也,决诸东方则东流,决诸西方则西流。人性之无分于善不善也,犹水之无分于东西也。"赵岐注:"湍者,圜也,谓湍湍濛水也。告子以喻人性若是水也,善恶随物而化,无本善不善之性也。"人,尤其是民,完全依靠外部世界对自己肉体可能的利、弊,进行决策。

这里的利弊其实就是生理性快乐、痛苦。人以肉体生存为唯一目标,那唯一能够影响他们的因素就是从外部对其肉体施加影响:或满足其肉体欲望以诱惑之,或对其肉体施加痛苦而威胁之。掌握着可发挥这种影响之力量的人,也就可以通过这两种途径制造肉体之快乐与痛苦,从而支配其人身,诱导其为自己所定义之善,禁止其为自己所定义之不善。商鞅、韩非等法家就发展了这种物质主义的国家控制术,秦制即系统地运用这种控制术建立和维持秩序。

公都子接下来阐述当时流行的第三种人性论:

> 或曰:有性善,有性不善。是故,以尧为君而有象,以瞽瞍为父而有舜,以纣为兄之子,且以为君,而有微子启、王子比干。

> 赵注:公都子曰:或人者以为人各有性,善恶不可化移:尧为君,象为臣,不能使之为善;瞽瞍为父,不能化舜为恶;纣为君,又与微子、比干有兄弟之亲,亦不能使其二子为不

仁:是亦各有性也矣。

这是比第二种看法更为悲观的人性的怀疑论。上一看法虽认为,人无常性,但至少是可教化,或者可控制的,因而,人与人之间是可以形成秩序的,先不论其秩序之性质。第三种人性论则相信,人甚至无法教化和控制。每个人会成为什么样,根本就是一个随机的生物现象。因此,文化、制度都是没有意义的。此即意味着,善的治理根本是不可能的。或者更准确地说,善是没有意义的,治理是不可能的,人间合理秩序也就是不可能的。

今日性善,然则彼皆非欤?

赵注:公都子曰:告子之徒,其论如此,今孟子曰人性尽善,然则彼之所言皆为非欤?

孟子在上述三种人性论之外,提出另一种人性论,且四处宣讲,公都子将其概括为"性善"。《滕文公上》:"孟子道性善,言必称尧舜。"孟门认定,孟子相信、主张人性善。

然而,人性何以善? 当从心说起。

不忍人之心

《公孙丑上》篇中,孟子提出一个惊天动地的绝大命题:

孟子曰:人皆有不忍人之心。

赵注：言人人皆有不忍加恶于人之心也。①

集注：天地以生物为心，而所生之物，因各得夫天地生物之心以为心，所以人皆有不忍人之心也。②

孟子在中国历史上之最大思想贡献，正在于标举出人"心"。而心之提出，实为前面所引人性论之肉身迷信所逼出。此前三种人性论皆就身言性。心一旦出现，身即有相对者，也有了主宰者。孟子分人为身、心两个维度：

孟子曰：人之于身也，兼所爱。兼所爱，则兼所养也。无尺寸之肤不爱焉，则无尺寸之肤不养也。所以考其善、不善者，岂有他哉？于己取之而已矣。体有贵贱，有小大。无以小害大，无以贱害贵。养其小者为小人，养其大者为大人。今有场师，舍其梧槚，养其樲棘，则为贱场师焉。养其一指而失其肩背，而不知也，则为狼疾人也。饮食之人，则人贱之矣，为其养小以失大也。饮食之人无有失也，则口腹岂适为尺寸之肤哉？

赵注：人于一身，固当兼养，然欲考其所养之善否者，惟在反之于身，以审其轻重而已矣。贱而小者，口腹也；贵而大者，心志也。场师，治场圃者。梧，桐也；槚，梓也，皆美材也。樲棘，小枣，非美材也。狼善顾，疾则不能，故以为失肩背之喻。饮食之人，专养口腹者也。此言若使专养口腹，而

① 《孟子注疏》卷三下，《公孙丑章句上》。
② 《孟子集注》卷三，《公孙丑章句上》。

能不失其大体,专口腹之养,躯命所关,不但为尺寸之肤而已。但养小之人,无不失其大者,故口腹虽所当养,而终不可以小害大,贱害贵也。①

人由身、心共同构成,但两者的性质不同。若人仅作为肉体之身而存在,则人就是物,《礼记·乐记》:

> 人生而静,天之性也;感于物而动,性之欲也。物至知知,然后好恶形焉。好恶无节于内,知诱于外,不能反躬,天理灭矣。夫物之感人无穷,而人之好恶无节,则是物至而人化物也。人化物也者,灭天理而穷人欲者也。

人以肉体之生存为目标,致力于以最高效率获取可满足肉体之需的物,则人将会"物化",自身亦为一物。物化之人会以物质主义的眼光看待世界,将他人物化。人只是身,则人与其他人沟通的唯一渠道就是肉体的感觉器官。这些感官机械地处理他人、外部世界对其身体施加之个别的快乐或痛苦性质的刺激信号。他人、外部世界对他只是能刺激快感或者痛感的物。这样的感觉是个别的,人对他人不可能形成完整的感知,更不可能感知人与人之间的非肉体的关系,对外部世界也不大形成完整的认知。也就是说,仅作为身存在的物质主义者,会把他之外的全部世界物质化。

这样的人会对他人冷漠,甚至会把整个世界当成自己的敌

---

① 《孟子注疏》卷十一下,《告子章句上》。

人。身是一个有清晰边界的封闭系统,肌肤就是身之边界。人在其内,他人皆在其外。肉体的感觉是个体性的,无从共享。被肉体感觉所支配的人将专注于个体之感受,他人之肉体与他完全无关。故人若只有身,只知身,必然是自我封闭的,对于他人,人无法身同感受。因此,一个完全由身构成的人的世界是相互隔离的,不能相互沟通。只有人,而没有人际。

心的构造性质不同于身。《尚书·泰誓上》:"惟天地,万物父母;惟人,万物之灵。"这个"灵"寄存于心。人心是天在人的构造中设置的直接沟通于天之超越性器官。因此,心是人之高贵而重要的部分,身则是人之低贱而不那么重要的部分。身具有食、色之欲,人自当满足之,这是身生存的需要。身若不存在,心也就无所依托。然而,人之为人的关键在于,人有其心。动物也有其身,疯子也有其看起来健全的身,但唯有正常人拥有正常的心。

身、心之感受能力和范围截然不同。心始终是面向天的,并要人法天而行。心为天引导,向上感受无限。故就本质而言,心不受身体之限制。由此,心让人突破身体之界限,人与人之心可以而且必然接触、沟通,而具有通情能力。

同时,心是有价值倾向的。身以生理性感官所感受之肉体的快乐、痛苦感受与他人、世界沟通,自身是空无的。人由天所生,天在人心铭刻一条本源性的道德诫命:"不忍人。"人以此价值对待他人,与外部世界沟通。这就构成了人之"本心"——这个词出现在"鱼与熊掌"章中;这也就是人之"良心"——这个词出现在"牛山之木"章中。

这就是孟子所说的人性之根基。《中庸》:"天命之谓性。"天地生万物,包括人,因而,天地以生养万物为心,那么,天地所生之物，尤其是作为万物之灵的人，也就分有了天地生养万物之明确道德倾向——以及下面将要论及的能力。这就是人之自然的性向，也即人性。

"不忍人"之心毋宁说是情。前引公都子提出疑问："今曰性善，然则彼皆非欤？"

> 孟子曰：乃若其情，则可以为善矣，乃所谓善也。若夫为不善，非才之罪也。
>
> 赵注：若，顺也。性与情相为表里，性善胜情，情则从之。《孝经》云"此哀戚之情"，情从性也。能顺此情，使之善者，真所谓善也。若随人而强作善者，非善者之善也。若为不善者，非所受天才之罪，物动之故也。

此"情"就是不忍人之心。因此，不忍人之心首先是不忍人之情，这是人的最为本根的情感，一切社会性情感和美德，皆源于这种自然情感。因此自然之情感倾向，人可为善。顺乎此情所为，必然是善。

如赵岐所说，"不忍人之心"是不忍加恶于人之心。在《公孙丑上》篇中，孟子举例论证不忍人之心的自然性：

> 所以谓人皆有不忍人之心者，今人乍见孺子将入于井，皆有怵惕恻隐之心。非所以内交于孺子之父母也，非所以要誉于乡党朋友也，非恶其声而然也。
>
> 赵注：孺子，未有知之小子。所以言人皆有是心，凡人暂见小孺子将入井，贤愚皆有惊骇之情，情发于中，非为人也，非恶有不仁之声名，故怵惕也。

集注:怵惕,惊动貌。隐,痛之深也。此即所谓不忍人之心也。内,结。要,求。声,名也。言乍见之时,便有此心,随见而发,非由此三者而然也。程子曰:"满腔子是恻隐之心。"谢氏曰:"人须是识其真心。方乍见孺子入井之时,其心怵惕,乃真心也。非思而得,非勉而中,天理之自然也。内交、要誉、恶其声而然,即人欲之私矣。"

人之为人的最为本能、最为基础、也最为根本的情感是不忍人之情。所以,人猛然见到孺子匍匐即将入井之场景,其怵惕、恻隐之心即刻发动,而有援之以手的本能反应。值得注意的正是"乍见"之场景设定。孟子之用意正在把人还原到最本能、最原始之状态,人心之自然倾向于此刻此境中清晰呈现。由乍见而援手之事实,即可见不忍人之心乃人之为人的最为深层次的心,也就是人的本能性情感。

从孟子所举之例可看出,不忍人之情的含义,除赵岐注指出的不忍加恶于人之情外,也包括不忍见他人遭受痛苦、陷入绝境之情。前者是主动的,后者是被动的,由后者更见人之本心。

两千年后,苏格兰道德哲学家哈奇森、休谟、斯密等人讨论"通情"(sympathy)之心,与此不忍人之心有相通之处。亚当·斯密在《道德情感论》开篇云:

不论我们设想人有多自私,但很显然,在他的天性中有一些原则,这让他对他人的命运感兴趣,并视他们的幸福为他的,而尽管他从中所得到的,无非看到它的愉悦而已。当我们看到他人的不幸或者设身处地地想象这不幸而产生的那种情绪反应,怜悯或者同情,就属于这种天性。我们常常因他人之悲伤而悲伤,这是一个再明显不过的事实,无须举例证明。这样的情感,以及人性中的其他本源性激情,并不限于那些有德和富有人性者,尽管他们能最为敏感地感受到这种情感。最坏的恶棍,社会法律之最冷心肠的破坏者,也不会一丝没有。

……当我们看到对准另一个人的腿或臂的一击即将落下之际,我们会很自然地收缩、抽回我们自己的腿或臂;而当其真的落下,我们会在某种程度上感受到它,除了那受害者外,仿佛自己也受到伤害。①

这种"通情心"是人的自然禀赋,也是人皆具有的。正是这种本能之心,让人与他人天然具有联系,道德由此而生发。这样的通情心,就此性质和对于德行之功能,均类似于孟子所说的不忍人之心。

四端

不忍人之心构成恻隐、羞恶、恭敬-辞让、是非之心的源头,《公孙丑上》:

由是观之,无恻隐之心,非人也;无羞恶之心,非人也;无辞让之心,非人也;无是非之心,非人也。

赵注:言无此四者,当若禽兽,非人心耳。为人则有之

---

① Adam Smith, *The Theory of Moral Sentiments*, edited by D. D. Raphael and A. L. Macfie; Indianapolis: Lierty Fund, 1984, pp. 9—10.

矣。凡人但不能演用为行耳。

　　集注:恶,去声,下同。羞,耻己之不善也。恶,憎人之不善也。辞,解使去己也。让,推以与人也。是,知其善而以为是也。非,知其恶而以为非也。人之所以为心,不外乎是四者,故因论恻隐而悉数之。言人若无此,则不得谓之人,所以明其必有也。

《告子上》的表述有所变化:

　　恻隐之心,人皆有之。羞恶之心,人皆有之。恭敬之心,人皆有之。是非之心,人皆有之。

前后两种说法含义是相通的。"四心"人皆有之,是人之为人的根本所在,则无此四心者,也非人也。

　　然则,此"心"者,何也? 也许,可以参考苏格兰道德哲学家哈奇森的论述。令人惊讶的是,对于人心之类型,他有类似发现:

　　如果把可以接受独立于我们意志的观念、并产生快乐或痛苦知觉的心灵中的每一种都规定称为一种感官,与通常解释过的那些感官相比,我们将发现许多其他感官……些许反思就能表明,无论以什么顺序来进行排列,人类心灵中存在着这样的天然能力:第一类是外在感官,这已普遍为人所知。在第二类中,令人愉快的知觉来源于有规律的、和谐的和匀称的对象,也来源于宏伟与新奇……我们可以把接收它们的那种能力称为内在感官……我们可以称第三类

　　　　知觉为公共感官，即"我们的决定会因他人的幸福而快乐，因他人的苦难而不快"……我们可以把第四类称为道德感官，通过它，"我们知觉到了自身或他人的善或恶"……第五类为荣誉感官，"它使他人赞许或感激我们所做的善行，这是快乐的必要诱因；使他人厌恶、谴责或憎恨我们所造成的伤害，这是成为羞愧及令人不快的感觉的诱因，即使我们并不害怕来自他人的更大恶行"。①

　　哈奇森用的概念是"感官"（sense），此处之"内在感官"就是审美感官，即爱美之心；"公共感官"是哈奇森及休谟、斯密都深入讨论过的"通情"之心；"道德感官"是孟子所说的"是非之心"；"荣誉感官"就是孟子所说的羞恶之心。

　　按照哈奇森之论述，这些感官似乎就是人心灵中感知特定对象之能力。孟子之所谓"心"，也含有这一层意思。比如，据朱子之解释，是非之心就是知其善而以为是、知其恶而以为非之道德判断能力。羞恶、恭敬-辞让之心与此类似。

　　不过，细绎孟子之言，如前所述，此处之心更多还是"情"之意。② 这尤其体现于"端"字上。恻隐之心、羞恶之心、恭敬-辞

---

① ［英］弗兰西斯·哈奇森：《论激情和感情的本性与表现，以及对道德感观的证明》，戴茂堂等译，浙江大学出版社，2009 年，第 5—6 页。

② 参考徐复观的论述：孟子既从心上论定性善，而心的四种活动，即"情"。"乃若其情，则可以为善"的情，即指恻隐、羞恶、是非、辞让等而言。从心向上推一步即性；从心向下落一步即情；情中涵有向外实现的冲动、能力，即"才"。性、心、情、才，都是环绕着心的不同的层次。孟子所说的"恻隐之心"、"羞恶之心"，实际亦即恻隐之情、羞恶之情（《中国人性论史·先秦篇》，台湾"商务印书馆"股份有限公司，2007 年，第 174 页）。

让之心、是非之心不仅是道德判断能力,也包含着明确的情感倾向。"心"的内涵要比感官丰富一些,具有两个面相。当然,情感和判断力两者是紧密相关的,可以说是共生关系。情感倾向要求道德判断能力支持,才可具有道德实践之可能性。

也就是说,"不忍人之心"是天赋予人的自然情感,混融而为一,此系人之为人之根本。这种本根的自然情感一经发动,与他人、外部世界交接,就会有所分别,即分化为恻隐、羞恶、辞让、是非之心等四种不同类型的社会性情感及与之共生的道德判断能力。此分化过程离不开理智的作用,也即离不开下面将会讨论的"心之官"——思。

在前一段中,"所以谓人皆有不忍人之心者,今人乍见孺子将入于井,皆有怵惕恻隐之心",此处又说"无恻隐之心,非人也"。这样的论述容易让人以为,不忍人之心就是恻隐之心。应当不是这样,两者在不同层面上。"怵惕恻隐之心"是不忍人之心发动后的表现形态,孟子也特别加上了"怵惕"二字。后来的"恻隐之心"是不忍人之心分别后的产物,其含义与"怵惕恻隐之心"是不同的。

思

道德判断能力推动这些内生的社会性情感发育成为见之于人与人间关系的合宜行为。《公孙丑上》篇曰:

> 恻隐之心,仁之端也;羞恶之心,义之端也;辞让之心,礼之端也;是非之心,智之端也。

人之有是四端也，犹其有四体也。有是四端，而自谓不能者，自贼者也。谓其君不能者，贼其君者也。

凡有四端于我者，知皆扩而充之矣。若火之始然，泉之始达。苟能充之，足以保四海；苟不充之，不足以事父母。

赵注：端者，首也。人皆有仁、义、礼、智之首，可引用之。

自谓不能为善，自贼害其性，使不为善也。谓君不能为善而不匡正者，贼其君使陷恶也。

扩，廓也。凡有四端在于我者，知皆廓而充大之，若火、泉之始微小，广大之则无所不至。以喻人之四端也，人诚能充大之，可保安四海之民；诚不充大之，内不足以事父母，言无仁义礼智，何以事父母也。

仁、义、礼、智是四种最为重要的合宜行为模式，也即四种德行，其根基在四心，四心为四德之端，也即四德之源。由此源头"扩充"，则可有四德。至关重要的是，"凡有四端于我者，知皆扩而充之矣"，"知"字很重要，其义为，四心自身内含着扩充自身之自觉，四心之扩充为四德，乃人之自然倾向。

然而，"苟能充之，足以保四海；苟不充之，不足以事父母"表明，并不是每个人都能扩充之，或扩充至同等程度。何以有如此差别？"知"字已有所提示，《告子上》篇进一步提出"思"：

恻隐之心，仁也。羞恶之心，义也。恭敬之心，礼也。是非之心，智也。仁、义、礼、智，非由外铄我也，我固有之也，弗思耳矣。故曰：求则得之，舍则失之。或相倍蓰，而无箅者,不能尽其才者也。《诗》曰:"天生蒸民,有物有则。民之秉彝,好是懿德。"孔子曰:"为此《诗》者,其知道乎!"故有物必有则,民之秉彝也,故好是懿德。

  赵注:仁、义、礼、智,人皆有其端,怀之于内,非从外销铄我也。求存之,则可得而用之;舍纵之,则亡失之矣。故人之善、恶,或相倍蓰,或至于无箅者,不能相与计多少,言其绝远也。所以恶乃至是者,不能自尽其才性也。故使有恶人,非天独与此人恶性。其有下愚不移者也,譬若乎被疾不成之人,所谓童昏也。《诗·大雅·烝民》之篇,言天生蒸民,有物则有所法则,人法天也。民之秉夷,夷,常也,常好美德,孔子谓之知道,故曰人皆有是善者也。

  恻隐、羞恶、辞让-恭敬、是非之心扩充为仁、义、礼、智四德,是人之自然倾向。不过,此一自然倾向之实现需借助于思,思就是扩充四端为四德之手段。

  至关重要的是,在下面将引用的段落中,孟子说,"心之官则思……此天之所与我者"。这个思乃与"不忍人之心"同一地位的人心之官能。人为万物之灵,人有不忍人之心,此为本体性情感。天赋予人以此情感,必赋予人以发用此情感之能力,也即思。不忍人之心固然内在于人之心中,思同样内在于人心之中,两者同属人心之构成部分。不忍人之情是心之本体,思,也即理智,则是心用以发用这一情之必要工具。

  思协助四端扩充为四德。思让人对不忍人之情有自觉,意识到不忍人之情的存在,并在具体生命情境中发用之,而分别出四心,四种更为具体的社会性情感及与之对应的道德判断能力。

正是思，分别混沌的不忍人之心为四种社会性情感。思继续推动这些社会性情感向外扩充，指导人们对具体情境中的人我关系作出判断，构想合宜之行为，从而形成合宜于具体情境之德行。

"求则得之，舍则失之"，求之者，情也，情驱动人求之；所求之者，思也，思令人求之有方。四种社会性情感具有对外发用之倾向，思令人知这一倾向，对四情有自觉。如此，人顺乎此一倾向，在具体情境中采取合宜行为，即得到仁、义、礼、智四德。反之，四种社会性情感虽有对外发用之倾向，而思若没有启动，或者比较微弱，则人不知此一倾向，没有对情之自觉，则"舍"此情而不能得仁、义、礼、智四德。

"或相倍蓰，而无筭者，不能尽其才者也"，此处之"才"，就是"若夫为不善，非才之罪也"的"才"，也许是指不忍人之情与旨在发用它的思之综合，这些是人所受于天的，它们共同构成人之"灵"。然而，有些人却舍此情而不顾，根本问题在于思的意愿、能力较低，因而对情缺乏足够自觉，也就没有能力将混融的不忍人之情分别为社会性情感，对外发用。也就是说，思的意愿与能力的差异，让人与人形成德行上的差异，而有君子-小人之别。

君子、小人之别

人皆有不忍人之心，然而，何以人与人的看得见的德行差异如此之大？也即，何以有君子、小人之别？《告子上》篇中，孟子对此作出回应：

　　公都子问曰:"钧是人也,或为大人,或为小人,何也?"孟子曰:"从其大体为大人,从其小体为小人。"曰:"钧是人也,或从其大体,或从其小体,何也?"曰:"耳目之官不思,而蔽于物,物交物,则引之而已矣。心之官则思,思则得之,不思则不得也。此天之所与我者,先立乎其大者,则其小者弗能夺也。此为大人而已矣。"

　　赵注:孟子曰:人有耳目之官,不思,故为物所蔽。官,精神所在也,谓人有五官六府。物,事也。利欲之事来交引其精神,心官不思善,故失其道而陷为小人也。此乃天所与人情性,先立乎其大者,谓生而有善性也。小者,情欲也。善胜恶,则恶不能夺之而已矣。

　　集注:钧,同也。从,随也。大体,心也。小体,耳目之类也。官之为言司也。耳司听,目司视,各有所职而不能思,是以蔽于外物。既不能思而蔽于外物,则亦一物而已。又以外物交于此物,其引之而去不难矣。心则能思,而以思为职。凡事物之来,心得其职,则得其理,而物不能蔽;失其职,则不得其理,而物来蔽之。此三者,皆天之所以与我者,而心为大。若能有以立之,则事无不思,而耳目之欲不能夺之矣,此所以为大人也。

　　范浚心箴曰:"茫茫堪舆,俯仰无垠。人于其间,眇然有身。是身之微,大仓稊米,参为三才,曰惟心耳。往古来今,孰无此心? 心为形役,乃兽乃禽。惟口耳目,手足动静,投间抵隙,为厥心病。一心之微,众欲攻之,其与存者,呜呼几希! 君子存诚,克念克敬,天君泰然,百体从令。"

　　人有心、有身，心为"大体"，肉体之身为"小体"。两个各有其官，也即实现其目的之官能：心之官为思，身之官为耳目，也即哈奇森所说的"外在感官"。耳目与外物交接，获得生理上的快乐或痛苦之感。耳目本身并不具有思的能力，它只是被动地接受外部的刺激，并由生理本能支配，追求尽可能多的肉体的快乐，而回避肉体的痛苦。耳目对其所获得的快乐、痛苦感，对于刺激此感觉之外物对身之正当性，无力进行反思；因为没有标准，也无从反思。这样的耳目会被外物所支配，而成为一种物。实际上，无心之身本身就是物，耳目就是身这个物满足自己生理性需求之感官。耳目与外物之交接也就是物物之交接。

　　心之官为思，它令人对于不忍人之情有所自觉，"知"扩而充之。不忍人之情为心之本，思则为心之官。思虽为心之官，但它同时面向心、身，也即，思不仅对不忍人之情有自觉，也主动地控制身，对身之官——耳目——所获得的感觉予以反思，对刺激此感觉之外物对于人之正当性进行反思。现在，这种反思也是可能的，其依据是心之本，即不忍人之心。思为心之官，则倾向于控制耳目，令身服务于不忍人之情。这就是"从其大体"。从之者，思也；所从者，不忍人之情也。思若足够强大，"先立乎其大者"，确立不忍人之情之主宰地位，耳目所获得的生理性感觉，就将受到审查、控制。

　　这样的人就是大人，也即从其大体之人，心支配身之人。由此，他对不忍人之情有所自觉，并在思的判断下向外发用，最终成就德行，这就是君子。反之，从其小体者就是小人，即身支配心之人，对不忍人之情没有自觉，耳目之生理性快乐、痛苦驱动人的行为，而无法成就德行。

从不忍人之心到仁政

《公孙丑上》篇中,在断言"人皆有不忍人之心"后,孟子立刻提出一个政治哲学命题:

> 先王有不忍人之心,斯有不忍人之政矣。以不忍人之心,行不忍人之政,治天下可运之掌上。
>
> 赵注:先圣王推不忍害人之心,以行不忍伤民之政。以是治天下,易于转丸于掌上也。
>
> 集注:言众人虽有不忍人之心,然物欲害之,存焉者寡,故不能察识而推之政事之间。惟圣人全体此心,随感而应,故其所行,无非不忍人之政也。

然而,从先王之不忍人之心,如何而有不忍人之政?政者,治理也。王者治理天下万民,则王者之不忍之心不可能直接发用于天下万民。王者必须借助中介性要素,这就是仁、义、礼、智,由此而有不忍人之政。不妨先看《离娄下》篇:

> 人之所以异于禽兽者几希,庶民去之,君子存之。舜明于庶物,察于人伦。由仁、义行,非行仁、义也。
>
> 赵注:几希,无几也。知义与不知义之间耳。众民去义,君子存义也。伦,序。察,识也。舜明庶物之情,识人事之序。仁、义生于内,由其中而行,非强力行仁、义也。故道

性善，言必称于尧舜。但君子存之，庶民去之而不由尔。①

朱注：几希，少也。庶，众也。人物之生，同得天地之理以为性，同得天地之气以为形；其不同者，独人于其间得形气之正，而能有以全其性，为少异耳。虽曰少异，然人物之所以分，实在于此。众人不知此而去之，则名虽为人，而实无以异于禽兽。君子知此而存之，是以战兢惕厉，而卒能有以全其所受之理也。

物，事物也。明，则有以识其理也。人伦，说见前篇。察，则有以尽其理之详也。物理固非度外，而人伦尤切于身，故其知之有详略之异。在舜则皆生而知之也。由仁、义行，非行仁、义，则仁、义已根于心，而所行皆从此出。非以仁、义为美，而后勉强行之，所谓安而行之也。此则圣人之事，不待存之，而无不存矣。②

此处之"几希"，就是"不忍人之心"，"去之"就是"舍则失之"，"存之"就是"求则得之"。君子与小人之别形成的根源就在于君子之思的意愿和能力较强，故能存养不忍人之心，并有所发用。

舜有不忍人之情，舜之思同样十分强劲，故生而"知"之也。也因此，舜对不忍人之情有高度自觉，一旦与外物交接，则有恻隐、羞恶、恭敬、是非之心的分化，并借助于思之判断、想象、构想，而有仁、义、礼、智之行。所以"明于庶物，察于人伦"者，思也。

---

① 《孟子注疏》卷八上，《离娄章句下》。
② 《孟子集注》卷八，《离娄章句下》。

借助于思,内在于人心的四端扩充而为四德:

恻隐之心,仁之端也。恻隐之心最为接近于不忍人之心,然两者不在同一层次。不忍人之心是混融而无所指的,此情进入具体社会情境中而有恻隐之情,由恻隐之情而有仁之德行。然则,何为"仁"?孔子有很多论述,孟子曰:"仁也者,人也。合而言之,道也。"《中庸》:"仁者,人也。"焦循《孟子正义》疏全文引用段玉裁《说文解字》注云:

> 仁,亲也。从人二。《中庸》曰:"仁者,人也。"(郑玄)注:"人也,读如相人偶之人,以人意相存问之言。"《大射仪》"揖以耦"注:"言以者,耦之事成于此意相人耦也。"《聘礼》"每曲揖"注:"以相人耦为敬也。"《公食大夫礼》"宾入三揖"注:"相人耦。"《诗·匪风》笺云:"人偶能烹鱼者,人偶能辅周道治民者。"正义曰:"人偶者,谓以人意尊偶之也。"《论语》注人偶,同谓人偶之辞。《礼》注云人偶,相与为礼仪。皆同也。按:人耦,犹言尔我亲密之词。独则无耦,耦则相亲。故其字从人、二。《孟子》曰"仁者人也",谓能行仁恩者,人也。又曰"人,人心也",谓仁乃人之所以为心也,与《中庸》语意皆不同。

郑玄所说之"以人意相存问",最为清楚地揭示了仁的真意。按《说文解字》"偶,桐人也"。段玉裁注:"偶者,寓也,寓于木之人也……按木偶之偶,与二抬并耕之耦义迥别。凡言人耦、射耦、嘉耦、怨耦者,皆取耦耕之意,而无取桐人之意也。今皆作偶,则失古意矣。"《说文解字》:"耦,耕广五寸为伐,两伐为耦。"

耦者,两人并发也。段玉裁注:"长沮、桀溺耦而耕,此两人并发之证。"

仁之最为深层的含义也就是待人以人。面对一个人,我把他当成人对待,反过来,我也可以相信,他把我当成人来对待,此即彼此以人意相存问。而人皆有不忍人之心,故人不会相互加害,此即"己所不欲,勿施于人",而这是需要借助于思才可做到的。同时,人也会相爱,"仁者爱人",尽管爱之程度,对不同人是不等的,爱之等差同样需要借助于思来确定。

羞恶之心,义之端也。《释名·释言语》:"义者,宜也,裁制事物,使合宜也。"明乎与人交接之宜,明乎行事之宜。义即合宜。凡此种种宜,是需要探究才能被发现、确认的。同样需要借助于思,人才能合己之行于人、事之宜。人也需要不断地反思,以审查己行是否合宜,不合宜,则有羞恶之情。广川董子正是从这个角度论述仁与义的:

> 《春秋》之所治,人与我也。所以治人与我者,仁与义也。以仁安人,以义正我,故仁之为言人也,义之为言我也,言名以别矣……仁之法在爱人,不在爱我。义之法在正我,不在正人。我不自正,虽能正人,弗予为义。人不被其爱,虽厚自爱,不予为仁……此之谓也。君子求仁、义之别,以纪人、我之间,然后辨乎内、外之分,而著于顺、逆之处也。是故内治反理以正身,据礼以劝福。外治推恩以广施,宽制以容众。[1]

---

[1] 《春秋繁露·仁义法》。

恭敬之心、辞让之心，礼之端也。关乎人之义的规则化、制度化即成礼，礼规定具体情境中不同人的最为合宜之行为。它的根基是恭敬他人、辞让他人之心，借助于思，人构造出可以恰当地表达自己的恭敬、辞让之心的行为模式。

是非之心，智之端也。智不同于心之官——思。思是最为一般的心智能力，它在道德领域中发挥作为，即为智。智为是非之心，是较为狭窄的道德判断能力，判断行为之是与非。

王者有不忍人之心，王者的思之意愿和能力较强，故"明于庶物，察于人伦"。由此，王者的仁、义、礼、智之德最为卓越，因此而可以创制立法：王者爱人；王者知人、事之宜；王者有能力制礼；王者的道德判断能力也最强。因而有能力构想出不忍人之政。仁政自然仁为本，然而，仁政也不能离开义，借以确定各人、各事之宜，人际关系、人的行为之宜也规则化为礼。而归根到底，先王之政，又不能没有先王之智。

但是，王者的不忍人之政之得以实施，以人人皆有不忍人之心为终极依据。当王者在构想制度时，可设身处地，想象舍于万民之宜的制度，此所谓"己欲立而立人"。由此，他以仁者之心所设计出来的制度，将会得到民的认可，让人的合作、交易成为可能，也即，让合群成为可能并维系群内优良秩序。

心、性、天

由以上可看出，孟子之思考，围绕着心展开，朱子《四书章句集注·孟子序说》引杨氏之说曰：

　　《孟子》一书，只是要正人心，教人存心养性，收其放心。至论仁、义、礼、智，则以恻隐、善恶、辞让、是非之心为之端。论邪说之害，则曰："生于其心，害于其政。"论事君，则曰："格君心之非"，"一正君而国定"。千变万化，只说从心上来。人能正心，则事无足为者矣。大学之修身、齐家、治国、平天下，其本只是正心、诚意而已。心得其正，然后知性之善。故孟子遇人便道性善。欧阳永叔却言"圣人之教人，性非所先"，可谓误矣。人性上不可添一物，尧舜所以为万世法，亦是率性而已。所谓率性，循天理是也。外边用计用数，假饶立得功业，只是人欲之私。与圣贤作处，天地悬隔。

　　周的古典时代，人被无所不在的礼所约束，身心混融而呈现为一个无内外之分的完整的人。故一直到春秋时代，人们只讨论关乎人际关系的伦理，而很少论及内在之德性。即便孔子，也并没有论心。

　　到战国，礼崩乐坏，人脱离无所不在的规则网络，人的完整性、混融性流失，而首先突出感受到肉身之存在。前引告子之人性论就主要着眼于肉体之身，纯以肉身为人，以身之性言人之性。这种理念与政治之巨变互为表里，《史记·孟子荀卿列传》：

　　　　孟轲，驺人也。受业子思之门人。道既通，游事齐宣王，宣王不能用。适梁，梁惠王不果所言，则见以为迂远而阔于事情。当是之时，秦用商君，富国强兵；楚、魏用吴起，战胜弱敌；齐威王、宣王用孙子、田忌之徒，而诸侯东面朝

齐。天下方务于合从连衡,以攻伐为贤。而孟轲乃述唐、
虞、三代之德,是以所如者不合。退而与万章之徒序诗、书,
述仲尼之意,作《孟子》七篇。

肉体欲望支配着这个时代,个人在全力追求可满足肉体欲
望之物,食、色、权力等。由此,政治也物质主义化,治理模式转
向"道之以政,齐之以刑",各国间关系也走向以力相争的"强权
政治(power politics)"。孟子从他所拜访的各国君王身上,清楚
地看到了这些特点。作为儒者,他决意改变这种状态。

然而,从何处入手? 孟子所面临的问题是重建优良制度。
他拜访了各国国君,这些掌权者都认为他的想法过于迂腐而不
能适应时代之需要。孟子师徒的政治机会比孔子师徒的还小。
孟子乃"退"而作书:他退出了现实的政治领域,不再希望通过自
己时代的建制实现仁政、王道理想。

孟子走向另外一条秩序重建之道,那就是塑造一个大人、士
也即士君子群体,以传承道学,伺机而动。而他所处的人间比孔
子时代更为糟糕:孔子时代,人们至少还在名义上尊礼;这个时
代,礼乐已彻底崩坏。这是一个物欲横流的世界,人们被肉体欲
望支配,对于一切身外之善,比如德行、人际合作、优良制度等等
了无兴致。孟子不能不走向超越肉身之路,为此他发现心,他关
注性,他面向天。《尽心上》:

　　孟子曰:尽其心者,知其性也;知其性,则知天矣。存其
心,养其性,所以事天也。
　　赵注:性有仁、义、礼、智之端,心以制之,惟心为正。人

能尽极其心，以思行善，则可谓知其性矣。知其性，则知天道之贵善者也。能存其心，养育其正性，可谓仁人。天道好生，仁人亦好生。天道无亲，惟仁是与。行与天合，故曰所以事天也。①

朱注：心者，人之神明，所以具众理而应万事者也。性则心之所具之理，而天又理之所从以出者也。人有是心，莫非全体，然不穷理，则有所蔽而无以尽乎此心之量。故能极其心之全体而无不尽者，必其能穷夫理而无不知者也。既知其理，则其所从出，亦不外是矣。以《大学》之序言之，知性则物格之谓，尽心则知至之谓也。

存，谓操而不舍；养，谓顺而不害。事，则奉承而不违也。②

此为孟子思想之大纲领，亦为孔孟之后儒家士君子之核心理念，进而成为中国人之核心理念。

经义概述

如《告子》所记，时贤有感于秩序混乱，皆关心人之存在状态，而有人性论之探究、辩难。然当时之讨论，似乎皆从"生"上言，也即皆从"身"上言，所谓"食色，性也"。

孟子走出一条新路：首先发明人心，确立人心，从心上论定

---

① 《孟子注疏》卷十三上，《尽心章句上》。
② 《孟子集注》卷十三，《尽心章句上》。

人之性。心在《孟子》全书中频繁地出现,人心是孟子所关心之核心问题。故孟子言,惟"尽其心者"可"知其性",从肉身上着眼者,不足以论人之性。人之异于禽兽者之几希,也正在于此方寸之间。人须穷尽其心,方可见自己异乎禽兽的为人之性。

由此,孟子超越了那个混乱的时代,而证成人之存在的完整与高贵。礼崩乐坏时代,存在与治理之最大麻烦在物质主义和个人主义,重建优良秩序的关键即在控制肉体欲望之泛滥与人的相互隔绝倾向。唯一的出路是发明人心,高扬人心,让心控制身。

认定人心,则人有善性。孟子之所以"道性善",皆因孟子从人心上立论。此处之"心",即人皆具有之"不忍人之心"。由此不忍人之心,而有恻隐、羞恶、恭敬、是非之四端,经由思所推动之扩充过程,而有具体的善行。也即,立足于人心,孟子确认,人有善之自然倾向,且有善之能力,故人性善。

然而,人何以皆有不忍人之心?答案隐含在"知其性,则知天"一语中。既云知其性则知天,则性中必有天,人之性就是天所命于人之性。故"知其性,则知天"的前提是《中庸》"天命之谓性"。正是天为人内置了不忍人之心,赋予人以善性。孟子之性善论,实为天赋性善论。

由此,孟子将人重新置于一种宇宙秩序中,人的存在获得了超越性。天道信仰本为华夏基本信仰,三代皆信天,孔子频言天,敬天为君子首要之德。孟子时代,天道信仰几近崩溃,而世俗主义必催生物质主义。当时就身言性者,皆以身为人之全体,人即皮囊所包裹的、与外部世界截然分隔之肉体。这样的人既是物质主义的,也是个体主义的。孟子则承继孔子、《中庸》理念，尊天而论人，由此而发现人心：天以人为万物之灵，心为灵之承载者，人以心沟通天。天生成人心，人之为人之性正在其心中，故知其性，则知天。

据此，孟子论断：人之目的是事天，这是人之存在的终极意义。为此，人之天职就是"存其心，养其性"，存人对应于天之心，也即不忍人之心；养天所命于人之性，也即善性。

孟子重新定义了人。三代古典君子是天所笼罩下的身心混融之人，这样的人敬天而以礼定命。战国时代，人背天而无礼，乃蜕化为纯粹肉体之存在，这样的人是世俗主义的、物质主义的、个人主义的。孟子乃大声疾呼：上有天，内有心；人分有天性，故皆有不忍人之心。此即人之善性。故人存乎天、心之际，这样的人之正当的存在过程为存心、养性以事天。

由此，优良社会治理具有了坚实的人心基础：人知天而有所敬畏，这是秩序形成与维持之前提。人有善性，思的意愿与能力较强者可为君子，他们将是治理之组织、领导者。即便是思的意愿和能力不强者，也会因其本心之善而赞许善、向往善，乐意生活于善中，故风俗是可维持的，制度是可运转的。

第三篇　君子:《论语》首章义疏

《论语》首章:

> 子曰:"学而时习之,不亦说乎? 有朋自远方来,不亦乐乎? 人不知而不愠,不亦君子乎?"①

　　孔门以此为《论语》首章,大有深意,它深刻描述了新生的儒家士君子之养成机制、生存形态及其在社会结构中的角色。由此三句话,即可知儒家为何,进而理解孔子之后中国历史演进、中国文明扩展之关窍所在。

学而时习之,不亦说乎

学

　　此为《论语》全书第一字,也是最重要的一个字。它劈头表

---

① 本篇疏解之引文,除特别注明、说明者,均依何晏注、邢昺疏《论语集注》(即《集解》)与朱熹《论语集注》。

明:儒家为学。学字对孔子、对儒家、对中国文明具有重大意义,因为,孔子之前,没有孔子意义上的学、学者。孔子之伟大意义正在于创学兴学,以学养成君子,构建和维护合理秩序。

孔子之前之君子为等级世袭性质的。君子之家有礼、乐之官,即瞽、祝、史,是为"官"。他们保存礼乐政典于某个特定场合,并据此参与家事决策,是为"官府"。君子之子弟在家内由礼乐之官教以诗、乐、书、数,如《舜典》:"帝曰:'夔,命汝典乐。教胄子:直而温,宽而栗,刚而无虐,简而无傲。'"同时,子弟随父、兄,或其才艺出众之臣——他同样也是君子,习射、御之艺。总之,三代君子的六艺之教,皆由承担治理之责的君子承担,而无专业之教者,子弟也非专业之学者。故其所学者为"艺",实用之技艺,且多于实践中学。

至孔子时代犹然。《先进》:

> 子路使子羔为费宰。子曰:"贼夫人之子。"子路曰:"有民人焉,有社稷焉,何必读书,然后为学?"子曰:"是故恶夫佞者。"

子路所说,或为既有之常态。但孔子则已创立新兴之学,其特征是,以读书为学。孔子何以做成这样一件大事业?刘宝楠正义曰:

> "学"者,《说文》云:"斆,觉悟也。从教从冂。冂,尚朦也,白声。学,篆文斆省。"《白虎通·辟雍》:"学之为言觉也,以觉悟所未知也。"与《说文》训同。《荀子·劝学篇》:

"君子博学而日参省乎己,则知明而行无过矣。故不登高山,不知天之高也;不临深溪,不知地之厚也;不闻先王之遗言,不知学问之大也。"又云:"学恶乎始?恶乎终?曰:其数则始乎诵经,终乎读礼;其义则始乎为士,终乎为圣人。真积力久则入。学至乎没而后止也。"

　　案《王制》言:"乐正崇四术,立四教,顺先王《诗》、《书》、礼、乐以造士。春、秋教以礼、乐,冬、夏教以《诗》、《书》。王大子、王子、群后之大子、卿大夫元士之适子、国之俊选,皆造焉。"是《诗》、《书》、礼、乐,乃贵贱通习之学。学以大成,始得出仕,所谓先进于礼乐者也……夫子十五志学,及后不仕,乃更删定诸经。《史记·孔子世家》言孔子当定公五年已修《诗》、《书》、礼、乐,即谓此也。删定之后,学业复存。凡篇中所言为学之学,皆指夫子所删定言之矣。①

　　孔子时代,礼崩乐坏,古典君子败坏。孔子乃删定先王之政典为六经,是为"文",也即《中庸》所引孔子之话:"文武之政,布在方策。"在此删定、教授过程中,孔子有所思考,而形成儒家思想。故"六艺(六经)之科"与"孔子之术"紧密相关,但也有严格区别。孔子以六经之"文"教授平民弟子,是为"教"。两者共同构成了学。《述而》:"子以四教:文、行,忠、信。"孔子之学首在于学文,六艺之文。弟子通过文而获得行,行之德为忠、信。

　　由此可以看出孔子之学的新兴性质。三代君子之学,主要是实践中的模仿。孔门之学,则因文而学。原因很简单:孔门弟

---

① 《论语正义》卷一,《学而第一》。

子几乎全为庶民,无法通过实践学习。但虽然学之方法不同,目的却与三代君子之学,无太大差异。《学而》有两章连续探讨学:

> 子曰:"弟子入则孝,出则悌,谨而信,泛爱众,而亲仁。行有余力,则以学文。"
>
> 朱子集注:"文,谓诗书六艺之文。"程子曰:"为弟子之职,力有余则学文,不修其职而先文,非为己之学也。"尹氏曰:"德行,本也。文艺,末也。穷其本末,知所先后,可以入德矣。"洪氏曰:"未有余力而学文,则文灭其质;有余力而不学文,则质胜而野。"愚谓力行而不学文,则无以考圣贤之成法,识事理之当然,而所行或出于私意,非但失之于野而已。

本章实际上讨论了学之资格。由此也可看出,孔门之学固可始于洒扫应对,然终必归于学六艺之文,惟此可以养成君子。下一章则指出学之目的:

> 子夏曰:"贤贤,易色;事父母,能竭其力;事君,能致其身;与朋友交,言而有信。虽曰未学,吾必谓之学矣。"
>
> 集解:孔曰:子夏,弟子卜商也。言以好色之心好贤则善。
>
> 集注:贤人之贤,而易其好色之心,好善有诚也。致,犹委也。委致其身,谓不有其身也。四者皆人伦之大者,而行之必尽其诚,学求如是而已。故子夏言有能如是之人,苟非生质之美,必其务学之至。虽或以为未尝为学,我必谓之已学也。游氏曰:"三代之学,皆所以明人伦也。能是四者,则于人伦厚矣。学之为道,何以如此。子夏以文学名,而其言

如此,则古人之所谓学者可知矣。故《学而》一篇,大抵皆在于务本。"

集解、集注对"贤贤易色"之解释似均过于牵强,此为讨论夫妇一伦,可见《论语正义》。夫妇当重德而轻色。值得注意的是,相比于上章,此处多出事君、朋友两伦,这两者须通过学"文"才可以把握。

朱子释本句"学"曰:

"学而"说此篇名也。取篇首两字为别,初无意义。但"学"之为义,则读此书者,不可以不先讲也。

夫"学"也者,以字义言之,则己之未知未能而晓夫知之能之之谓也。以事理言之,则凡未至而求至者,皆谓之"学"。虽稼圃、射御之微,亦曰"学",配其事而名之也。而此独专之,则所谓"学"者,果何"学"也?盖始乎为士者,所以学而至乎圣人之事。伊川先生所谓"儒者之学"是也。盖伊川先生之意曰:"今之学者有三:词章之学也,训诂之学也,儒者之学也。欲通道,则舍儒者之学不可。"尹侍讲所谓:"学者,所以学为人也。学而至于圣人,亦不过尽为人之道而已。"此皆切要之言也。

夫子之所志,颜子之所学,子思、孟子之所传,皆是学也。其精纯尽在此书,而此篇所明又学之本,故学者不可以不尽心焉。①

---

① 《朱子文集》卷第三十二,《答张敬夫》。

然则，儒者之学，宗旨究竟何在？《大学》已经揭明："大学之道，在明明德，在亲民，在止于至善。"也即，由格物、致知、诚意、正心，经由修身，而齐家、治国、平天下。《礼记·学记》：

> 发虑宪，求善良，足以谀闻，不足以动众（郑玄注：宪，法也，言发计虑当拟度于法式也。求，谓招来也。谀之言小也。动众，谓师役之事）。就贤体远，足以动众，未足以化民（注：就，谓躬下之。体，犹亲也）。君子如欲化民成俗，其必由学乎（注：所学者，圣人之道在方策）。①

"学"字对儒家给出了界定，肯定地说儒家是学。从否定的角度说，儒家不是宗教，孔子并非康有为所说之"教主"。孔子之首要贡献就在于创造了人们可平等参与的现代之"学"。不过，接下来的经文将表明，儒家之学亦非西式哲学。

而

学只是开端，学另有其目的。为此，由学尚需更进一步，这就是"而"字之义。"而"为转折之词，《康熙字典》引《韵会》："因辞，因是之谓也。"其所举例句即为"学而时习之"。

孔子以文教弟子，欲教弟子以先王之道。其目的则在养成新式士君子，行道于天下。故孔子之学为伦理与政治之学，不实

---

① 《礼记正义》卷三十六，《学记第十八》。

践,则无学。弟子从孔子学文,而后"习"之,化为可实践之"艺",方为真学。故六经亦名六艺。"而"突出了这一点:"学"内在地指向"习","学"也唯有经过"习"才臻于完成。

时

> 集解:王曰:时者,学者以时诵习之。诵习以时,学无废业,所以为说怿。

朱子集注云:"既学而又时时习之。"总之,传统经学一般认为,"时"就是时时或者定时。

不过,"时"还可有另一解。"时"之义取决于下面的"习"之义。孔子之学乃在养成君子。弟子固须学"文",然而,此"文"指向实践。唯有通过实践,君子之学才算成熟、完备。君子之德需要道德、伦理的实践。这样的实践,有一部分对任何人都自然存在,不待外求,如孝、悌之德。然而,有一部分德,却只能见之于公共性君臣关系的实践中,比如忠、信。同时,君子亦须掌握治理之技艺,弟子在学六经之文后,可在治国实践中习得。也就是说,治国实践本为君子养成过程中所不可缺少的环节。

通读《论语》可见,孔子最为关心的问题正是弟子参与公共的社会治理,比如"子张学干禄"。至关重要的是,弟子干禄之后,也依然与孔子、同门保持密切关系,并就政务问题请教孔子,而孔子也予以指导。这其中最著名的是《季氏》篇所记冉有、季路因季氏伐颛臾而就教于孔子之事。孔子在此特定环境中,向二人阐明治国之大道。这提醒我们,孔门之学似乎是终身性质的。孔子之家是弟子们的第二个家，弟子们随时可以回去，就实践之困扰请教孔子。

而公共治理之实践机会并非现成，并非每个弟子皆可得到，而是需要寻找的，"时"即与此相关。"时"者，时机也，机会也，得位之机会。《阳货》中就有这个意义上的"时"：

> 阳货欲见孔子，孔子不见，归孔子豚。孔子时其亡也，而往拜之，遇诸涂。谓孔子曰："来！予与尔言。"曰："怀其宝而迷其邦，可谓仁乎？"曰："不可。""好从事而亟失时，可谓知乎？"曰："不可。""日月逝矣，岁不我与！"孔子曰："诺，吾将仕矣。"
>
> 集解：孔曰：言孔子栖栖好从事，而数不遇。失时，不得为有知。
>
> 集注：失时，谓不及事几之会。

在孔子之前，君子之位是给定的，故君子没有得位之"时"的问题。也许，只有在革命时代例外，彼时需要作出选择。至孔子时代，德、位分离，孔子与其弟子有德却无位，故其德行、知识无从完整地见之于实践。阳货与孔子同为士，在当时环境中，对得位之"时"的重要性有十分清楚的认识，故他敏锐地指出孔子人生之特征："好从事而亟失时。"此语清楚说明孔子之理想主义在当时之困境。而"日月逝矣，岁不我与"最能拨动孔子之心弦，此中仍有"时"，过"时"则理想必将落空。阳货给孔子一个机会，这对孔子确实具有吸引力。也正是这种"时"的意识，让孔子两度准备参加士人组织的叛乱。

"时"带有偶然性,非我所能控制,故孔子、孟子称之为"命"。《论语》末章:

> 孔子曰:"不知命,无以为君子也。不知礼,无以立也。不知言,无以知人也。"
> 集解:孔曰:"命,谓穷达之分。"
> 集注:程子曰:"知命者,知有命而信之也。人不知命,则见害必避,见利必趋,何以为君子?"

本章与首章遥相呼应,而突出了知"命"对于君子之重要性。命的含义很丰富,内涵命运之义,就是穷通,也即得位之命运,这种命运不是自己能够控制的。故君子须知命,不知命者,则必然"穷斯滥矣"。《孟子·尽心上》:

> 孟子曰:"求则得之,舍则失之,是求有益于得也,求在我者也。求之有道,得之有命,是求无益于得也,求在外者也。"

又《孟子·万章下》:

> 伯夷,圣之清者也;伊尹,圣之任者也;柳下惠,圣之和者也;孔子,圣之时者也。

孔子之圣,就在于"时"。事实上,孔子对于自己之出、处,有非常深入的思考。《述而》:子谓颜渊曰:"用之则行,舍之则藏,唯我与尔有是夫!"孔子又赞美蘧伯玉:"君子哉蘧伯玉! 邦有道,则仕;邦无道,则可卷而怀之。"出、处的关键就是时,客观的时,及我对时之判断。

当然,这里的"时"在《周易》中得到最为深入、全面的讨论。而孔子晚而喜《易》,以至韦编三绝,《易》之卦、爻所揭示于君子者,无非出、处之"时"耳。故《论语》首章即拈出"时"字,可见其对君子之重要意义。

习

学而须习之,然而,"习"是什么? 约有两种理解:

> 集解:王曰:"时者,学者以时诵习之。诵习以时,学无废业,所以为说怿。"
>
> 邢疏:云"时者,学者以时诵习之"者,皇氏以为,凡学有三时:一,身中时。《学记》云:"发然后禁,则扞格而不胜。时过然后学,则勤苦而难成。"故《内则》云"十年出就外傅,居宿于外,学书计。十有三年,学《乐》,诵《诗》,舞《勺》。十五成童,舞《象》"是也。二,年中时。《王制》云:"春秋教以礼、乐,冬夏教以《诗》、《书》。"郑玄云:"春夏,阳也。《诗》、乐者声,声亦阳也。秋冬,阴也。《书》、礼者事,事亦阴也。互言之者,皆以其术相成。"又《文王世子》云:"春诵,夏弦,秋学礼,冬读《书》。"郑玄云:"诵谓歌乐也。弦谓以丝播。时阳用事则学之以声,阴用事则学之以事,因时顺气,于功易也。"三,日中时。《学记》云:"故君子之于学也,藏焉,修

焉,息焉,游焉",是日日所习也。言学者以此时诵习所学篇简之文,及礼乐之容,日知其所亡,月无忘其所能,所以为说怿也。

　　集注:习,鸟数飞也。学之不已,如鸟数飞也。说,喜意也。既学而又时时习之,则所学者熟,而中心喜说,其进自不能已矣。程子曰:"习,重习也。时复思绎,浃洽于中,则说也。"又曰:"学者,将以行之也。时习之,则所学者在我,故说。"谢氏曰:"时习者,无时而不习。坐如尸,坐时习也;立如齐,立时习也。"

　　王注邢疏提出了"习"的第一个意思,就是复习。孔子授弟子以文,弟子于课后时时诵习之。

　　不过,刘宝楠《论语正义》已指出,"古人为学,有操缦、博依、杂服、兴艺诸事,此注专以'诵习'言者,亦举一端以见之也"。也就是说,诵习已受之文,只是习之一种形态。习的另一种形态由程子揭示出来,即操演所学之文,或者实习所学之道艺。

　　这里所说的习,应当具有两种意思。上面所确定的"学"的内容,也就决定了,习既有诵习书文之意,也必然包括实习、实践之意,如程子所说:"学者,将以行之也。"

　　三代君子在其家中、在其位上学,故学、习合一,或者说是以习为学,其德行、技艺养成于习惯中。孔门则无位、无家,于是,学、习分离。其初所学者为文,为道德与治理之知识,这些知识需经过实践才能成为可用之技艺。因而,孔门弟子之学习次第是:学,而后习之。在习中,所学之知识才可变成心智与行为之习惯,如程子所说:"所学者在我。"

《礼记·学记》对此有所讨论。先看这一段：

　　不学操缦，不能安弦。不学博依，不能安诗。不学杂服，不能安礼。不兴其艺，不能乐学（郑玄注：兴之言喜也，歆也。艺，谓礼、乐、射、御、书、数）。故君子之于学也，藏焉，修焉，息焉，游焉（注：藏，谓怀抱之。修，习也。息，谓作劳休止之为息。游，谓闲暇无事之为游）。夫然，故安其学而亲其师，乐其友而信其道。是以虽离师辅而不反也。《兑命》曰："敬孙务时敏，厥修乃来。"其此之谓乎（注：学者务及时而疾，其所修之业乃来）。①

古典君子所学者为六艺，六艺是技艺。但孔门所学仅为六经之文，这样的书本知识本身不是艺，需经过实践才能转化为艺。接下来一段连续以三个比喻论及"习"之形态和效果：

　　良冶之子，必学为裘（郑玄注：仍见其家锢补穿凿之器也。补器者，其金柔乃合，有似于为裘）。良弓之子，必学为箕（郑玄注：仍见其家桡角幹也。桡角幹者，其材宜调，调乃三体相胜，有似于为杨柳之箕）。始驾马者反之，车在马前（注：以言仍见则贯，即事易也。贯，古患反，习也）。君子察于此三者，可以有志于学矣（注：仍读先王之道，则为来事不惑）。

　　孔颖达正义曰："始驾马者反之，车在马前"者，此第三

_____

① 《礼记正义》卷三十六，《学记第十八》。

譬,明新习者也。始驾者,谓马子始学驾车之时。反之者,
驾马之法。大马本驾在车前,今将马子系随车后而行,故云
"反之,车在马前",所以然者,此驹既未曾驾车,若忽驾之,
必当惊奔,今以大马牵车于前,而系驹于后,使此驹日日见
车之行,其驹惯习而后驾之,不复惊也。言学者亦须先教小
事操缦之属,然后乃示其业,则道乃易成也。

　　"君子察于此三者,可以有志于学矣"者,结上三事。三
事皆须积习,非一日所成,君子察此三事之由,则可有志于
学矣。①

《学记》以此三个比喻说明,君子之学皆须积习,明乎此,方
知为学之道。

据此,"时"是实践之机会,"习"就是实践,在实践中践习所
学之文,在实践中将道德教诲内化为自身之德行,以兴起风俗;
在实践中,将治国大道运用于现实,或创制立法,或事君爱民。

不亦

"不亦说乎"为一反问句。下面两句使用了同样的句式,亦
有"不亦"二字。

"不亦"者,不也,"不亦说乎",意谓,不也同样让人喜悦吗?
这预设了,世间本有令人喜悦之事、物,此为常人之所悦。而如
今,孔门弟子却在此之外发现了、获得了另外一种可悦之事、物,

---

① 　《礼记正义》卷三十六,《学记第十八》。

故为"不亦"。

此为何而发？孔子所处之时代,社会结构出现巨大变化:礼崩乐坏。等级制意义的君子群体败坏,封建的共同体成员游离出来,形成士农工商"四民"社会。由此中国进入一个时代:现代。

这个现代世界与古典的封建世界有重大区别,其精神特征是世俗主义、物质主义、个体主义。孔子时代,天道信仰就已崩坏,子产说"天道远,人道迩",即为君子群体抛弃天道信仰之标志。此即世俗主义——先贤称之为"人文主义",但这种人文主义实际上贬低了人。绝对的天不复存在,世界的神性消解,世界就是纯粹物质的。这是形而上学意义上的物质主义。至于人的存在也就是纯粹肉体的,人存在的全部目的就是满足肉体之需要,实现感官快乐之最大化。这是伦理学意义上的物质主义。天不复存在,则人与人之间就不再有超越性关联。人收缩为肉体的存在,则人的世界就是皮囊所包裹之范围。这个皮囊就是我和整个世界的绝对边界,其他人都在我之外。我是绝对的原子化的存在。这就是个体主义。

这个时代,人们,包括败坏的封建君子,所追求者,只是可以增进感官享受之各种物质,其中主要是权力、财富与色。《论语》中的记载清楚显示了这一点。季氏专政,其治理迷信刑杀,而阳虎等人又篡夺季氏之权——是为追求权力。三桓求利,孔门弟子也被迫为其提供专业知识——是为求利。孔子之后,求利之风愈演愈烈,故《孟子》开篇就对齐宣王说:"王何必曰利!"

孔子敏锐地意识到,在信奉物质主义、个体主义的人中间,不可能形成秩序,而他的理想正是在这个新世界中建立秩序。为此,孔子决心在这个利欲世界中养成君子。养成之门径在于学。这是一个新的社会组织,其中涌动着一种新精神。通过学,这些潜在的君子们"喻于义"。他们知道,社会都在逐利,他们自己也未免心为之动。但是,孔子给他们带来了另一种喜悦,一种更为崇高、也更为持久的喜悦,这就是前句所说的"学而时习之"。

也就是说,孔子在一个物质主义时代创造了一种新的生存方式。此一生存方式将人的生命向上提撕,"不亦说乎"?"不亦"口吻中有一种自豪感,潜在的君子所享有之悦事,是常人所不能享有甚至不能想象的。

然而,这并不意味着,潜在君子摈弃了常人之悦。他们生活在现实中,不可能不受此影响。故对潜在君子而言,常人的物质之悦与君子之悦,经常处于竞争状态。《论语》中,有不少篇章对比这两种悦事。最典型者为《子罕》篇、《卫灵公》篇两见之"吾未见好德如好色者也"。色为人普遍所好,孔子只是希望,人们如好色那样好德,这样就可成为君子。

关于财富与德行,孔子也有多次对比,如《里仁》篇:"富与贵,是人之所欲也;不以其道得之,不处也。"或者《述而》篇:"富而可求也,虽执鞭之士,吾亦为之。不义而富且贵,于我如浮云。"人皆求富与贵,孔子并不拒绝富与贵,与常人不同之处仅在于,孔子于此之上更立一标准:义。孔子以义来判断富与贵之正当性,而有所取舍。而对孔门弟子来说,这个"义"来自学。学的目的正在于知义、守义,从而在未来的人生中,如《季氏》篇、《子张》篇所说,"见得思义"。

当然,一个人是否成为君子,也看其能否在两者之间作出恰当的权衡、取舍,以"学而时习之"为真正的赏心悦事。这是两种生活方式、两种生命形态之抉择。

说

说者,悦也,喜悦、愉悦也。普通人追求富、贵、色之悦,孔门弟子从学、习中获得了另外一种悦。

孔子申明,学和习是令人愉悦的事情。当然,一般人从权力、财富、色中得到感官上的快感,占有物质的快乐。君子则从学、习之中,获得精神上的愉悦。相比于物质快感,这样的愉悦更为深刻,因其发自内心;也因此,这种愉悦更为持久。总之,这样的愉悦更为崇高。

此愉悦从何而来?《述而》:子在齐闻《韶》,三月不知肉味,曰:"不图为乐之至于斯也!"通过学,发现人间之大美,亲近、体会先王之乐,孔子自然愉悦。这是学之愉悦。

这种愉悦更多来自对于自我生命之完整性的体认与把握。《述而》:子曰:"仁远乎哉?我欲仁,斯仁至矣。"《颜渊》:"为仁由己,而由人乎哉?"自觉到仁,而后为仁,生命自然趋向于圆满,内心自然而有愉悦之情,这是一种"成人"之悦。这样的悦就是"孔颜乐处"。

也正是这样的悦,让孔子、让孔门弟子可安贫而守道。《述而》:子曰:"饭疏食,饮水,曲肱而枕之,乐亦在其中矣。不义而富且贵,于我如浮云。"《雍也》,孔子形容颜子:"一箪食,一瓢饮,在陋巷,人不堪其忧,回也不改其乐。"

孔子虽说"君子忧道不忧贫",但实际上,因学而知道、守道之人并无所谓"忧",相反,他们自有其悦。这样的悦或许是常人难以理解的,但它是真实无妄的,并且深刻而持久。也因此,君子即便身处穷境,亦不会悲伤、绝望,而是泰然处之,乐在其中。
也正是这样的悦,让君子的生命与众不同,散发出温润的光辉。

句义

孔子欲在古典君子群体败坏之际,重塑新兴君子,以重建秩
序。而此君子无位,只能由学养成。孔子以学养成君子,故儒家
之本为学。孔门弟子所学者为六经之文,自然地指向习。唯有
通过习,所学之文才能铭刻于自己之身与心,而成为德行与技
艺。此一学、习事业在物质主义的时代开辟了一种新的人生境
界,故令人愉悦。因为,学、习能带来精神上的愉悦,故君子持之
以恒地求道、行道。

有朋自远方来,不亦乐乎

有

本句揭示儒家存在之社会形态:弟子来学,结成一群。
"有"者,有人,有若干人,群体中之一部分人。也就是说,来
从孔子问学者,只是广大的平民社会中之少数,甚至极少数。孔
子弟子最多也就三千,相比于当时的人口,终究只是少数。这一
事实并不奇怪,《季氏》:

> 孔子曰:"生而知之者,上也;学而知之者,次也;困而学
> 之,又其次也;困而不学,民斯为下矣!"

邢疏："生而知之者，上也"者，谓圣人也。"学而知之者，次也"者，言由学而知道，次于圣人，谓贤人也。"困而学之，又其次也"者，人本不好学，因其行事有所困，礼不通，发愤而学之者，复次于贤人也。"困而不学，民斯为下矣"者，谓知困而不能学，此为下愚之民也。

圣人数百年一出，贤人不世出，此皆为命。绝大多数人是"困而不学"，而成为庶民、凡人。有一些人"困而学之"，可成为君子。孔门弟子大多数也就处在这种状态。与凡人之区别在于，他们在某种情境中，产生了学之自觉。由学而习，他们有可能成为君子。而"君"者，群也，只要社会中有这少数君子，凡人就可被组织起来，优良治理秩序就有可能出现。

所以，社会中仅少数人"来"学，并不构成问题。优良治理秩序不以所有人学道、不以人人成为君子为前提。而很多人在这一点上对儒家有误解。

朋

集解：包曰：同门曰朋。

邢疏：郑玄注《大司徒》云："同师曰朋，同志曰友。"然则同门者，同在师门以授学者也。朋即群党之谓。故子夏曰："吾离群而索居。"郑玄注云："群谓同门朋友也。"此言"有朋自远方来"者，即《学记》云"三年视敬业乐群"也。同志谓同其心意所趣乡也。朋疏而友亲，朋来既乐，友即可知，故略不言也。

毛奇龄《论语稽求篇》曰：

> "同门曰朋"，此是古注，自《说文》及《诗》注、《左传》注、《公羊传》注皆然。《周礼·大司徒》郑注"同师曰朋"，便不如同门之当。盖朋是门户之名，凡曰朋党，曰朋比，比是乡比，党是党塾，皆里门同户学僮居处名色。故朋为同门，此是字义本尔，不可易也。大抵学中境次，从党庠肄习之后，既已分开，又复来合，致足娱乐。与《学记》所云"敬业乐群"，《檀弓》所云"离群索居"，正可比观。盖以离为苦，则必以合为乐也。

诸多弟子从孔子问学，同门于孔子，他们相互之间即为"朋"，弟子与孔子共同结成一个群，一个社会团体。这是一种全新的群。

孔子之前的古典时代，友朋已为非常重要的人际关系。封建的人际关系极为特别。君臣之间，比如周王与诸侯、公侯与大夫、大夫与士之间，等级分明，下不可僭上。此即为礼之"别"。然而，封建君臣又有强烈的共同体主义情感，因而又有"和"的一面。其具体表现之一是，君视臣为友。《尚书·周书》中，周王多次称诸侯为"友邦冢君"，《诗经》则有更多例证，如《大雅·既醉》：

> 朋友攸摄，摄以威仪。
>
> 郑笺：朋友，谓群臣同志好者也。言成王之臣，皆有仁

孝士君子之行，其所以相摄佐威仪之事。①

《大雅·假乐》：

> 之纲之纪，燕及朋友。
>
> 毛传：朋友，群臣也。郑笺云：成王能为天下之纲纪，谓立法度以理治之也。其燕饮常与群臣，非徒乐族人而已。
>
> 孔颖达正义曰：《尚书》武王曰"我友邦冢君"，亦是称臣为朋友也。②

友朋就是封建的共同体之共同治理者。他们长期生活在相对固定的共同体中，虽有等级之别，但关系密切。君视臣为友，同一君之臣自然也为朋，相互有休戚与共之情。他们构成君子群体，密切合作，运用礼乐共同治理一个个封建的共同体。③

孔子时代，礼崩乐坏，封建之君臣关系解体，封建共同体同样解体，士、庶人皆处于"游"的状态，人际关系趋向疏离。一方面，相比于封建的君臣关系，新兴王权制之君臣之间突出上下、尊卑，君臣关系趋向疏离。由于位的不确定性，同一君之臣须争宠于君前，相互之间有较强竞争关系，其关系同样趋向疏离。另一方面，在基层，基本社会单位是核心小家庭，伴随着完整的私有产权制度形成，每家每户单独耕作；加上商业发育，人口流动，

---

① 《毛诗正义》卷十七，十七之二。
② 《毛诗正义》卷十七，十七之三。
③ 关于这一点的详尽论述，可参考《华夏治理秩序史》第二卷，《封建》上册，第五章《共同体主义》，海南出版社，2012年。

庶民之关系同样趋向疏离。至于国王-官僚组成的统治群体与被统治的庶民群体之间的关系，同样趋向疏离，甚至其利益完全相反。孔门也是"游"的时代之典型，其弟子来自天下各处。

孔子之理想乃重建相对稳定的共同体。孔子开辟了两个路径，一个方向是处于游的状态的庶民之整合，为此，孔门突出孝、悌之价值，稳定小家庭，且使之扩展。汉儒沿着这个方向努力，最终形成汉晋式家族，成为基层社会的治理单元。另一个方向则是借助于学，于陌生人中构造儒家士君子共同体，其成员具有共同的价值认同，因而具有较高凝聚力。孔子以之作为整合社会与改造政治之主体性力量，而士君子之力量来自其合群的存在形态。

从一开始，合群的生活，也即友朋关系，就是孔子门人、儒家士人存之基本形态。因此，如何处理与友朋之关系，把握友朋之道，就是孔门弟子十分关切的议题。孔子门人经常提及"朋友"：

《学而》：曾子曰："吾日三省吾身：为人谋而不忠乎？与朋友交而不信乎？传不习乎？"

《学而》：子夏曰："贤贤，易色；事父母，能竭其力，事君，能致其身；与朋友交，言而有信。"

《里仁》：子游曰："事君数，斯辱矣；朋友数，斯疏矣。"

《公冶长》：子路曰："愿车马衣轻裘，与朋友共，敝之而无憾。"

《公冶长》：子曰："老者安之，朋友信之，少者怀之。"

《乡党》：朋友死，无所归，曰："于我殡。"

《子路》：子路问曰："何如斯可谓之士矣？"子曰："切切

偲偲，怡怡如也，可谓士矣。朋友切切偲偲，兄弟怡怡。"

由于这种合群求学的生命实践，孔门对于一般意义上之合群生活之意义，有了深刻的体认。下面一句话更深刻地揭示了友朋之道对于君子养成之决定性意义，《颜渊》：

> 曾子曰："君子以文会友，以友辅仁。"
> 集解：孔曰：友相切磋之道，所以辅成己之仁。

"文"即六艺之文，孔子开门教授六艺之文，天下各处青年才俊聚集一处而为同门之友，合群地生活。把这些年轻人联系在一起的纽带不是物质利益，而是圣人孔子，是孔子所传授的三代之文，是其中的价值和理想，是实现这些价值与理想之使命感。

由此，孔子塑造了一个精神性团体，其成员本来相互陌生，但借助于共同的价值、理想，而程度不等地超越了物质的计较。这个团体的凝聚力是相当之高的，即便在毫无希望的时刻，也守护价值，坚守理想。也就是说，孔子为"游"的平民社会塑造了一个紧密的社会组织。

从历史的角度看，这是一个前所未有的全新社会团体，这是平民社会组织化的开端。由于其特殊的品格，这个全新社会团体注定了将具有巨大的力量，整合相互离散的人们为一个稳定的共同体的力量。因为，这样的团体训练了儒家士君子的合群技艺。在因为孔子而结成的团体中，不同成员的性情不同，生活背景不同，故对文之理解必有不同。由此而自然有不同意见之辩难，友朋相互切磋琢磨。"仁者，人也"，其意为人以仁相对待。仁让弟子们愿意过团体生活，同门的团体生活反过来又深化弟子们对仁的体认。比如,在相互切磋中,弟子们对人之复杂性有真切体认,习得对待不同性情的人的技巧,以在不同之中求和。

这就是合群的技艺。君者,群也。君子最为重要之技艺是令人合群的技艺,而同门生活给那些没有位的平民子弟,提供了习得合群技艺之机会。与朋友相处之道,也就是与新兴的平民社会中之陌生人相处之道。通过与朋友相处,孔门弟子习得与陌生人相处之技艺。没有这些技艺,儒家士君子就不能发挥其重新组织社会的作用。《礼记·学记》说明,学之目标就是训练合群之技艺:

> 古之教者,家有塾,党有庠,术有序,国有学(郑玄注:术,当为"遂",声之误也。古者仕焉而已者,归教于闾里,朝夕坐于门,门侧之堂谓之塾。《周礼》:五百家为党,万二千五百家为遂。党属于乡,遂在远郊之外)。比年入学(学者每岁来入也),中年考校(中,犹间也。乡遂大夫间岁则考学者之德行道艺。《周礼》:三岁大比乃考焉)。一年视离经辨志,三年视敬业乐群,五年视博习亲师,七年视论学取友,谓之小成。九年知类通达,强立而不反,谓之大成(注:离经,断句绝也。辨志,谓别其心意所趣乡也。知类,知事义之比也。强立,临事不惑也。不反,不违失师道)。夫然后足以化民易俗,近者说服,而远者怀之。此大学之道也。《记》曰:"蛾子时术之。"其此之谓乎(蛾,蚍蜉也。蚍蜉之子,微虫耳,时术蚍蜉之所为,其功乃复成大垤)。①

---

① 《礼记正义》卷三十六,《学记第十八》。

学之终极目的乃在于"近者说服,而远者怀之",也就是合远近之人为群,那么,学的过程就应当关注于养成学者以合群之技艺。比如,三年"乐群",克服其与人疏离之倾向,形成合群之自觉,这种自觉是习得合群技艺之前提。基于这种自觉,学者首先"亲师",其次"取友",而后"化民",这就是合群技艺发育之次第。友朋之共同生活,在此居于至关重要地位。

与此相反,《礼记·学记》曰:"独学而无友,则孤陋而寡闻。"学之目的本在于广闻通识,然而,若不能接触各色人等,若无朋友切磋,独学恰足以让人骄傲,让心灵封闭,不能获得对待不同人的技巧,也即不能掌握合群之技艺。这样的人,也就根本不足以成为君子。

孔子确定了儒生之社会存在形态:儒生生活于同门之友中,由此而生活于群中。借助于师徒关系,儒生形成关系较为紧密的小群。借助于六经之文及其中之价值、理想,儒生是一个天下范围的大群。与诸子百家相比,尤其是与道、法家相比,儒家合群生活之特征是十分引人注目的。但儒家之群又没有如墨家那样军事化,而保持了足够的灵活性。

儒生之社会存在形态既然是合群的,则儒生必然习得合群之技艺,仅此一点就注定了,儒生共同体将成为历史之主体。

自

自者,从也。天下之有志者,从四方投入孔子门下问学。"自"意味着,他们是自己主动来学习的。

　　这是儒家之学的显著特征。儒家所从事的工作乃发蒙,开启蒙昧的心灵。诸多宗教、现代意识形态的做法是宣传,借助各种手段,把自己的价值、观念送到愚昧的人们面前。儒家却并不主动传播。相反,学的过程实际上是由求学者启动的。如《周易》"蒙"卦卦辞曰:

　　　　蒙:亨。匪我求童蒙,童蒙求我。
　　　　《彖》曰:"匪我求童蒙,童蒙求我",志应也。
　　　　王弼注:"我"谓非"童蒙"者也。非"童蒙"者,即阳也。凡不识者求问识者,识者不求所告;暗者求明,明者不谘于暗。故《蒙》之为义,"匪我求童蒙,童蒙求我"也。童蒙之来求我,志应故也。

　　这种姿态与儒家教学之宗旨与其对人性的看法直接关联。孔子之学旨在养成君子,孔子教授弟子以伦理与治理之知识。然而,这些知识能否转化成为可用于伦理和政治实践之技艺,却取决于学者是否具有学之自觉。因为,学而须习之,孔门之学必然是切身的、终身的,学者有此学之自觉,乃可"学而不厌",努力将所学之文转化成自身的技艺。若无此学之自觉,不能投入心灵去体认六艺之文中的道,不去寻找机会践行此道,则六经之文其实无益,甚且有害。

　　不过,孔子相信,儒家相信,"为仁由己",既然仁内在于人心,则总会有人"困而学之",产生扩充、发用仁之自觉,也即产生学之自觉,由此而求师、问道。这样的学,实乃扩充自己固有之仁,并掌握将其向外发用之技艺。所谓"自",就意味着学者首先自己立下君子之志，而于老师处探求成为君子之方。

既然如此，有得道之人，具有学之自觉的童蒙必定求之。孔子之时，天下之优秀青年自远方问学于孔子。因为大多数弟子具有学之自觉，因而能够全身心投入学习，从而通过学，成长为一股决定性的历史力量。

当然，由此可以解释，儒家士君子向来人数很少，因为儒家并不主动传教，而自觉地求学者，在任何时代都是少数。故历史上，儒家士人在人口中所占比例一直很低。这也是儒家区别于各种宗教之显著特征。

远方

"朋"来自远方。《史记·孔子世家》记载：定公五年，"季氏亦僭于公室，陪臣执国政，是以鲁自大夫以下皆僭离于正道。故孔子不仕，退而修诗书礼乐，弟子弥众，至自远方，莫不受业焉"。孔子的弟子绝不限于鲁、卫、宋等华夏传统邦国，还来自晋、楚等远方各国。

朋友来自远方，显示了当时士人之高度流动性。礼崩乐坏，"游"也即流动性，是当时社会的普遍特征。处于封建君子群体之最底层的士得风气之先，是流动性最高的群体。

孔子则第一个将游士组织起来，构建了一个团体，也即"社会"。孔门之朋友群体与三代之朋友群体，性质大不相同。古典时代，人们生活在相对稳定的共同体中，君臣或者臣之间构成的"朋友"，一般来说，他们长期共同生活，相互熟悉。然而，孔门之朋来自遥远的各方，基本上互不相识。他们组成一个陌生人的社会组织,这是第一个现代组织。

　　由此共同体生活经验,孔门弟子第一批掌握了陌生人合群之技艺。这一点长期被人忽视。人们较多地注意到儒家与家族、宗族制度之间的联系,因而以为儒家之社会治理范式专注于熟人社会。儒家当然有这方面的努力,但儒家从一诞生,就以陌生人团体的社会形态存在,因而,陌生人中合群之技艺乃儒家的基本技艺。

　　正是来自各方陌生人的群体生活形态,让孔门弟子、儒家士君子具有明确而自觉的"天下意识"。礼崩乐坏,权威下移,此后各国陆续称王,天下有解体之倾向,一如欧洲十六七世纪。然而,中、欧历史分道扬镳,中国没有如欧洲那样走向主权国家分立之格局,相反,称王之各国仍追求天下恢复一家,且最终确立秦汉天下,其根本原因就是生于孔门的天下一家意识。

　　孔子弟子来自远方,故孔门就是一个具体而微的天下,各国士人自然地生活于精神性团体中,彼此并无任何隔阂。儒家之学本身也是天下视野的。尽管天下正在趋向于纷争、分立,但孔子教给弟子者,乃华夏天下共同之文。孔子、儒家向来是以"天下"为基本思考单位的。由此,弟子们具有共同的价值、理念和理想,比如,他们的理想是行道于天下,而并不仅限于某一国。后来兴起的诸子百家之学术教育中心也都是面向天下的。来自天下各国的人们共同学习,具备相同或者相通的价值观念。学成之后,他们分散于各国,并承担着文化、政治、社会治理工作。

　　因此,孔子开创之学,从一开始就是天下之学,并且塑造了一个散居天下、并具有坚定天下意识的士人团体。当政治权力趋向于分散时,这个士人团体的共同价值、信念,却构成联结各国为一体的观念力量，进而成为社会与政治力量。

来

"自"突出学者之自觉，"来"突出师道之尊严。

基于这样的信念，儒家主张学之礼为求学者主动来就学。《礼记·曲礼》："礼闻来学，不闻往教。"儒家一直坚持这一原则。

《韩诗外传》卷三记载：孟尝君请学于闵子，使车往迎闵子。闵子曰："礼有来学，无往教……"于是孟尝君曰："敬闻命矣。"明日袪衣请受业。

《孟子·尽心上》：孟子曰："古之贤王好善而忘势；古之贤士何独不然？乐其道而忘人之势，故王公不致敬尽礼，则不得亟见之。见且由不得亟，而况得而臣之乎！"

《万章下》一段对话深入讨论了师与君之关系：

> 为其多闻也，则天子不召师，而况诸侯乎？为其贤也，则吾未闻欲见贤而召之也。缪公亟见于子思，曰："古千乘之国以友士，何如？"子思不悦，曰："古之人有言曰，事之云乎，岂曰友之云乎？"子思之不悦也，岂不曰："以位，则子，君也；我，臣也；何敢与君友也？以德，则子事我者也，奚可以与我友？"千乘之君求与之友而不可得也，而况可召与？

即便求学者为君，师也不可能去而就之，而同样需要"来"问学。弟子之来，还需要通过特定仪式表达对师之地位的肯定。比如，孔子接受弟子也有一个要求，《述而》篇：

子曰:"自行束脩以上,吾未尝无诲焉。"

弟子纳束脩,孔子才受而教之。纳束脩之礼表达其求学之诚意,并据以确定师、徒之间的名分,确立相互之间的地位。两人之关系颇为类似于古典时代的君臣关系。《史记·仲尼弟子列传》记载:"子路性鄙,好勇力,志伉直。冠雄鸡,佩豭豚,陵暴孔子。孔子设礼稍诱子路,子路后儒服委质,因门人请为弟子。"此委质当即周代君臣建立关系之"策名委质"之礼。一旦此一名分确定,则师徒各有其义,各守其分,各尽其责。弟子自觉接受学习伦理之约束,以诚敬之心去学。以这样的心态学,方有可能养成君子。

弟子来学,在师、弟子之间建立起特定的关系,师道之尊严因此而凸现。《礼记·学记》:

> 凡学之道,严师为难。师严,然后道尊,道尊,然后民知敬学。是故君之所不臣于其臣者二:当其为尸,则弗臣也;当其为师,则弗臣也。大学之礼,虽诏于天子,无北面,所以尊师也。

师道尊严同时显示了师与道之尊严。孔子因对道有更深的体悟而为孔门之师,尊师就是尊道。儒者强调师相对于君之优越性,也就在于强调道相对于政之崇高性。师体现着道统,是道之人格化的近似呈现。儒者要求君王尊师,也就要求君王让自己的权力服从于道,以道统控制、支配政统,引导政治走向良性轨道。师道尊严具有重大政治涵义。

同时，有"来"则有回。孔门弟子自四方来，随夫子学道，学成之后，大多数返回其所来处。《史记·仲尼弟子列传》："孔子既没，子夏居西河教授，为魏文侯师。"当然，现在，子夏的生命已经与前不同了。他学有所成，他具有治国平天下的理想，他是士君子，他立志于将自己的理想付诸现实。这些儒家弟子成为社会的现场治理者。

由此一来一回，五帝三皇之道、孔子之学传播天下。由此，有儒生的地方，就有文明，就有人文化成，而形成一个天下范围的士君子群体，一种共同的理想开始普遍化于华夏天下。这是华夏天下最为重要的联结纽带。借助这种方式，儒家理念，也即华夏文明，向远方扩展。这就是华夏文明共同体范围不断扩大的一个重要甚至核心因素。

乐

"学而时习之"所带来的是"悦"，精神之愉悦。有朋自远方来，朋友相互切磋，带来的则是"乐"。朱子《集注》引程子曰："说在心，乐主发散在外。"愉悦是个体内在的会心之愉悦；与朋友共处，则可获得共享的快乐，相互带给对方，并相互传染。此为主体间之乐，共同体之乐，社会生活之乐。

那么，这是何人之乐？钱穆《论语新解》："悦在心，乐则见于外。孟子曰：'乐得天下英才而教育之。'慕我者自远方来，教学相长，我道日广，故可乐也。"钱先生以为，此是孔子之乐。不过，乐既然是相互的，则孔子之乐也就是弟子之乐，故"不亦乐乎"之主体是整个孔门,师徒之间、友朋之间皆有乐。

"不亦"意味着人间自有其他的乐,如夫妇之乐,父子之乐,乡党之乐,同龄人之乐。同在孔门,则可得享师徒之乐,友朋之乐。天下最优秀的一群青壮年男子,为了共同的价值和理想,聚集于孔子门下。他们每天聆听孔子教诲,诵读六经之文,友朋之间又相互切磋,从中,他们必可得到高贵的快乐。他们本来是陌生人,没有任何自然的血亲关系,仅仅因为共同的求道、向学之心而聚集于一处,并共同创造和分享着其他人际关系中所没有的快乐。这种快乐不同于其他世俗快乐,更为高尚,更为持久,更为纯粹。这是陌生人合群之乐,这是最接近于道、最为崇高、最为优雅的快乐,也是最为强烈的公共取向、社会取向之快乐。

正是这样的乐,维持了儒生之群的凝聚力。比较而言,也许只有那些心灵比较敏锐的学者,才可以体会到个体的会心之悦,并且仅仅因为这一点,而"学而时习之"。而对于大多数的普通学习者,共同求道过程中的群体之乐,可能是他们愿意留在群体中、最终服膺儒家、进而献身于行道天下之伟大事业的主要精神驱动因素。儒家存在之社会形态,可给其成员带来高尚的快乐,这就是他们求道、行道之报偿。这样的报偿可吸引优秀的青年人不断加入,儒家作为观念和社会团体的规模可不断扩大。有能力生产群体之快乐,这正是儒家优越于其他诸子之处,也正是儒家的生命力之所在。

所以,后人讲"寻孔颜乐处",或可有两解:一个解释是,孔子、颜子求道而各自获得会心之悦;另一个解释则是,孔子与颜子分享着共处之乐,教学相长之乐,颜子也从与同门相处中获得友朋之乐。

句义

本句显示，孔子与其弟子乃以社团的形态存在，即"群"。儒家自其出现就是一个群。这个群以师为中心，由师与众弟子组成。师徒之间、弟子之间，本来互为完全的陌生人，其成员来自全国各地。因此，孔门所结成者乃一个陌生人之群。孔子依托这个群，实现自己行道天下之理想。

此即孔子之后儒家存在之基本社会形态：儒家大师办学，四方弟子求学。师之德行、学问越是出众，弟子覆盖的范围就越广泛，有时甚至达到上万人。这样，儒生就组成规模不等的团体，其中最为杰出的师儒领导着若干全国性儒生团体。经由这样的师生网络，儒生成为一个全国性团体，彼此之间有密切的相互联络。而在这大大小小的团体生活中，通过尊师，通过同门之相敬，儒生习得与各种各样的陌生人相处之合群技艺。

带着这样的群的身份以及合群技艺，儒生可能回到家乡，或者流散到其他地方。儒家价值就是这样传播至远方。至关重要的是，儒生尽管身处一方，却始终与异地儒生保持联系，依然存身于原来的儒生之群中。由于天下之儒生乃一个价值、学术、精神共同体，因而身处地方基层社会的儒生也始终具有天下意识。

儒生团体当然首先是一个学术、思想团体，是一个具有共同价值的文化团体。而儒生所学者乃六经，乃治理之道，天然地指向实践。因此，儒生出孔门，出大师之门，即进入社会治理领域。由此，广袤的中国基层社会获得了"现场治理者"，儒生运用自己所习得的合群之道，组织、领导基层民众合为群体，生产和分配公共品。具有行道天下意识的儒生也会由社会自治领域进入政治领域，而且是全国性政治空间。这个时候，友朋之群的身份意识依然在发挥作用。

群体性存在乃儒家之基本生存方式，儒家始终借助于群，行道于天下。故后世围绕着儒家士君子群体，最经常出现的词就是"朋党"。可以说，儒学就是合群之学。

人不知而不愠，不亦君子乎

人

孔门弟子成群学"文"，其知识具有实践之内在倾向。然实践可分为两类：处理父子、兄弟、朋友、夫妻等较为私人性质之关系的伦理性知识，这种知识可方便地付诸私人生活之实践。然而，治理邦国、天下之知识及其伦理和治理实践，就不能不与友朋之群、家庭等自然团体之外的人士发生关联，从而有了"人不知而不愠"。

"人"是谁？一般解这个人为泛指：

> 集解：愠，怒也。凡人有所不知，君子不怒。
> 邢疏：云"凡人有所不知，君子不怒"者，其说有二：一云古之学者为己，己得先王之道，含章内映，而他人不见不知，而我不怒也。一云君子易事，不求备于一人，故为教诲之道，若有人钝根不能知解者，君子恕之而不愠怒也。
> 集注：尹氏曰："学在己，知不知在人，何愠之有。"程子

曰：“虽乐于及人，不见是而无闷，乃所谓君子。”

这样的解释当然成立。不过，阮元《揅经室集》给出另外一种解释：

> “人不知”者，世之天子诸侯皆不知孔子，而道不行也。
> “不愠”者，不患无位也。学在孔子，位在天命。天命既无
> 位，则世人必不知矣，此何愠之有乎？孔子曰“五十而知天
> 命者”，此也。此章三节皆孔子一生事实，故弟子论撰之时，
> 以此冠二十篇之首也。二十篇之终曰“不知命，无以为君
> 子”，与此始终相应也。

孔子及其弟子的理想是建立和维护优良治理秩序。孔子删定六经之文，以之教导弟子，弟子于朋中切磋，目的皆在于此。部分社会治理事务，也即私人伦理领域，可不假于外人。尽管如此，治理秩序必定涉及更大范围的公共性制度之构建与实施，儒家士君子不能不与掌握着“位”的“人”发生关系。

重要的恰在于人、我之分的事实本身。孔子创学，旨在于古典君子崩坏之际，养成新式君子。然此新式君子之社会身份大大不同于古典君子：古典君子以位而言，新式君子的基本状态却是无位。有位者反而是已经败坏了的古典君子，通常是强势大夫。孔子时代，两个平行的历史过程在展开：在摇摇欲坠的封建结构之中层，强势大夫们利用其原有之位的优势，聚集土地、人口等资源，形成现代性质的权力。他们被物质主义欲望驱动，最终成为封建解体之后权力的垄断者：各国之国王。在封建结构

之下层,孔子正在养成新式君子群体,他们具有治国平天下之理想。

由此,中国之治理架构发生了一次明显的古今之变。古典时代之社会治理是单中心的,享有全部权威的君子群体治理庶民。孔子时代则有治理主体之两分:强势大夫掌握着治理之位势,新式君子掌握着治理的知识和技艺,且具有德行。前者具有意志,后者则代表着治理之理性。前者构成政统,后者则构成学统和道统。如果较为宽泛地理解"德",那么,这样的两分就是德、位分立。

这是孔子之后中国治理结构之根本特征,政治演变是因两者关系之变化而发生的,政治思考则围绕这一特征展开。两者若能建立较为健全的分工、合作关系,则社会治理会较为优良,否则,社会治理必较为混乱。站在孔门也即新式君子的立场上,掌握着位势的强势大夫就是"人"。人、我的关系也就是位与德的关系,就是政统与道统的关系。

不过,略加思索即可发现,人、我的关系并不是均衡的。治国平天下需要位势,而这是被"人"掌握的。儒家士君子能否实现治国平天下之理想,取决于能否从那些"人"那里获得一定位势。由此也就引发"不知"之困境。

不知

《中庸》第十七章表明儒家所理想之治理状态:

子曰:"舜其大孝也与!德为圣人,尊为天子,富有四海之内。宗庙飨之，子孙保之。故大德必得其位，必得其禄，必得其名，必得其寿。故天之生物，必因其材而笃焉。故栽者培之，倾者覆之，诗曰：'嘉乐君子，宪宪令德！宜民宜人；受禄于天；保佑命之，自天申之！'故大德者必受命。"

儒家希望，有德者有其位。这是儒家之核心治理理念。唯有如此，社会治理才有可能优良。也只有德、位相应，社会才可形成有效激励机制，激励人们向上提升自己，而不是向下堕落。相反，如果有德之人总是不能得其位，那就会形成逆向激励机制，整个社会的精神状态向下堕落。

然而，只要人、我两分，士君子即难免不为人知之困境：我在友朋之群中掌握了治理邦国之德行、知识和技艺，我相信自己已具备治理邦国、天下之德、能，我期望参与社会治理，行道于天下。但我本为平民，处于治理架构之外，占据位势之人却不一定知晓我，承认我，任用我。此即人、我两分，德、位分离。此即"不知"。而我的理想是行道于天下，为此，我需要为人所知、所用。

孔子专门讨论"不知"，即已表明，现实中，儒者较为常见之遭遇是不为人知，孔子、孟子就有这种遭遇。越是大德之人，越不为人知。此处之知，当然不是不知其名，而是不知其真正的价值，而不能加以任用。《史记·孟子荀卿列传》对孟子遭遇之叙述，已可见一斑：

孟轲，驺人也。受业子思之门人。道既通，游事齐宣王，宣王不能用。适梁，梁惠王不果所言，则见以为迂远而阔于事情。当是之时，秦用商君，富国强兵；楚、魏用吴起，战胜弱敌;齐威王、宣王用孙子、田忌之徒,而诸侯东面朝齐。天下方务于合从连衡,以攻伐为贤,而孟轲乃述唐、虞、三代之德,是以所如者不合。

从孔子时代开始出现的两个治理主体,具有不同的价值取向:

一方是强势大夫及后来的国王,他们追求物质占有量之最大化,想尽各种办法占有更多土地、财富、人民等等。当然,他们也需要对这些物质进行管理,以便实现其物质性产出之最大化。这样的掌权者如果理智,当会利用士人获得这方面的专业知识。孔门弟子获得季氏任用者,主要因为他们掌握着物质的管理术。

另一方儒家士君子当然掌握着这类管理术,但除此之外,士君子还"志于道"。除了对社会各种资源进行技术性管理之外,士君子还希望追求治理之善,也即优良秩序。基于这一目的,他们也会求为掌权者所知。但是,他们的这一理想具有强烈的道德取向。

这样,人、我,也即儒家士君子与掌握着位势之人的追求,确有一定交集,但也存在较为严重的错位。对于士君子之善,国王们通常并不感兴趣,而这在士君子看来最为重要。德让士君子在用术时有所控制,其用术之效率必受到限制;那些有术而无德之人,则无所顾忌,可将其术之效率发挥到极致,国王们的物质性收益可以最大化。结果,后者更有可能得到位,前者反而可能无位。这就是颜渊等孔门德行科弟子陷入困顿的原因。士君子不能不产生不为人知之感慨,这会引起价值观的混乱,令君子之养成功亏一篑。故有下面的一句话。

不愠

对孔门而言，"不知"始终是一严重问题，《先进》末章，于子路、曾皙、冉有、公西华各言其志之前，夫子曰："居则曰：'不吾知也'。"也就是说，孔门弟子一直在抱怨，自己有德、有能，却不为人所知，而不得其位，不能运用自己的德、能，实现行道于天下之理想。据此，夫子提出"不愠"作为是否君子的终极标准：

> 集解：愠，怒也。凡人有所不知，君子不怒。
>
> 集注：愠，含怒意。君子，成德之名。尹氏曰："学在己，知不知在人，何愠之有。"程子曰："虽乐于及人，不见是而无闷，乃所谓君子。"愚谓：及人而乐者，顺而易。不知而不愠者，逆而难，故惟成德者能之。然德之所以成，亦曰学之正、习之熟、说之深，而不已焉耳。程子曰："乐由说而后得，非乐不足以语君子。"

"不愠"与前面所言之悦、乐相反对。学而时习之是令人愉悦的，与朋友相切磋可带来莫大的快乐。然而，此学之真实完成，必待走出师门。而为人知才可出师门，但掌握着权位之人的不知，必然是经常的遭遇。以人之常情，人不知，则必然愠。弟子中确有"愠"的情况发生，《卫灵公》：

> 在陈绝粮，从者病，莫能兴。子路愠，见曰："君子亦有穷乎？"子曰："君子固穷，小人穷斯滥矣。"

何晏注:滥,溢也。君子固亦有穷时,但不如小人穷则滥溢为非。

集注:程子曰:"固穷者,固守其穷",亦通。

子路之愠不仅仅因为绝粮,也是对自己不为人知而愠:就是因为不为人知,才会落入"穷"的窘境,穷者,走投无路也。孔子指出,君子处此困境,不动其心,也就是不愠;小人处此困境,则放弃原则,不择手段。这就是愠的可怕恶果。

应该说,学习之悦、友朋合群之乐是自然的,人不知而愠在某种程度上同样是自然的,没有人会因此而高兴。但夫子以为,一个人要成为真正的君子,德行意义上的君子,必须反乎常人之自然,抑制愠怒之心。此即朱子所谓"逆而难",逆乎人之本能是有一定难度的,但对于君子之养成而言,又是必须的。因为,愠会扭曲人的选择,由于愠,人可能放弃道,比如《阳货》:

子曰:"鄙夫可与事君也与哉?其未得之也,患得之;既得之,患失之。苟患失之,无所不至矣。"

与此相关者,《述而》中曰:"君子坦荡荡,小人长戚戚。"所谓长戚戚就是患得患失。此处之"君"就是"人不知"之"人"。士人学成,则欲事君,如不为人知,士人就可能愠,此即患"不得"之愠。在得到位之后,则有患失之愠。如此患得患失,则无所不为。因此,一个人要成为君子,必须面对最后的考验:人不知而不愠,让心灵始终面向道,而不受制于外在的诱惑。

人不知而不愠,如朱子所说,惟成德者能之。颜渊之所以获

得夫子的肯定,就是因为,他能够做到安贫乐道:

> 子曰:"贤哉,回也! 一箪食,一瓢饮,在陋巷。人不堪
> 其忧,回也不改其乐。贤哉,回也!"
> 集注:颜子之贫如此,而处之泰然,不以害其乐,故夫子
> 再言"贤哉回也"以深叹美之。程子曰:"颜子之乐,非乐箪
> 瓢陋巷也,不以贫窭累其心而改其所乐也,故夫子称其贤。"
> 又曰:"箪瓢陋巷非可乐,盖自有其乐尔。其字当玩味,自有
> 深意。"又曰"昔受学于周茂叔,每令寻仲尼颜子乐处,所乐
> 何事?"

颜子之乐,正好与愠相反。不为人知,一般人不堪其忧,也
即都会愠,颜子却不愠,而依然保持了乐。这个乐就是学之愉
悦,就是与友朋合群之乐。弟子于孔门本获得这种乐,然出门之
后,这种乐就面临丧失之风险。相反,他可能愠而不乐,怨恨。
然一旦如此,此前之悦、乐,也就荡然无存,且德行可能急剧堕
落。因此,孔子认为,不为人知是新式君子面临的最大的考验,
面对不为人知的窘境,而依然能够保持原有的悦、乐,这才意味
着,这个弟子成为真正的君子。因为,这意味着,此刻,他真正地
超越了物质之得失利害。

当然,夫子本人就是这方面的典范,《述而》:

> 子曰:"饭疏食饮水,曲肱而枕之,乐亦在其中矣。不义
> 而富且贵,于我如浮云。"
> 集注:圣人之心,浑然天理,虽处困极,而乐亦无不在

焉。其视不义之富贵，如浮云之无有，漠然无所动于其中也。程子曰："非乐疏食饮水也，虽疏食饮水，不能改其乐也。不义之富贵，视之轻如浮云然。"又曰："须知所乐者何事。"

值得注意的是这里的"亦"字，程子已揭示其含义："亦"字意味着，人不知而乐，是反乎常人之自然的。孔子亦欲为人所知，得其位而行道于天下，此即君子"志于道"之内在逻辑。然而，不为人知，不得其位，孔子也能做到不改其乐。

据此，《中庸》第十四章提出"素其位而行"之说：

君子素其位而行，不愿乎其外。素富贵，行乎富贵；素贫贱，行乎贫贱；素夷狄，行乎夷狄；素患难，行乎患难；君子无入而不自得焉。在上位不陵下，在下位不援上，正己而不求于人，则无怨。上不怨天，下不尤人。故君子居易以俟命，小人行险以徼幸。子曰："射有似乎君子；失诸正鹄，反求诸其身。"

集注：素，犹见在也。言君子但因见在所居之位而为其所当为，无慕乎其外之心也。易，平地也。居易，素位而行也。俟命，不愿乎外也。徼，求也。幸，谓所不当得而得者。

素其位就是不刻意地寻求为人所知，即便不为人知，也不改其乐。不改其乐就是不愠。唯有不愠，才有可能守死善道。只有当新式君子守死善道，道才有可能行于天下，而这正是孔子的理想。

君子

人不知而不愠，才算真正完成君子之养成，而本章以此结尾，也显示了孔子之全部努力就是养成君子。

这里的"不亦"，与前面两个"不亦"含义相同，其意为，在原有君子之外，出现了一群新式君子。这句话意味着中国社会结构的一次重大变化，君子内涵已发生根本变化：在周代礼治秩序中，君子大体上就是各级君，也即等级制意义上的治理者。但现在，孔子养成一群新式君子。他们是没有位的士或者庶民，通过孔门之学而成为有德、有能者。《白虎通义·号》所说的君子，就是后一意义上的君子：

> 或称君子何？道德之称也。君之为言群也；子者，丈夫之通称也。故《孝经》曰："君子之教以孝也，下言敬天下之为人父者也。"何以言知其通称也？以天子至于民。故《诗》云："凯弟君子，民之父母。"《论语》云："君子哉若人。"此谓弟子。弟子者，民也。

这里特别强调，君子乃道德之称，且通于天子以至庶民，也就是说，自天子至庶民，只要具有一定道德者，就是君子。反之，不具有一定道德，则虽然贵为天子，也不是君子。

这里也清楚指出了君子之社会职能：群也，合群也，组织、管理庶民，生产和分配公共品，以建立和维护共同体之优良秩序。

句义

本句讨论学、德与位分离之后,儒生所面临的困境。儒家团体自一形成,就立刻面临这样的困境。儒生相信,经过合群而学,自己已具有治理邦国、天下之德与能。相反,世间之君往往既没有知识,也没有德行。然而,自己要运用知识、发挥德行,却不能不从君那儿寻找机会,以获得位。这是一件令人纠结的事情。这样的结构也决定了,君完全有可能认识不到他们的价值,甚至对他们的知识和德行嫉妒、恐惧,而加以迫害。这就是"不知"。儒生经常面临的困境是,他们没有机会运用自己的知识和德行。道德理想主义冲动与现实之间经常出现严重分离。

处在困境,儒生面临考验:愠或者不愠。这成为他最终能否成就为君子之关键,这也就是士人中之小人与君子最为根本的区别所在。所谓小人就是这样的士人:他贪恋权位,患得患失于权位,得位则乐,无位则愠。如此士人掌握治国之技艺,固然可以提高君王聚敛资源之效率,却无助于改善治理秩序。所谓君子是这样的士人:对他们来说,位当然很重要,但是,位不能支配君子。相反,他能做到虽无位而不愠,不改其乐。这样,位就不是君子生命之目的,而只是君子行道之工具。位乃服务于道的。如此君子才是真正的"志于道",他们若有机会进入治理架构中,才能将理性、德行导入治理过程中,在纯粹由物质性欲望驱动的现实中,增添一股理性化的力量。

此处呈现一个重大问题:孔门何以没有产生独立的政治主体意识,自行其道? 一个可能的解释是:孔子与其门弟子生活在一个等级制虽已松动但仍存在的时代,因此依然具有士之身份意识。

经义概述

孔子的理想是当礼崩乐坏之际,为刚出现的现代世界建立秩序。然则,重建秩序如何入手?《论语》首章正是要回答这个问题。答案简洁明了:学是门户,友朋合群是关键,为人知而行道天下是目的。刘宝楠《论语正义》谓:

> 夫子一生进德修业之大,咸括于此章。是故学而不厌,时习也。诲人不倦,朋来也,仁也。遁世不见,知而不悔,不知不愠也,惟圣者能之也。夫子生衰周之世,知天未欲平治天下,故惟守先王之道,以待后之学者。记者因以其言,列诸篇首。

本章确为夫子一生事业之概述。不过,《论语》之编排次序井然,门人编本章为《论语》之首,亦在透过夫子这句话,彰显形成于孔门的新兴士君子群体作为一个价值、命运共同体之生存形态。本篇另一章云:

> 曾子曰:"吾日三省吾身:为人谋而不忠乎? 与朋友交而不信乎? 传不习乎?"
> 集注:尽己之谓忠,以实之谓信。传,谓受之于师。习,谓熟之于己。曾子以此三者日省其身,有则改之,无则加勉,其自治诚切如此,可谓得为学之本矣。而三者之序,则

又以忠信为传习之本也。尹氏曰:"曾子守约,故动必求诸身。"谢氏曰:"诸子之学,皆出于圣人,其后愈远而愈失其真。独曾子之学,专用心于内,故传之无弊,观于子思、孟子可见矣。惜乎! 其嘉言善行,不尽传于世也。其幸存而未泯者,学者其可不尽心乎!"

本章与首章之字多有重复。此处之"人",就是"人不知而不愠"之人,此处之"谋"在封建时代具有特殊含义:为君之事务提供建议。朋友包括"有朋自远方来"之"朋",但也包括同僚之友。传就是"学"之所得,仍需"习"之。曾子此处所描写之君子,似乎是已得其位的君子。因此其所反省者,为人谋为首,其次是与朋友交,最后是诵读所传之经、传。

由此可以看出,学、朋、知,是儒家士君子成立之三大关键。儒家养成士君子之途在于学,学的重要内容就是六经,乃先王之政典。但是,儒家之学并不是单纯的书本学习,儒门弟子需同时训练知识、德行和技艺。因此,儒家之学需在社会、政治结构中,通过伦理与政治实践完成。其中的德行、治理技艺,均可在友朋之群中习得,师徒之间、同门之间因为道而联合成为群。这样的群范围可以较小,但也可以覆盖天下。儒家就在这样的群中习得治理群之德行与技艺,并借助于这样的群,成为一股改造社会治理架构、重建天下秩序的文化、社会、政治力量。

然而,这个新式君子群体甫一形成,就面临着不为人知的困境,因而面临着严重的考验:不为人知,愠还是不愠? 若因不得其位而愠,则合群而学之所得,就会遭到扭曲,成为无德而有才的"小人儒";事实上,孔门之外的士人群体,如游士,纷纷然走上这条路。孔门弟子也有由此而堕落者。正是基于这种忧惧，孔子向门弟子提出了不为人知、不得其位而不愠的道德要求。

但是，换一个角度看，"人不知"也显示，处在大转型中的中国文明已生成了一种向上提撕现实的力量。"人不知"之人，也即掌握着权位者，正在走出礼制规则之束缚，而沿着人的物质本能下坠。他们之所以"不知"新兴君子，是因为他们的心灵是狭窄的，他们过多地考虑自己的利益，碌碌于权力争斗之中，而根本遗忘了权威和权力之高尚目标。他们创造了政治，但这样的政治经常是不道德的。然而，经常不为这些当权之人所知的儒生，则给这一灰暗的现实、不理性的政治带来了道德理想主义。

这就形成了一个双层的人间秩序结构：现实是一层，理想又是一层。而且，这理想不是空洞的，而是由一群人承载着。他们追求理想之实现。他们构成了提撕现实的道德和文化力量。这样，中国社会就不再只由利益和权力所塑造，道德和价值也参与其中。历史的演进过程就不再是本能的，而具有自觉性，即向善。引导社会向着未必人人清楚认识到的善前行，这就是儒家的使命，儒家从一开始就承担了这一使命。也正是由于承担了这样的使命，儒家可能不为人所知，甚至可能遭遇灾祸，但是，中国历史因此而具有方向。儒家规定了中国文明之大势，那就是趋向于文明。

第四篇　启蒙:《周易》"蒙"卦义疏

　　《周易》从屯卦至履卦是一个治理共同体也即邦国之完整的构建规划,依邦国构造之内在逻辑,讨论最为重要的若干领域之创制立法原则。在此一立国的普遍性过程中,蒙卦仅次于屯卦。《序卦》云:

> 　　有天地,然后万物生焉。盈天地之间者唯万物,故受之以屯。屯者,盈也。屯者,万物之始生也。
> 　　物生必蒙,故受之以蒙。蒙者,蒙也,物之稚也。
> 　　物稚,不可不养也,故受之以需。需者,饮食之道也。
> 　　崔觐曰:万物始生之后,渐以长稚,故言"物生必蒙"。①

　　屯者,人类或某一特定人群之原初状态也。那么,人群当如何进至文明?《周易》立刻讨论"蒙"。下面将分析指出,"蒙"有两义:一方面描述人之蒙昧、幼稚状态;另一方面讨论治蒙、发

---

① 李鼎祚:《周易集解》,卷二。

蒙,也即启蒙之道。由此,人将走出蒙昧、幼稚状态,而成为具有健全之情感、理智、道德的人。

至关重要的是,蒙卦甚至在讨论饮食之道的"需"卦之前。这表明,《周易》认为,对于文明的生活、对于共同体的构造而言,人的心智之开启,是比财富之生产、分配更为重要的事情。蒙卦更在讼、师、履等卦之前。《周易》认为,启蒙是人之为人的文明的生存之开端,是刑罚、军队、组织、礼等文明制度出现与维系之前提。没有启蒙,其他制度都无从谈起。人因启蒙而文明地生活,并有治理之可能。

然则,如何治蒙、启蒙?本文将解读《蒙卦》大义,对此作出回答,以揭明儒家,也即中国圣贤之启蒙观。本文对卦辞、爻辞含义之诠释,主要依靠王弼注、孔颖达疏之《周易正义》和程颐之《周易程氏传》①。

卦辞、象辞、大象传:启蒙的自主性

蒙:亨。匪我求童蒙,童蒙求我。初筮,告;再、三,渎;渎,则不告。利贞。

王弼注:"筮",筮者决疑之物也。童蒙之来求我,欲决所惑也。决之不一,不知所从,则复惑也。故初筮,则告,再、三,则渎,渎蒙也。能为初筮,其唯二乎?以刚处中,能断夫疑者也。

---

① 故本文于卦辞、爻辞下引王弼注、孔颖达正义、程氏易传,不复一一注明。

卦辞概括启蒙之重要性，及其基本文化-政治格局。《彖》对此有更为详尽的解释：

> 《彖》曰：蒙，山下有险，险而止，蒙。
> 王弼注：退则困险，进则阂山，不知所适：蒙之义也。
> 程氏易传：山下有险，内险不可处，外止莫能进，未知所为，故为昏蒙之义。

这里清楚地描述了人之蒙昧状态，在此状态下，人昏昏然不知何去何从。此为蒙之表层含义。

但是，卦辞劈头就说："蒙，亨。"人昏蒙，何以亨？《彖》辞曰：

> "蒙，亨"，以亨行，时中也。
> 王弼注：时之所愿，惟愿"亨"也。以亨行之，得"时中"也。
> 孔颖达正义曰：叠"蒙亨"之义，言居"蒙"之时，人皆愿"亨"。若以亨道行之于时，则得中也。故云"时中"也。
> 程氏易传：蒙亨，以亨行时中也。蒙之能亨，以亨道行也，所谓亨道，时中也："时"谓得君之应，"中"谓处得其中，得中则时也。

在原初的蒙昧状态下，人必定对于自己所处的状态不满意，而皆愿"亨"。亨者，通也，蒙昧状态下的人具有走出蒙昧状态、进入开明状态的意愿。开明则通。

这一意愿乃启蒙得以展开的前提，而这以华夏文明关于人性之基本假设为前提。《尚书·泰誓上》:"惟天地,万物父母;惟人,万物之灵。"《礼记·礼运》:"人者,天地之心,五行之端也,食味别声被色而生者也。"人一开始确实处于蒙昧状态,但是,《系辞下》说:"天地之大德曰生。"人为天所生,天为了让人生生不息,而赋予人以灵性,从而可为天地之心。所谓灵,《孟子·告子上》有具体讨论:"恻隐之心,人皆有之;羞恶之心,人皆有之;恭敬之心,人皆有之;是非之心,人皆有之。"此为人自然所具有者。正是这种天赋之灵性,让处在蒙昧状态中的人,追求灵性扩充,也即走出蒙昧的自然趋向。也即,人内在地可以产生"启蒙的自觉"。同时,这些灵性也让人具有走出蒙昧状态的潜能。

一旦启蒙的自觉发动,人就会自主地寻求发己之昏蒙:

> "匪我求童蒙,童蒙求我",志应也。
>
> 王弼注:"我"谓非"童蒙"者也。非"童蒙"者,即阳也。凡不识者求问识者,识者不求所告;暗者求明,明者不谘于暗。故《蒙》之为义:"匪我求童蒙,童蒙求我"也。童蒙之来求我,志应故也。
>
> 程氏易传:二以刚明之贤处于下,五以童蒙居上。非是二求于五,盖五之志应于二也。贤者在下,岂可自进以求于君?苟自求之,必无能信用之理。古之人所以必待人君致敬尽礼而后往者,非欲自为尊大,盖其尊德乐道,不如是,不足与有为也。

《周易》设定了具有合宜的情感、理智和德行的君子之存在,他有能力担任"师",对昏蒙之人进行启蒙。当然,我们可以追问,这些师从何而来? 他们同样被天赋予灵性,而异常强大,而可以自行扩充其"四端",率先自行走出了昏蒙状态。此即《论语·季氏》篇所说"生而知之"者。而他们也被上天赋予了一项道德与政治责任:如《孟子·万章上》篇所说:"天之生此民也,使先知觉后知,使先觉觉后觉也。"他们的首要工作就是治众人之昏蒙,此即"教",从昏蒙者的角度来说,则是"学"。教、学就是启蒙之基本形态。

那么,启蒙的过程将如何启动? 启蒙过程得以启动的关键是蒙昧者之启蒙的自觉。"志"首先就是指这一启蒙的自觉。昏蒙者产生了这一自觉而寻求导师,开启自己之心智。这就是《周易》启蒙观之知识社会学结构:启蒙事业并不是导师发动的,旨在把自己拥有的一套绝对真理灌输给昏蒙者。启蒙事业是由昏蒙者发动的,旨在自主地走出蒙昧状态。《程氏易传》则从政治的角度理解启蒙,以确立正当的君-臣关系。这一点,释六五爻辞时再予讨论。至关重要的是,这里已确认启蒙的知识-政治结构:启蒙乃是蒙昧者发动的,是其自主的事业。

当然,对于昏蒙者之启蒙的自觉,导师自当给予合宜的回应,也即"志应也"。不过,导师依然需要对产生了启蒙之自觉的昏蒙者进行考察辨别:

　　　初筮,告,以刚中也。再、三,渎;渎则不告,渎蒙也。

　　　郑玄注:修道艺于其室,而童蒙者求为之弟子,非己乎求之也。弟子初问,则告之以事。义不思其三隅,相况以反,解而筮者,此勤师而功寡,学者之灾也。渎筮则不复告,欲令思而得之，亦所以利义而干事也。①

　　程氏易传：初筮谓诚一而来，求决其蒙，则当以刚中之道，告而开发之。再、三，烦数也。来筮之意烦数，不能诚一，则渎慢矣，不当告也。告之必不能信受，徒为烦渎，故曰渎蒙也。求者、告者皆烦渎矣。

　　导师有必要考察蒙昧者的启蒙的自觉究竟是否明确，或者说，蒙昧者的向道之心是否坚定。启蒙的展开和效率取决于导师与蒙昧者之间的相互信任程度。如果蒙昧者成见太深，对于导师之教诲半信半疑，那就会针对一个事情一而再、再而三地提出同样的疑问。这样的人固执于自我之成见，其心灵是封闭的，并无向道之心，因而也是无从教诲的。对于导师而言，明智的做法就是放弃对他的教诲，让他们停留在昏蒙的状态中。

　　这里体现了启蒙之审慎。后面将会讨论，这种审慎对于昏蒙者、对于社会秩序而言，其实都无不利。

　　《彖》辞接着解说卦辞中的"利贞"二字，指出了启蒙之基本取向：

　　蒙以养正，圣功也。

　　孔颖达正义曰："蒙以养正，圣功也"者，能以蒙昧隐默自养正道，乃成至圣之功。此一句释经之"利贞"。

　　程氏易传：未发之谓蒙，以纯一未发之蒙而养其正，乃作圣之功也。发而后禁，则扞格而难胜。养正于蒙，学之至

_____

① 惠栋（辑）：《新本郑氏周易》，卷上。

善也。蒙之六爻,二阳为治蒙,六阴皆处蒙者也。

回头看卦辞"利贞"之义:

> 王弼注:"蒙"之所利,乃利正也。夫明莫若圣,昧莫若蒙。蒙以养正,乃圣功也。然则,养正以明,失其道矣。
> 孔颖达正义曰:"贞,正也。言蒙之为义,利以养正。"
> 程氏易传:发蒙之道,利以贞正。

"圣"乃明之极致,与"蒙"恰成相反。蒙乃尚未开窍的状态。换一个角度看,也就是尚未受到外界物欲干扰的状态。昏蒙者如果从这个时候开始接受正道之教化,那就可以养成最为极致之聪、明。

至关重要的是"正"。正至少有两层含义:第一层意义的"正"就是《孟子·告子上》所说:"恻隐之心,人皆有之;羞恶之心,人皆有之;恭敬之心,人皆有之;是非之心,人皆有之。恻隐之心,仁也;羞恶之心,义也;恭敬之心,礼也;是非之心,智也。仁义礼智,非由外铄我也,我固有之也,弗思耳矣。"蒙养以正其实是启蒙之自主性的逻辑结论:导师应当顺乎昏蒙者内在固有之灵性,扩充之、发育之。这样的启蒙顺乎昏蒙者之人性,此为"正"的第一层含义。导师基于昏蒙者之自主性展开启蒙,满足于担任辅助者之角色。二者所形成的文化-政治关系也是正的,此为"正"的第二层含义。这两者互为因果,共同构成了完整的正。"利贞"就是利于正,惟正,启蒙才有利:唯有教之以正,才有大利,既对昏蒙者个体有利,也对整个社会有利。

《象》曰:山下出泉,蒙。君子以果行、育德。

王弼注:山下出泉,未知所适,蒙之象也。"果行"者,初
筮之义也。"育德"者,养正之功也。

程氏易传:山下出泉,出而遇险,未有所之,蒙之象也。
若人蒙稚,未知所适也。君子观蒙之象,以果行育德:观其
出而未能通行,则以果决其所行;观其始出而未有所向,则
以养育其明德也。

两注皆以君子为先知先觉之导师,但也许,此处之君子,乃
指潜在的君子,也即,虽处于昏蒙之中,但已经走上启蒙之途者。
泉水从山中涌出,而不能决定流向何方,这就是人处于昏蒙时的
情形。这个时期的人是具有可塑性的,可能趋向正道,但也可能
否,因而其生命面临巨大风险。但是,人终归被其天性所决定而
能产生启蒙的自觉,尤其是那些禀赋较为优异者。一旦启蒙发
动,他们就会坚定地前行,从事道德、政治之实践,在此过程中,
发明其固有之明德。当然,开明之君子亦可发挥引导、辅导之作
用。

此处"君子"一词,也就指明了启蒙之目标:成就君子。因
此,启蒙绝不只是关乎理智的事情。参照古典时代人们对于君
子的认知,包括孔子之论述,可以确定:君子首先具有合宜的情
感,诗教之"温柔敦厚",即为情感塑造之道。其次,君子当然也
具有开明之理智。最后,君子最重要的品德乃德行,《象》辞之
"果行、育德"清楚地指明了这一点。因此,启蒙要同时让人在情
感、理智与德行三个方面趋向开明,这三个方面若畸轻畸重,君

子人格就是不完整的。

总之，卦辞、彖辞、象辞已展示了启蒙之基本原则与架构：走出昏蒙是人内在固有之倾向，因此，启蒙应当由蒙者发动。人被赋予了走出昏蒙的能力，但导师的辅导也是十分重要的。对于那些诚心向道者，导师自当启之以正道，他们就有可能成为君子。那些缺乏诚心者，导师无须启其蒙昧。

这里强调了两点：启蒙之自主性，启蒙的审慎。这两者相互关联，并将贯穿全卦。随后六爻讨论处于社会结构不同位置及具有不同性情的人的启蒙之道。

初六：以法律启蒙庶民

《周易》所关注者，乃是邦国共同体之构建，而民是邦国之首要构成性要素，因而，庶民、大众的启蒙至关重要。这也正是初六讨论的主题：

> 初六：发蒙，利用刑人，用说桎梏。以往，吝。
> 王弼注：处蒙之初，二照其上，故蒙发也。蒙发疑明，刑说当也。"以往吝"，刑不可长。
> 程氏易传：初以阴暗居下，下民之蒙也。爻言发之之道。发下民之蒙，当明刑禁以示之，使之知畏，然后从而教导之。自古圣王为治，设刑罚以齐其众，明教化以善其俗。刑罚立而后教化行，虽圣人尚德而不尚刑，未尝偏废也。故为政之始，立法居先。治蒙之初，威之以刑者，所以说［也即"脱"——引者注］去其昏蒙之桎梏，桎梏谓拘束也。不去其

昏蒙之桎梏，则善教无由而入。即以刑禁率之，虽使心未能
喻，亦当畏威以从，不敢肆其昏蒙之欲，然后渐能知善道而
革其非心，则可以移风易俗矣。苟专用刑以为治，则蒙虽畏
而终不能发，苟免而无耻，治化不可得而成矣，故以往则可
吝。

初六象下民，也即庶民、大众。治国以发蒙为先，大众构成
共同体内人口之绝大多数，欲获得优良治理秩序，重点当然就是
启大众、庶民之蒙。然而，如何启之？

按照人们对于儒家的通常理解，儒家特重教化。表面上看
起来，教化就是一般意义上的启蒙。人们又常把教化狭窄地理
解为道德说教。那么，对大众、庶民启蒙，似乎就应当以言说教
化为启蒙的手段。但是，此处提出的方案却是以刑启蒙。此为
《周易》启蒙观中最可注意者，对此中深意，程伊川先生已有深入
论述。

首先需对"刑人"含义略作辨正。《周易》成书于殷周之际，
此时之基本治理模式为"礼治"。礼乃习惯法，无所不包，其规则
涵盖今日宪法、民法、行政法等法律。同时，礼制规则体系也无
人不包，包括周王在内所有人都受客观的礼制规则之约束。礼
制规则之大部分是自动执行的，必要时由各个层级的封建之君
委托其臣强制执行，这就构成刑。刑之规则、程序同样在礼制体
系中。因此，礼大于刑，高于刑，刑附于礼。无礼则无刑，有刑，
则必然意味着有礼。用刑人，意味着礼治之存在，而礼治就是客
观的规则之治，刑只不过是其浮出水面的强制执行机制。因此，
用"刑人"背后隐含着"礼治"，而这种礼治十分接近于现代的法

律之治。

今人常以为,儒家偏重教化,尤其是道德说教,乃至于过于重教化,而轻视法律之治。人们也常引用《论语·为政》中的一段话:"子曰:道之以政,齐之以刑,民免而无耻;道之以德,齐之以礼,有耻且格。"以及《论语·颜渊》:"子曰:听讼,吾犹人也,必也使无讼乎。"然而,在这两段话中,孔子并没有否认刑政之用,而只是强调,仅此是不够的。

更进一步,当略微仔细地讨论刑、礼、德关系之看法。为此,不妨先参照孔子对富、教关系的看法。《论语·子路》记载孔子与冉有的对话,孔子明确提出其治国之次第乃先富而后教之①。孟子提出的完整制度设计也以富民为本,然后才继之以庠序之教。② 孟子的理由很直率:"民之为道也,有恒产者有恒心,无恒产者无恒心。苟无恒心,放辟邪侈,无不为己。及陷乎罪,然后从而刑之,是罔民也。"③董仲舒《春秋繁露·仁义法》引用了孔子这句话,同时更清楚地指出:

> 爱在人,谓之仁;义在我,谓之义。仁主人,义主我也。故曰:仁者,人也;义者,我也,此之谓也。君子求仁、义之别,以纪人、我之间,然后辨乎内、外之分,而著于顺、逆之处

---

① 子适卫,冉有仆。子曰:"庶矣哉!"冉有曰:"既庶矣。又何加焉?"曰:"富之。"曰:"既富矣,又何加焉?"曰:"教之。"

② 《孟子·梁惠王上》:五亩之宅,树之以桑,五十者可以衣帛矣;鸡豚狗彘之畜,无失其时,七十者可以食肉矣;百亩之田,勿夺其时,数口之家可以无饥矣;谨庠序之教,申之以孝悌之养,颁白者不负戴于道路矣。

③ 《孟子·滕文公上》。

也。是故:内治,反理以正身,据礼以劝福。外治,推恩以广
施,宽制以容众。孔子谓冉子曰:"治民者,先富之而后加
教。"语樊迟曰:"治身者,先难后获。"以此之谓治身之与治
民,所先后者不同焉矣。《诗》曰:"饮之食之,教之诲之。"先
饮食而后教诲,谓治人也。又曰:"坎坎伐辐,彼君子兮,不
素餐兮。"先其事,后其食,谓治身也。

如董子所解,君子治人之法与治身之法是大不相同的。治
民当先富而后教之,治身却当先德而后食。由此可以看出,儒家
对于社会治理,绝无浪漫主义的幻想。如孔子所说,"性相近也,
习相远也"①。孟子更具体地指出,人性虽相同,但每个人"思"
的能力不同,故有君子、小人之分。两者根本区别在于,"君子喻
于义,小人喻于利"②。君子喻于义,固然会自修其德;庶民喻于
利,则当首先富之,待其有恒心,而后才可教之。

依据同样的原理,君子治民则当先用刑罚,治身则当先自修
其德。君子、庶民的处境不同,理解能力不同,不能指望庶民像
君子那样自启其蒙。归根到底,启蒙乃昏蒙者自己发动的,导师
只发挥辅助作用。君子之"思"的能力较为出色,其心灵较为敏
感,因而能够产生启蒙的自觉,由此才可启动一个情感、知识与
德行的启蒙过程,此即"学"的过程。这种启蒙,直接诉诸心灵之
"思"的能力,由内而外展开启蒙的过程。但占据共同体人口大
多数的庶民的心灵不很敏感,虽身处于昏蒙的状态,而难以产生

---

① 《论语·阳货》。
② 《论语·里仁》。

强烈的启蒙的自觉。如此,他们不会求"学",所谓"困而不学"①,也就无法通过君子式的"学"的过程,完成较高程度的、全面的启蒙,不能成就为君子。

　　然则,庶民亦当具有基本的理智和德行,优良的治理才是可能的。对他们,如果由内而外的"学"存在难度,就只能改而采取由外而内的教化过程。启蒙与教化的区别就在此。从根本上说,启蒙是《大学》所说的"明明德",导师通过言、语,开启昏蒙者之心智,使其自明其固有之明德。教化则绝非道德说教,而主要是君子以"身"作则,所谓"君子之德,风;小人之德,草"②,由此塑造"习",习俗。在共同体的合理习俗中,庶民们透过模仿君子之行为,而逐渐更化其心灵。《周易》"观"卦也提出"神道设教",同样是透过对行为的约束,而由外至内,逐渐变化气质。

　　而最为正式的制度性教化之道,乃以刑教化。庶民们在习俗之中"默会地"生活:他们并不知道规则,却能大体遵守规则。这也就是习俗的生活之基本特征。由此,他们可以正常地生活。当然,他们缺乏规则的自觉,可能由于本能冲动,或者愚蠢,而触犯礼法。此时,应对其予以惩罚。这种惩罚既可以对当事人的心灵产生振动,也可以对他周围的人的心灵产生冲击。他们将会因此而对规则、对正义、对人与人之间的正当关系,产生某种自觉。他们的生活理性将会因此而发育,更为自觉地约束自己,不再去实施类似的不当行为。

　　经由刑之运用,庶民的生活趋向于更为合宜、理性。他们的

---

① 《论语·季氏》:"困而不学,民斯为下矣。"
② 《论语·颜渊》。

心灵也会因此而有所开明。

伴随着人生阅历之增加,这种见识逐渐增多,庶民的昏蒙也在消退,而趋于开明。民间社会的长老们的智慧,经常就是透过这样的经验积累而成的。这样的生活经验、这样的智慧同样能让人走出蒙昧状态,脱去其昏蒙之桎梏。这是个人通过共同体内生活经验而不自觉地启蒙的过程。它与君子通过学而启蒙的过程是不同的。这个启蒙是不自觉的,速度较慢,最终开明的程度也较浅。尽管如此,对于共同体建立和维持健全秩序而言,这已足够了。这就是《周易》揭明的庶民启蒙之机制。

值得注意的是"桎梏"隐喻。刑本身是对人的一种约束,有些犯罪者是要戴上桎梏的。但是,刑背后的规则,也即礼,作为桎梏,施加于自然的、本能的身体,反而可以让人的心灵摆脱蒙昧之桎梏。蒙昧本身就是严重而全面的桎梏,人必须走出这种状态。作为一种被认为是桎梏的刑、礼,却可以脱去人的自然桎梏。

这就是启蒙之奇妙逻辑,由此也显示了《周易》所讨论的启蒙,不是身体的解放,而是身体之规则化,进而是心灵的规则化。用孔子的话说,启蒙就是令人的自然"质"有人为之"文"①。孔子所说的"文",就是规则,就是礼。对于庶民而言,启蒙就是以礼"定命"②,从而让他们得以合宜的情感、依合理的规则行动、交往。由此所得到的生活就是理性的,尽管其理性的程度不及

① 《论语·雍也》:"子曰:'质胜文则野,文胜质则史。文质彬彬,然后君子。'"
② 《左传·成公十三年》记周之刘康公曰:"吾闻之,民受天地之中以生,所谓命也。是以有动作礼义威仪之则,以定命也。能者养之以福,不能者败以取祸。是故,君子勤礼,小人尽力。"

君子通过学所获得的理性。

小象传更为清楚地指出了这一点:

> 《象》曰:"利用刑人",以正法也。
>
> 王弼注:刑人之道,道所恶也。以正法制,故刑人也。
>
> 程氏易传:治蒙之初,立其防限,明其罪罚,正其法也。使之由之,渐至于化也。或疑发蒙之初,遽用刑人,无乃不教而诛乎? 不知立法制刑,乃所以教也。盖后之论刑者,不复知教化在其中矣。①

正法制,也即,确认、制定合理的规则,同样是一种启蒙之法。关于这一点,讼卦有更清楚的阐述。蒙卦继之以需卦,需卦继之以讼卦:

> 《象》曰:天与水违行,讼。君子以作事谋始。
>
> 王弼注:"听讼,吾犹人也。必也使无讼乎?"无讼在于谋始,谋始在于作制。契之不明,讼之所以生也。物有其分,职不相滥,争何由兴? 讼之所以起,契之过也。故有德司契,而不责于人。

孔子是如何做到无讼的? 德教当然很重要,但更为重要的还是"谋始",谋始则在于"作制"。所谓"制",至少可以从两个层面理解:微观层面上是人们为了合作、交易而订立的个别契约,

---

① 《周易程氏易传》卷第一,收入《二程集》(下),第720—721页。

宏观层面上是这些合作、交易得以展开的规则与制度，也即孔子所说的礼、政。君子如果能够安顿这两个层面的制，自然可以减少人们相互之间发生纠纷、冲突的可能性，也即做到孔子所说的"无讼"。从启蒙的角度看，这两者都在于生活本身之规则化，由于规则本身是君子之理性与人们经验之理性共同发挥作用之产物，庶民的生活之规则化也就意味着其心灵之理性化，哪怕程度不是那么高。当然，契约、法律都只关心人的外在行为，仅规范人际之交接。但是，伴随着理性的外在行为成为人的习惯，人的心灵必然逐渐地改变，也即脱去昏蒙之桎梏，显出理智与道德的光明。

但是，爻辞最后也清楚地指出，完全以刑启蒙，也是可鄙吝的。此即孔子所说，"免而无耻"。即便对于庶民，也不当完全放弃学的启蒙。无论如何，学的启蒙总是有某种可能性的，完全可以"道之以德"。所以，对于庶民，孟子也主张"谨庠序之教"①。如果专用刑罚，而根本放弃对庶民的启蒙，那就沦为法家，而不把庶民当成人看待，而当做完全被动的物看待。这也是《周易》、孔子所坚决反对的。

总结一下本爻：建国之本在联结庶民为一体，治国之本在有效治理庶民。故而，庶民之启蒙乃启蒙之第一要务。而庶民的启蒙之道，在立法制刑。立法制刑就是教，可以说是对庶民最为有效的教。法律可以塑造庶民合理的行为，进而使其情感、理智和道德趋向一定程度的开明，达到建国或者治国所必需之程度。因此，法律就是启蒙、教化最为重要的、最为有效的工具。孔子

---

① 《孟子·梁惠王上》："谨庠序之教，申之以孝悌之义，颁白者不负戴于道路矣。"

所说"民可使由之,不可使知之"①,正是这个意思。

九二:启蒙之德与经验的启蒙

九二是蒙卦之主爻,也即治蒙之主,发蒙之人,然而,如何治蒙?

> 九二:包蒙,吉。纳妇,吉。子克家。
>
> 王弼注:以刚居中,童蒙所归,包而不距,则远近咸至,故"包蒙吉"也。妇者,配己而成德者也。体阳而能包蒙,以刚而能居中,以此纳配,物莫不应,故"纳妇吉"也。处于卦内,以刚接柔,亲而得中,能干其任,施之于子,克家之义。
>
> 程氏易传:包,含容也。二居蒙之世,有刚明之才,而与六五之君相应,中德又同,当时之任者也。必广其含容,哀矜昏愚,则能发天下之蒙,成治蒙之功。其道广,其施博,如是则吉也。卦唯二阳爻,上九刚而过,唯九二有刚中之德,而应于五,用于时而独明者也。苟恃其明,专于自任,则其德不弘。故虽妇人之柔暗,尚当纳其所善,则其明广矣。又以诸爻皆阴,故云妇。尧、舜之圣,天下所莫及也,尚曰"清问下民",取人为善也。
>
> 二能包纳,则克济其君之事,犹子能治其家也。五既阴柔,故发蒙之功,皆在于二。以家言之:五,父也;二,子也。二能主蒙之功,乃人子克治其家。

---

① 《论语·泰伯》。

九二为蒙卦之主爻,为治蒙之主体。本爻关涉两个主题:开明君子的包容之德,与家庭的启蒙之用。

一般而言,庶民难以具有启蒙的自觉,故对庶民可以刑启蒙。但很显然,它的效果是缓慢的,并且也不是那么昭彰的。换言之,大量庶民大体上只处于初步脱离昏蒙状态,又没有达到较高程度的开明状态。或许可以说,他们只具有习俗性开明,或者说习俗性理性。

开明的君子该怎么对待这些具有习俗性理性的庶民? 本爻对开明君子提出的要求是:包,包容,含容。包蒙者,包容蒙昧也。这是经过学之启蒙的较为开明的君子应当具有之首要德行。它的基本含义是,启蒙者不应指望所有人有能力完成较为完整的启蒙,对于那些未经启蒙的昏蒙者或习俗性开明者,须予以包容。

这一告诫显然是十分必要的。按照本卦之象,六爻中二阳四阴,主发蒙之功的九二处于群阴包围之中。这相当准确地象征着,在任何社会的任何时代,相比较而言,开明之君子永远是少数。多数人生活在习俗之中,处于昏蒙或者半昏蒙半开明的状态。显然,开明君子具有知识甚至道德上的优势,这样的格局本身容易让君子产生骄傲心态。

开明的导师教导昏蒙者,启蒙的这一知识社会学结构更明确地显示两人在知识与道德上的不平等。这是启蒙的内在逻辑所决定的。这一结构隐含着严重的道德风险。启蒙很容易走向自己的反面:君子面对昏蒙者,产生骄傲心态,而自我炫耀、自我崇拜,从而让自己的心灵走向封闭,而这,是理智和德行的大敌。

骄傲的君子也必要求自己启蒙的对象崇拜自己的真理、德行,乃至于崇拜自己这个人。这将让启蒙堕落成人世间最可怕的迷信:对于现世的某个人、对于他的个体的理智或者德行的偶像崇拜,而构造出一种精神上的主奴关系

正是为了防范这样的道德风险,本爻提出,开明君子须具有含容的美德。包容的重要含义就是谦卑,包容之德要求发蒙者消除面对昏蒙者和习俗性开明者的骄傲。王弼注卦辞"利贞"之义时已指出这一点:

蒙以养正,乃圣功也。然则,养正以明,失其道矣。

发蒙的基本原则是养之以正道。这也就要求开明君子之身正,身正包括谦卑之心态。唯有如此,开明君子才能启人以正道。王弼所说的"养正以明"则是骄傲,炫耀自己的知识、道德,唯恐别人不知道自己的开明,甚至凭借自己的知识、道德,而产生一种优越感,鄙视他人,不容他人。这样的人自身已偏离正道,陷入昏蒙之状态,也就失去了启他人之蒙的资格。此即孟子《孟子·尽心下》所形容的人:"贤者以其昭昭,使人昭昭;今以其昏昏,使人昭昭。"君子要保有启蒙的资格,就必须节制自我成圣的骄傲,而践行启蒙的根本德行:含容。

同时,爻辞的这一含义,令人立刻联想到《论语·泰伯》中一章:子曰:"好勇疾贫,乱也。人而不仁,疾之已甚,乱也。"值得注意的是,这一章恰恰在前面所引"民可使由之,不可使知之"章之后。也许,这两章就是孔子解释蒙卦初六、九二两爻之大义?

不过,根据王弼之解释,"包"还有第二个含义,接近于孔子

所说的"有教无类"。对于所有产生了启蒙之自觉的人,君子都应当积极地回应,通过学,启其昏蒙。当然,在此过程中,君子也应当包容他们身上必然存在的缺陷。启蒙是一个过程,昏蒙与开明互搏的过程。在启蒙过程中,昏蒙还是会顽强地表现自己,而这正是需要通过发蒙予以开启的。如果不能包容这样的昏蒙,也就不能蒙养以正,反而从自然的昏蒙,走向人为的昏蒙。

此下三爻都是在讨论含容。就其大略而言,本爻讨论家庭内部的开明君子包容昏蒙者的情形。下两爻讨论家庭外部的包容问题。家庭内部又划分为两种情况:第一,开明君子对待妇女;第二,开明君子对待子女。

君子已经过启蒙而成为开明者,但是,开明君子仍以柔暗之妇人为配偶,而共同生活,并且结成最为亲密的生活伙伴。而且,本爻指出:"纳妇,吉。"这样的妇人乃"配己而成德者"。开明君子反而借助着不那么开明的妇人而成德。

乍看起来,这有点奇怪。但这就是《周易》所揭示的生活的逻辑,体现了《周易》对生活和社会治理之道最为深刻的洞见。对于生活而言,启蒙当然是重要而必要的,对于社会治理来说,同样如此。但是,美好的生活和健全的社会治理并不以所有人之完整的启蒙为前提。如果是这样,美好生活与优良治理也就成为不可能。一个社会永远不可能让共同体所有成员经历同等程度的自觉的启蒙。即便人们都经过同样的启蒙,其开明的程度也必然有所不同,永远不可能所有社会成员的开明处于同一程度。

这样的现实使得人们必须承认:开明者与昏蒙者、不同程度的开明者共同存在,是一个人无法摆脱的社会事实。《周易》和儒家就是面对这一事实而坚定地断言:即便人的开明程度不等,有君子、小人之别,他们也完全可以共同地拥有美好的生活和健全的治理。未经启蒙的人同样可以拥有美好的生活,社会中相当部分,至少一半人未经启蒙,社会同样可以形成优良治理秩序。归根到底,美好生活并不以开明的理智和自觉的道德为前提:在对大多数人来说,习俗就够了;健全治理也不以大多数人具有开明理智和自觉的道德为前提,对大多数人来说,法律就够了。

因此,如何进行普遍而彻底的启蒙,不是明智的治理之学所应当讨论的问题,相反,这样的治理之学所应讨论的唯一恰当的问题是:不是所有人都经历启蒙,或者即便经历启蒙,其开明程度也不同,如何求得美好的生活和优良治理? 上一爻已揭示了,习俗、法律可给人带来美好的生活。同样,一个社会中,只要一部分人具有开明的理智和自觉的德行,社会治理就可以展开。本爻设想了这样的机制:开明的君子均匀分散于社会内部最普遍的小型共同体——家庭——中,就可以在没有普遍的、同等的开明的前提下,实现美好生活和优良治理。

"纳妇"固然意味着开明君子含容妇人之柔暗,不过,两人共同组成一个紧密的共同体,也就建立了一种分享自觉的理智与德行的机制。而且,这种机制利用了人们的激情,所以,分享的效率是非常之高的。两个人在最为密切的生活中,展开一个无所不在、无时不在的经验的启蒙过程、生活的启蒙过程。在这种分享中,开明的君子没有任何损失,昏蒙者则完全有可能走向开明。这种奇妙的分享机制大幅度地提升了整个社会的开明程度。因此,君子纳妇,乃吉事,这不仅对于妇人是吉,对于整个社会也是吉。

由夫妇而有父子——在《周易》,还有《诗经》的伦理体系中,夫妇之伦是先于父子之伦的。在讨论了夫妇的经验启蒙之后,本爻接着讨论了家庭内部另外一种启蒙途径:父子在日常生活中的经验启蒙。

> 《象》曰:"子克家",刚柔节也。
>
> 孔颖达正义曰:以阳居于卦内,接待群阴,是刚柔相接,故克干家事也。
>
> 程氏易传:子而克治其家者,父之信任专也。二能主蒙之功者,五之信任专也。二与五,刚柔之情相接,故得行其刚中之道,成发蒙之功。苟非上下之情相接,则二虽刚中,安能尸其事乎?
>
> 李道平疏曰:二本刚中,过刚则无包涵之量,变阴济阳,故能"包养四阴"。是宽柔以教,而获"包蒙之吉"也。①

伊川先生视此处之父子为君臣关系之比拟。这一点后面将会讨论。本爻仍当首先从父子关系本身来讨论。

子女显然是童稚,也即昏蒙。但是,生活于家庭之中,子女将会自然地接受父母之启蒙。这既包括作为父亲的君子的知识与道德的启蒙,也包括母亲的情感和生活知识之启蒙,还可以有兄弟之交对于朋友之情的启蒙等等。经过这样的启蒙,子女可以初步习得正常生活所需要的情感表达模式,理智和道德伦理,

---

① 《周易集解纂疏》,第一一〇页。

"刚柔"皆大体可得其节。换言之,通过家庭生活之经验,子女可以成为一个具有正常理智与情感的人,与他人合宜地交接,可以进入社会的合作、交易体系中,也即能立身而治家,正常地生活。

可以说,本爻揭示了一个非常伟大的启蒙观念:家庭是社会中最为重要、最有效率的启蒙制度。本爻是对上一爻的重要补充:上一爻提出,外在的规则乃启蒙大众的最重要手段。这一爻则提出,这些外在规则之内在化主要是在家庭之中进行的。因而,对大众而言,最为重要的启蒙必然是在家庭中进行的。对大众而言,最为重要的启蒙形态是经验启蒙,主要是在家庭中不自觉地、自然而然地展开的。在这里,一个人完全可以习得作为一个正常人所必需的理智、情感表达模式和德行。

至关重要的是,在家庭中,情感与启蒙之间具有非常深刻的关系。情感在启蒙中具有双重角色。首先,启蒙本身就包含情感的启蒙。这也是"蒙"卦将夫妇、父子置于启蒙架构中讨论的重要用意所在。明乎夫妇、父子之伦,就是启蒙的一个决定性组织部分。所谓"刚柔节",就是一个人形成合宜的情感表达模式。对于所有人来说,最重要的启蒙就是这种合宜情感之启蒙。

同时,情感也有助于提高理智与德行之启蒙的效率,从而令家庭内经验启蒙的效率异乎寻常的高。在家庭之内,"父慈子孝,兄爱弟敬,夫和妻柔,姑慈妇听"①,各方之间存在着爱和伦理责任感,这样的爱和责任感同时约束启蒙之双方,开明的君子采取较为负责任的方式发蒙,昏蒙者也不会有抵触心理。

家庭为启蒙之最重要制度的政策含义是,启蒙不能脱离社

---

① 《左传·昭公二十六年》记晏子之语。

会结构而在其外、其上进行。除家庭之外,类似于家庭的其他传统社会组织,如教会、社区、行会、家族等等,也都是启蒙的制度性渠道,尤其是对于庶民而言。因为,这些组织提供了各种各样的团体生活平台,这些团体以某种分享的情感、信念和共同的规则、制度为基础,进入这种生活场景的人也就必然经历这些情感、信念、规则、制度的启蒙。诸多这样的启蒙就足以令一个人的心智走出昏蒙,趋向开明。

这种经验启蒙,与严格意义上的启蒙也即学相比,当然大不相同。后者所获得的知识较为抽象、普遍,前者则是在具体场景中展开的,因而人们从中所获得的知识不是那么普遍、抽象,而是具体的局部性知识。由此启蒙,人们所具有的乃实践理性。它也许不是那么形式化,也许缺乏批判性。但是,实践理性同样是理性,对于大众来说,这也是更为重要、切实的理性,因为,这样的理性乃生活的理性。大众拥有了这样的理性,就足以过上美好的生活。大众普遍地具有程度不等的生活理性,健全的社会治理秩序也就成为可能。

因此,具有启蒙之志业的君子,必然维护各种传统的社会规则、制度,并让其进行启蒙的机制得以顺利地展开。真正的启蒙者必定是保守主义者,这样的保守反而保证了启蒙之普遍性和效率。

六三、六四:启蒙之不可及者

九二讨论了家庭作为一种启蒙制度对于美好生活和优良治理的意义。这样的启蒙机制拥有天然的有利条件:夫妇、父子之间具有自然的亲爱之情，因而，启蒙可以自然地进行，并且，启蒙也在随时进行，在生活的细节中进行。因而，家庭内部的启蒙无论如何都会收到较好的效果。

一旦走出家庭，情况就没有这么乐观。六三、六四讨论了两种情形。开明的君子可能遇到的第一种人是本能的物质欲望过于强烈之人：

六三：勿用取女。见金夫，不有躬，无攸利。

王弼注：童蒙之时，阴求于阳，晦求于明，各求发其昧者也。六三在下卦之上，上九在上卦之上，男、女之义也。上不求三而三求上，女先求男者也。女之为体，正行以待命者也。见刚夫而求之，故曰"不有躬"也。施之于女，行在不顺，故"勿用取女"，而"无攸利"。

程氏易传：三以阴柔处蒙暗，不中不正，女之妄动者也。正应在上，不能远从。近见九二为群蒙所归，得时之盛，故舍其正应而从之，是女之见金夫也。女之从人，当由正礼。乃见人之多金，说而从之，不能保有其身者也，无所往而利矣。

人秉有灵性，也就天然具有道德和理智的趋向和潜能。但是，如《孟子·告子上》："耳目之官不思，而蔽于物，物交物，则引之而已矣。"由于环境、自身等种种原因，这些人的心被物欲所遮蔽，他们的心灵也就变成了追求物质享受的工具。昏蒙之人由其天性决定，本来是完全可以产生启蒙的自觉的。但六三则由于种种机缘，而完成了"物欲的自觉"。这里的物包括让肉体快乐之物，也包括炫耀、骄傲之物，更包括可用以支配他人之权力。

这就是《礼记·乐记》所说的"人化物"，人的物质化，这就是心灵的迷失。"不有躬"的意思就是没有了自我，迷失了自我。

这样的人，行为必然是不顺的：

> 《象》曰："勿用取女"，行不顺也。
> 程氏易传：女之如此，其行邪僻，不可取也。

经历了物欲的自觉，处于自我迷失状态的人，其行为必然是邪僻的。上一爻指出，"纳妇，吉"。这里的"妇"是自然、但潜在地具有妇之德的妇。她们虽然暂时处于昏暗状态，但心灵是向光明开放的，因而，完全可以在与开明君子的生活过程中，展开一个持续不断的经验启蒙过程，最终走向开明。

本爻的"女"，由于种种原因，在与开明君子接触之前，就率先完成了物欲的自觉。她关闭了自己本有的思的能力，更准确地说，是让自己的思仅仅服务于物质利益之获取和保有。这样的人，自然不会提出启蒙之要求，她完成启蒙之可能性也就几乎不存在了。她走上了另一条生命之路。

爻辞告诫，开明君子没有必要接近她们。对这样的人，明智的办法就是让她们继续处于昏蒙状态。但是，这只是昏蒙状态，而未必不是幸福的状态——物质主义者会有自己的价值标准。那就让她们处于这种状态，不要试图改变其物质化的心灵。

当然，一旦她们追求物欲的行为触犯了法律，那就以刑来惩罚她们。她们迟早会这样。一个人的心灵如果完全被物质所支配，则必定如《乐记》篇所说："人化物也者，灭天理而穷人欲者也。于是有悖逆诈伪之心，有淫泆作乱之事。是故强者胁弱，众

者暴寡,知者诈愚,勇者苦怯,疾病不养,老幼孤独不得其所,此
大乱之道也。"这就是"无攸利"。以刑罚惩罚他们,就是唯一可
以实施的启蒙之道。

上面所讨论的这种人,本具有接受启蒙之客观条件,但由于
心性之偏,而未能展开启蒙。还有一种人,因为客观原因而缺乏
启蒙的机会,被迫生活于永远的蒙昧状态:

六四:困蒙,吝。

王弼注:独远于阳,处两阴之中,暗莫之发,故曰"困蒙"
也。困于蒙昧,不能比贤以发其志,亦以鄙矣,故曰"吝"也。

程氏易传:四以阴柔而蒙暗,无刚明之亲援,无有自发
其蒙,困于昏蒙者也,其可吝甚矣。吝,不足也,谓可少也。

这种人的命运不好,在社会结构中,他们身处于文明的偏远
地带。他们可能产生过启蒙的自觉,但是,由于没有开明君子及
时发现他们的灵性之觉醒,而错失了启蒙的机会。此后,他们的
心灵也就处于暗昧的状态,也即被昏蒙所困。

《象》曰:"困蒙"之吝,独远实也。

程氏易传:蒙之时,阳刚为发蒙者。四,阴柔而最远于
刚,乃愚蒙之人,而不比近贤者,故困于蒙。可羞吝者,以其
独远于贤明之人也。不能亲贤以致困,可吝之甚也,实谓阳
刚也。

从某种意义上说,他们是被主流社会忘记的群体,这大约就

是"独"的含义。他们远离主流文明,因而没有启蒙的机会。由于没有经过情感、理智和道德的启蒙,他们的举止是鄙陋的,也即可"吝"的。处于昏蒙状态,这并不是他们的错,他们只是可鄙吝而已。实际上,他们的处境是可怜的,令人同情的。

不过,这只是旁观者的看法。这种人差不多永远生活在自己的同类中间,这也正是他们不能启蒙的原因。而在他们中间,形成了某种习俗。这种习俗可能并不是开明的,但也绝不是邪恶的,而一般来说是平凡的、平庸的。他们生活于这种平庸的习俗中,因而,他们的生命也还是有规则的。对于社会来说,他们既不会做出伟大的贡献,但也绝不是有害的。在自己的同类共同体中,他们也可以享受平静的生活。因此,他们也有自己的幸福。当他们处于这种状态时,明智的态度是,不打扰他们。

总结上述两种情况,有很多人注定了不能启蒙。归根到底,昏蒙者掌握着是否启蒙之自主选择权,在昏蒙者没有启蒙自觉的情况下,没有任何人有资格强制人们接受启蒙。基于这一点,一个社会中只有少数人启蒙的事实,就是正当的,也是完全可以接受的。启蒙的自主主义要求拒绝普遍主义的启蒙幻想。

这一态度隐含着这样一个关于社会秩序的观念:一个人是否启蒙,对其生活是否幸福,并无多大影响。对于大多数人,比如庶民来说,生活在昏蒙状态或者生活在习俗性开明的状态下,同样可以正常地生活,并且得到幸福。这样的幸福是他们所珍惜的,也是其他人应当尊重的。在他们没有产生启蒙自觉之时,强制对他们进行启蒙,可能让他们对自己的环境产生不适感,甚至可能带来生活的纠结与痛苦。

从社会层面说,同样如此。浪漫主义的普遍的启蒙抱负和鲁莽行动,无助于形成和维持优良秩序,反而会扰乱秩序。优良的社会治理不以所有人普遍地接受启蒙为前提。一个社会只要少数人接受了自觉的启蒙,大部分人不经历自觉的启蒙,而生活于习俗之中,同样可以拥有优良的治理秩序。如同卦辞所说,对于那些缺乏向道之心的人,对于缺乏启蒙自觉的人,不必强求启蒙。生活秩序应当得到尊重,不要试图给所有人提供一律的幸福。在条件合适的社会的局部,进行有节制的启蒙即可。启蒙是生活和优良治理的工具,不能凌驾于生活与治理之上。启蒙要服从于每个人的生命的内在逻辑,并顺着这样的逻辑,提供他提升自身生命的管道。不要试图通过启蒙,给每个人创造一种他自己可能不知所措的全新生活,也不要幻想通过启蒙创造出全新的社会秩序。唯一正当的启蒙是基于身处特定环境中的人的自由选择权而启动的启蒙,普遍主义的强制启蒙是一种强制,而不是启蒙,不论它启什么蒙。

在这样的启蒙观下,也就会出现启蒙的文化-政治阶层分化,也就是说,将会出现开明君子和未启蒙或者只具有习俗性开明的大众之分层。这样的分层也就是孔子经常讨论的君子、小人,或者孟子所说的大人、小人。两者的主要区别其实就在于是否经历了"学",经历了自觉的、较高程度的启蒙。孔子认为,成为君子的关键就是"学",学就是启蒙。同样,孟子也认为,君子的关键就是具有"思"的能力。孔孟虽都相信,人皆具有成为君子的趋向和潜能,但他们从来不幻想,所有人都成为君子。所以,孔子虽然主张"有教无类"①,但孔子也说,"行有余力,则以

---

① 《论语·学而》。

学文"①。由此,一个社会必然有君子、小人之分。

但是,自主主义的启蒙又让这种分层不是绝对的。启蒙的展开以个体启蒙的自觉为前提,于是,开明君子与习俗性开明的小人之间,也就只是程度的差异。整个社会成员也就分布在同质的情感、理智、道德结构中的不同层面上。君子并不在社会结构之外,而在社会结构之内。开明君子和习俗性开明者或昏蒙者共享着同样的心智、习俗、情感、道德。尽管程度不等,但他们的信念、价值、生活方式是同质的,因而,他们具有共同的语言和行为模式,他们是可以相互理解、相互对话的。也正是基于这一点,大多数人不经过学之启蒙的社会同样可以是好社会。

相反,普遍主义的启蒙观必然假定真理之完整性、绝对性,也必然假定启蒙者之完美性。由此,启蒙者就是绝对的导师,绝对的精神主权者。他们与昏蒙者之间是一种主奴关系,而开明者与社会相互为敌。这样的启蒙试图创造一种全新的秩序,从而试图全盘改造昏蒙者之心智和生活。其结果是启蒙的自我毁灭:启蒙变成偶像崇拜。

六五:君主启蒙之道——以宪制启蒙

前面四爻所讨论的都是大众之启蒙问题。五为君,所以,六五讨论君主启蒙之道:

> 六五:童蒙,吉。

---

① 《论语·学而》。

　　王弼注:以夫阴质居于尊位,不自任察而委于二。付物以能,不劳聪明,功斯克矣,故曰"童蒙吉"。

　　程氏易传:五以柔顺居君位,下应于二,以柔中之德,任刚明之才,足以治天下之蒙,故吉也。童,取未发而资于人也。为人君者,苟能至诚任贤以成其功,何异乎出于己也?

　　爻辞十分简单,含义相当丰富。首先,六五为"童"之"蒙",也即,君为"童蒙"。这一说法呈现了《周易》对君主的天赋之不信任。今人对儒家有很多误解,尤其是对宋儒,以为儒家假设皇帝可以成为圣人。儒家当然不会如此天真。正好相反,儒家对皇帝成圣从来不抱幻想。这里反而确定,处于君主之位的人,乃童蒙之人。

　　这个断言的真实含义是强调,面对庞大的邦国层出不穷之复杂事务,个体的君主之理性,具有无可克服的有限性①。君主在太子阶段,肯定会接受十分健全的教育,也即学的启蒙。姑且不论太子的态度,即便太子十分努力地完成了这个启蒙过程,其所养成的情感、德行和理智,面对一个庞大邦国多变而复杂的事务,仍会捉襟见肘。② 也就是说,在治国过程中,相对于复杂的邦国事务,即便是再伟大的君主,也都只是童蒙之人。

　　不过,爻辞又说,"童蒙,吉"。对此,我们可以提出两个问题:第一,为什么君主童蒙而吉? 第二,童蒙如何方可得吉?

　　此处童蒙之童,如伊川先生所说,强调君主的天真未脱,强

----

① 这里借用了哈耶克的用词。
② 秦始皇其实就证明了这一点。

调他仍保有人的自然，也即，他能够产生启蒙的自觉，愿意接受他人之启蒙。小象传对此有所申说：

> 《象》曰："童蒙"之吉，顺以巽也。
>
> 王弼注：委物以能，不先不为，"顺以巽也"。
>
> 孔颖达正义曰："顺以巽也"，释童蒙之吉，巽以顺也，犹委物于二。顺谓心顺，巽谓貌顺。故褚氏云："顺者，心不违也。巽者，外迹相卑下也。"
>
> "委物以能"，谓委付事物与有能之人，谓委二也。"不先不为"者，五虽居尊位，而专委任于二，不在二先而首唱，是顺于二也。"不为"者，谓不自造为，是委任二也。不先于二，是心顺也；不自造为，是貌顺也。
>
> 程氏易传：舍己从人，顺从也。降志下求，卑巽也。能如是，优于天下矣。

《周易》认为，理想的君主处于童蒙状态而产生启蒙的自觉，愿意接受启蒙，不仅貌顺，而且心顺。他虽然居于邦国最为崇高的权力位置上，但他知道自己之蒙，不管是人所共有的自然的昏蒙，还是相对于邦国事务而言的力所不逮之蒙。由此，他并不因为自己的地位，而拒绝启蒙，相反，他最为虔诚地寻求启蒙，顺从导师。值得补充的是，巽不仅有"顺"之义，更有"入"之义，也即，君应当无条件地接受贤者之教诲、意见。只有这样的君主，才有吉可言。

这里提出了君主所应具有的最大美德，那就是卑顺，"舍己从人"。这也许是一个令人震惊的政治命题。不错，君居于治理体系的最高处。也因此，他很容易骄傲，迷信自己的理智和能力。而他的骄傲必将给邦国带来巨大灾难。因此，健全的政治理论一定以抑制君主的骄傲为本，"舍己从人"就必被设定为君的最高美德。此为帝舜首先阐明，《尚书·大禹谟》："稽于众，舍己从人。"《周易》首先假定君始终将处于童蒙状态，同时提出，童蒙之君居于高位，舍己从人之德也就显得尤其重要。

那么，如何让君主卑顺，而让邦国享有童蒙之吉？首先，圣贤、儒家十分重视对太子的教育。建国、治国需要启蒙，君主是邦国之首脑，自然更需要情感、理智、道德之完整启蒙。通过完整的太子教育计划，自然之肉身的君主本人将获得情感、理智和道德的启蒙。

但是，圣贤从来不会认为，这样的启蒙必然成功。实际上，前面所讨论的几种情况，完全可以适应于君主。比如，君主的物欲过强，过早产生物欲的自觉。或者，君主生活于深宫，被佞幸包围，而无法接近贤能。在这种情况下，君主将无法完成自觉的启蒙，其肉身持续地处于昏蒙状态。

如果君主的启蒙并不可靠，那么，如何让邦国治理趋向开明？圣贤转换了思路，转而思考，如何把开明君子引入治理架构中，让他们充当邦国之头脑，让他们已经启蒙了的情感、理智、德行，首先支配肉身之君主，进而支配邦国。在本卦，就是九二。九二是治蒙之主，位在下，却为六五之君的政治导师。圣贤、儒家构想了一种宪制，如同伊川先生此处明确指出的，这个宪制的核心架构是"虚君之君子共和"。

皇帝既然不可避免地处于童蒙状态，或者是因为肉身之难以启蒙，或者是因为面对复杂事务的局限性，那么，邦国最为恰当的安排就是,童蒙之君无为而治,担任治理秩序之象征性角色。立法、行政、司法等具体治理活动,则由开明之君子,也即儒家士大夫来承担。这样的安排解决了君主之童蒙所带来的难题。而且可以说,君主越是童蒙,越是明确地承认自己的童蒙,就会越是放手让开明的君子进行治理,邦国也就越能得到好处。此所谓君主"童蒙"而邦国有"吉"之制度逻辑。

也就是说,本爻显示了儒家最为深刻但长期以来被人遗忘的政治智慧:对君主最有效的启蒙手段就是虚君之君子共和的宪制结构。这一点首先保证了,不论君主作为个体的自然禀赋如何,无论他是否具有启蒙的自觉,他本人的开明程度如何,邦国的头脑乃开明的。因为,在这个宪制架构中,邦国的真正的头脑是君子共同体。君主确实在其中,并居于重要位置,但君主并非决定性因素。

另一方面,这样的宪制安排下的治理实践,对于君主而言,也具有最为重要的启蒙之用。太子需要接受完整的治理之德与治理之技艺的教育,但是,仅靠书本教育,仅靠"学"所获得的知识,并不足以有效地治理邦国。治理邦国公共事务,君主需要"技艺理性"。因此,君主需要技艺理性之启蒙。这种技艺理性只能在实践中获得,而能够积累这种技艺理性的一定是在一种合理的宪制框架中的实践。通过宪制的合理安排,君主的欲望将受到控制,从而,他的理智才有可能发育。君主也可以从开明的君子处理公共事务的过程中学习治理的技艺,可以体悟、发育君主之德行。由此,君主将逐渐训练出治国者之德与艺。当然,此处之前提仍然是君主本身具有启蒙的自觉,否则,他可能会因为昏蒙而不愿接受这种宪制的约束,而妄动于上,也就不可能积累技艺理性。

本爻所述实为经验启蒙之形态之一:客观的宪制之启蒙。君主的这一制度性启蒙,与初六所讨论之大众的以刑启蒙,遥相呼应。个体的道德伦理自觉对于社会治理至关重要,但是,社会治理之希望不能完全寄托于个体的道德伦理自觉,而必须诉诸客观的、可便利执行的规则、制度。因此,对大众,最为基本、也最为可信的启蒙之道是刑罚、法律。在政治秩序的另一端,对君主,最为基本、也最为可信的启蒙之道是合理的宪制安排。圣贤相信,健全的规则、制度之运转可以让君主、让大众意识到自己的责任,节制自己的欲望,合宜地安排自己的行为。经由这一切,君主和大众的心灵趋向开明,而获得治理或生活的合宜的情感、理智与德行,甚至智慧。

上九:启蒙之限度

前五爻针对处于社会结构中不同位置的人,讨论了相应的启蒙之道。这些人在某种程度上说都是特殊的,而非普通之人,他们最终都未能成为君子。而前面所讨论之启蒙,均以相当数量的开明君子之存在、活跃为前提。他们对大众、君主、妇人、子女进行启蒙。没有这样的开明君子群体,也就不能展开美好生活与优良秩序所必需之启蒙。

然而,君子之启蒙事业是有限度的。上九居蒙之终讨论这一问题:

上九:击蒙,不利为寇,利御寇。

　　王弼注：处蒙之终，以刚居上，能击去童蒙，以发其昧者也，故曰"击蒙"也。童蒙原发，而己能击去之，合上下之愿，故莫不顺也。为之捍御，则物咸附之。若欲取之，则物咸叛矣，故"不利为寇，利御寇"也。

　　程氏易传：九居蒙之终，是当蒙极之时也。人之愚蒙既极，如苗民之不率，为寇为乱者，当击伐之。然九居上，刚极而不中，故戒不利为寇。治人之蒙，乃御寇也。肆为刚暴，乃为寇也。若舜之征有苗，周公之诛三监，御寇也。秦皇、汉武穷兵诛伐，为寇也。

　　蒙就是寇，启蒙就是击蒙，也就是击寇。然而，如何击寇？如卦辞已清楚地指出的，启蒙不是君子主动地启昏蒙者之蒙，而是昏蒙者自主地产生启蒙的自觉，而来求开明君子协助其启蒙。于是，启蒙的工作就不是从外部启蒙，把外在的知识灌输给昏蒙者。启蒙者自以为掌握了真理，而将自己的知识和德行强加于人，这种做法预设昏蒙者之被动性、非人性，启蒙被置于主奴关系格局中。昏蒙者是完全被动的，启蒙者则带着自己的价值、理念，侵入昏蒙者之人格中，试图以自己的信念、价值塑造昏蒙者，把他们塑造成自己的复制品。这就是爻辞所说的"为寇"，这就是伊川先生所说的"肆为刚暴"。这是对昏蒙者的人格完整性的蔑视、践踏、损害。

　　当然，无论如何，启蒙的性质就决定了，开明君子是外在于待启蒙者的。那么，开明君子究竟该如何发挥作用？本爻指出，正确的启蒙之道乃启蒙者从外部提供一些协助，帮助昏蒙者"御寇"。天赋予人以灵性，由此，人天然地会产生启蒙的自觉，由此,人也就具有向善的趋向和潜能。启蒙的本质就是人内在固有而比较微弱的这些情感、知识、道德得以发育,达致合宜的状态。启蒙者的作用也就是在昏蒙者产生启蒙自觉后,向他提供一个比较合适的环境,提供一些知识工具,让其已经发动的自明其德的过程,得以顺利进行。在此过程中,人的心灵中将会发生某种战争,正在生长的开明与昏蒙的战争。启蒙者的正确角色是帮助具有启蒙自觉者更为有效地抵御昏蒙之寇,而让开明的情感、道德、理智健壮地生长,最终成长为君子。这就是"御寇"之义。不是开明君子塑造、制造开明,而是守护昏蒙者内在之明,让其呈现、扩展至自身的完整状态,所谓"明明德"是也。

这样的启蒙过程才是"顺"的:

《象》曰:利用御寇,上下顺也。

孔颖达正义曰:所宜利为物御寇者,由上下顺从故也。言此爻既能发去众蒙,以合上下之愿,又能为之御寇,故上下弥更顺从也。

程氏易传:利用御寇,上下皆得其顺也。上不为过暴,下得击去其蒙,御寇之义也。

启蒙的知识社会学格局确实有上下之分,或者说,有先觉后觉、先知后知之分。启蒙就是先觉觉后觉,先知觉后知。但是,归根到底,启蒙是一个双向互动过程,而绝不是单方向的灌输、教导过程。启蒙首先由昏蒙者发动,开明之君子提供协助,帮助其御寇。"顺"的含义就是上下各得其分,两个人实际上是分工的合作关系,而绝不是主奴关系。

　　普遍主义的、灌输式启蒙的主奴关系则是不顺的。透过这样的过程,昏蒙者之情感、理智、德行不可能趋向开明,而是从一种昏蒙走向了另外一种昏蒙——比自然的昏蒙更可怕的观念的牢笼。处于自然昏蒙状态下的人,或会自然地发动启蒙的自觉。而一旦通过主奴式启蒙被逐入一种自命真理的绝对观念之牢笼中,昏蒙者的心灵就会彻底封闭,而陷入永久的暗昧状态。这个昏蒙者将如同他的导师一样,相信自己已掌握绝对真理,或者最起码,相信自己已掌握衡量整个世界的单一尺度,比如"理性"。此时,他必然具有理智和道德的骄傲,并把整个世界、把其他人全部视为敌人,展开全盘的破坏事业。他的心灵是不安宁的,整个世界也会不安宁。这就是"为寇"。

　　御寇式的顺的启蒙则是一个令人欢愉的事情。因为,启蒙出于双方的自愿。透过启蒙,昏蒙者发展自我内在之性,从而成为自己所向往之成人,也即君子。启蒙其实是人的自我成长。先觉的开明君子只是辅助昏蒙者启蒙,在此过程中,双方"教学相长"①。最终的结果则是,经由启蒙,先觉者在人世间中多出一位同道。在这样的启蒙过程中,双方都享受到纯净的悦、乐,就如同孔子与他的弟子们那样。由于启蒙本身就在这样的"顺"的关系中进行,因而,双方的心灵都是健全的。先觉者是谦卑的,被启蒙者是自信、自尊的。

　　这样的启蒙共同体对于整个社会也就有包容之心,此即更高层面的顺。也即,启蒙顺乎生活,而不是凌驾于生活之上。作

---

① 《礼记·学记》。

为启蒙内容之情感、知识、道德,顺乎社会一般的情感、知识、道德,启蒙只是在平凡的基础上有所提升而已,而绝不是居高临下地强加一套绝对的真理,一种绝对正确的情感模式或者道德律令。这样的启蒙是社会的自我提升,而不是颠覆社会。

经义概述

人间合理秩序之建立和维系,以共同体成员某种最低限度的启蒙为前提,这包括情感的启蒙、理智的启蒙和德行的启蒙。经过这种最低限度的启蒙,人将成为人,人们之间的合作与交易秩序得以展开。

上天赋予人以灵性,也即赋予人以恻隐之心、羞恶之心、辞让之心、是非之心。基于这些内在之心,人天然地可以发动启蒙的自觉。这是启蒙得以展开的前提。

因此,启蒙的本质是人之自我完善,尽己内在固有之性。因此,合宜的启蒙乃昏蒙者产生启蒙的自觉,而寻求启蒙之资源。这就是启蒙的自主性。而人的灵性的多个面相也意味着,启蒙是多面相的:不仅有理智的启蒙,也有情感的启蒙,道德的启蒙。经此启蒙所形成的较为完整的人格,就是君子。

启蒙的自主性决定了,作为导师的开明君子所能发挥的作用是辅助性的。合宜的启蒙,不是开明君子把自认为绝对正确的情感、道德、知识灌输给昏蒙者,而只是提供一些协助,让具有启蒙自觉的人的内在的情感、道德、知识得以发育、扩充。

如果启蒙成为自外向内的灌输,那世间就只有一种启蒙。

但以昏蒙者为本的启蒙之知识社会学结构也就决定了,启蒙展开的具体样态是多元的。人们分处于社会结构的不同位置,因而会以不同的方式发动启蒙、展开启蒙。启蒙的样态主要可区分为两种:学之启蒙与经验之启蒙。前者养成君子;大多数人将经历后一种启蒙,它包括法律之启蒙、家庭生活之启蒙与制度之启蒙。

当然,有些人由于某种原因,而在启蒙的自觉之前产生了物欲的自觉,从而让一般意义上的情感、道德、知识的启蒙成为不可能。另有一些人由于社会条件约束,即便产生过启蒙的自觉,也未能启蒙。不过,启蒙之不完整并不构成一个严重问题。美好的个人生活和优良的社会秩序不以所有人的启蒙为前提条件。启蒙的自主性必然要求拒绝启蒙的普遍主义幻想。

事实上,启蒙的自主性和样态的多元性也就决定了开明之相对性。知识、道德并不在某个绝对之处,而在自己的心灵中,在自我成长的过程中。成长就是生活,生活就是启蒙。因此,自我的启蒙是不存在尽头的。经历不同的启蒙样态的人们的开明程度是不等的,即便在经历了同样的启蒙过程的人们中间,开明的程度也是各不相同的。没有谁可以宣称,自己已绝对地完成了启蒙。所有人都是开明与昏蒙的混合体,不过其混合的比例各不相同而已。

这样的启蒙不会赋予任何人以知识上的主权者位置。任何人,哪怕是经历了最高程度的启蒙之士,也仍然处于未完成的自我启蒙过程当中。面对自己可能的昏蒙,他没有任何理由骄傲。对于任何人来说,唯一合适的态度是包容、谦卑。所有人都应当具有这些美德。

　　由此，开明程度不等的人们应学习共处之方。这样的启蒙不会制造知识上的主奴关系，相反，恰当的启蒙在开明程度不等的人们之间构造出不同而"顺"的关系。启蒙不是分裂社会、毁灭社会，而是提高人们相互合作、交易的效率，让社会形成更为优良的秩序。卑之无甚高论，启蒙就是人们在生活中相互学习的机制。

第五篇　规则之治：《皋陶谟》义疏^①

帝舜时代，圣贤辈出。如《论语·泰伯》所说："舜有臣五人而天下治。"他们作为帝舜的共同治理者，为华夏共同体创制了诸多法度。其中最为重要的当数皋陶。

正是皋陶，确定了必须依照客观的正义规则治理的宪制原则。为此，他提出了一套关于规则性质与治理架构的论说。他也因此成为华夏历史上第一位法学家。他的这套思想令尧舜之道可道、可传、可学，凝定华夏-中国治理之道，从而塑造了此后华夏-中国之历史演进过程。明乎皋陶之道，即明乎华夏治理之道之泰半矣。

以刑弼教观

《舜典》记载，帝舜策命皋陶为"士"，以治理刑狱。

但阅读古典文献，我们立刻就会发现，皋陶不只是负责刑罚

---

① 本篇原为《华夏治理秩序史》第一卷《天下》上册第三章《皋陶之道：规则之治》（海南出版社，2012 年），略有修改。

的士,而是一位伟大的立法者。《尚书·皋陶谟》书序曰:

　　皋陶矢厥谟,禹成厥功,帝舜申之。作《大禹》、《皋陶谟》、《益稷》。

　　孔颖达正义曰:皋陶为帝舜陈其谋,禹为帝舜陈已成所治水之功,帝舜因其所陈,从而重美之。史录其辞,作《大禹》、《皋陶》二篇之谟,又作《益稷》之篇,凡三篇也。篇先《大禹》、序先言皋陶者,《皋陶》之篇,皋陶自先发端,禹乃然而问之。皋陶言在禹先,故序先言皋陶。其此篇以功大为先,故先《禹》也。《益稷》之篇,亦是禹之所陈。因皋陶之言,而禹论益稷,在《皋陶谟》后,故后其篇。①

今文《尚书》合《大禹谟》、《皋陶谟》、《益稷》三篇为《虞书》,因为,此三篇所记录者,乃禹、皋陶、益、稷四位共同治理者,与帝舜共同探讨治理之道的对话。先是皋陶与禹两人在进行探讨,皋陶对禹阐述了治理之道。随后,帝舜与禹对话。最后是君臣同乐的场景。理解这场对话,对于理解华夏治理之道,至关重要。

值得注意的是,孔颖达已正确地指出,这场对话是皋陶发起的。而且,在这场对话中,皋陶同时扮演两个身份:士与立法者。

我们首先讨论皋陶作为士,针对刑狱、也即司法问题所阐述的原则。《舜典》显示,帝舜初步搭建了礼制框架,这就是:

---

①　《尚书正义》卷四,《虞书·大禹谟第三》。

在璇玑玉衡，以齐七政。肆类于上帝，禋于六宗，望于山川，遍于群神。辑五瑞。既月乃日，觐四岳群牧，班瑞于群后。

岁二月，东巡守，至于岱宗，柴。望秩于山川，肆觐东后。协时月正日，同律度量衡。修五礼、五玉、三帛、二生、一死贽。如五器，卒乃复。五月南巡守，至于南岳，如岱礼。八月西巡守，至于西岳，如初。十有一月朔巡守，至于北岳，如西礼。归，格于艺祖，用特。五载一巡守，群后四朝。敷奏以言，明试以功，车服以庸。

肇十有二州，封十有二山，浚川。

凡此种种，就是统合、治理天下之核心礼制，可以说，"帝舜大体搭建了华夏礼制之骨架。这通行于天下的华夏共同礼制把天下有效地联结起来，因为它们为诸侯、为万民之跨邦国的合作、交易，提供了共同的规则体系和制度依托。帝舜从事这样的工作，遵循的是帝尧的协和之道、合和之道，也即协调诸侯，寻找成本最低的问题解决方案。这样的礼制体系，也即律法体系，乃是华夏共同体联结为一体的筋脉"①。

需要说明的是，上述之礼，就其性质而言是习惯法。尽管在大多数情况下，绝大多数人会遵循这些礼，但并不排除有人违犯礼制。为确保礼制被有效遵循，自然形成礼的强制执行机制，这就是刑。华夏天下之治理实体，也即天下共主，就是因应于刑之

---

① 《华夏治理秩序史》第一卷，《天下》（上册），第166—167页。关于这些礼制之详尽分析，可参看第152—166页。

需要而形成的。很自然地,《舜典》在描述上述礼制之后,马上说:

> 象以典刑,流宥五刑,鞭作官刑,扑作教刑,金作赎刑。眚灾肆赦,怙终贼刑。钦哉,钦哉,惟刑之恤哉! 流共工于幽州,放驩兜于崇山,窜三苗于三危,殛鲧于羽山,四罪而天下咸服。

也就是说,帝舜建立了强制执行礼制的原则、规则和某些程序,并且作为天下共主坚定而公正地运用了自己的执法权。

一旦这样的治理实体建立,就难免专业分工。因此,《舜典》接下来记载,帝舜建立了一个严密分工的治理体系,其中包括司法官。皋陶的士的身份,就来自《舜典》所记帝舜之策命:

> 帝曰:皋陶,蛮夷猾夏,寇贼奸宄。汝作士。五刑有服,五服三就。五流有宅,五宅三居。惟明克允!
>
> 孔安国传:猾,乱也。夏,华夏。群行攻劫曰寇,杀人曰贼。在外曰奸,在内曰宄。言无教之致。士,理官也。五刑,墨、劓、剕、宫、大辟。服,从也。言得轻重之中正。既从五刑,谓服罪也。行刑当就三处:大罪于原野,大夫于朝,士于市。谓不忍加刑,则流放之,若四凶者。五刑之流,各有所居。五居之差,有三等之居,大罪四裔,次九州之外,次千里之外。①

---

① 《尚书正义》卷三,《虞书·舜典第二》。

如上引传注,一般都把"五刑"解释为墨、劓、剕、宫、大辟等五刑。问题是,帝舜确立刑罚之道,第一条就是"象以典刑",以象征性、羞辱性刑罚取代肉刑,现在不可能自弃其道。实际上,"五刑有服"就是"象以典刑",让犯下不同罪行的人服以特定颜色、制式的衣冠服饰,"服"就是衣服的意思①。而"五服三就"中的"服",则是孔氏所释的服刑之意,"五"则不做实词解,只是表示诸多之义的虚词。"三就"是指帝舜之法中所确定的针对三类人群的三大类刑罚场所:针对庶民的象刑,针对贵族的流放之刑,针对家臣、子弟可以自行执行的鞭扑之刑。接下来的"五流有宅"之"五",同样为虚词。

对于最后一句"惟明,克允",孔安国传:"言皋陶能明信五刑,施之远近,蛮夷猾夏,使咸信服,无敢犯者。因禹让三臣,故历述之。"②似乎这一句是帝舜对皋陶的赞美。这样的理解存在偏差。整体上,这一段都是帝舜策命皋陶之辞,它是典型的封建性策命书结构:帝舜明确地规定了皋陶的职位、职责,并确定了他承担职责所需遵守的规则。最后,帝舜提出了皋陶作为士应当遵循的伦理性规范:"明"。对于司法官来说,这显然是最为重要的美德,而孔传没有传达出其准确含义。"明"就是"明察"③,唯有借助于这一点,才能得案件之"中"。"允"就是公允,公正,司法者得其"中",就可以对双方公允,当事人也是因此而信服司

---

① 也有经学家作此说,参考皮锡瑞《今文尚书考证》,中华书局,1989年,第七九页。
② 《尚书正义》卷三,《虞书·舜典第二》。
③ 参看蔡沈《书经集传》,吉林出版集团有限责任公司,2005年,第一二页。

法官的。

《大禹谟》所记帝舜对皋陶所说的一段话,才是帝舜对皋陶业绩的一个总结。这段对话是因为禹推让君位于皋陶而引起的:

> 帝曰:"格,汝禹。朕宅帝位三十有三载,耄、期,倦于勤。汝惟不怠,总朕师。"
>
> 禹曰:"朕德罔克,民不依。皋陶迈种德,德乃降,黎民怀之。帝念哉! 念兹在兹,释兹在兹,名言兹在兹,允出兹在兹,惟帝念功。"

这里,帝舜提议,禅位于禹。禹推让于皋陶。禹对皋陶的评价非常之高。禹明确地说,自己的德行并未让万民归依,皋陶则广行其德,万民归依。禹的这番评价说明了皋陶的德、功,也说明了皋陶所承担的工作对于新兴的华夏共同体的重要性。归根到底,以客观的规则治理这个新兴的天下,是这个天下得以稳定的根本保证。这一客观的规则体系及其有效的执行,给天下带来了以前没有过的公共品,各个邦国、人民从中获得了巨大的收益。也因此,禹自己也认为,皋陶最有资格继嗣君位。帝舜当然也清楚皋陶的德与功:

> 帝曰:"皋陶,惟兹臣庶,罔或干予正。汝作士,明于五刑,以弼五教,期于予治。刑期于无刑,民协于中。时乃功,懋哉。"
>
> 孔安国传:或,有也。无有干我正,言顺命。弼,辅。

期,当也。叹其能以刑辅教,当于治体。虽或行刑,以杀止杀,终无犯者。刑期于无所刑,民皆命于大中之道。是汝之功,勉之。①

帝舜发表了一番表彰皋陶之辞。由此我们得以知道皋陶之所以获得禹尊重的原因,我们也因此得以知道皋陶成为华夏第一法学家的依据。

帝舜对皋陶的策命书表明,帝舜只是委托皋陶运用刑罚,惩罚那些为非作歹之徒。但也许,在实施刑罚的过程中,皋陶不得不对规则的正当性、依据进行深入思考。基于对天道、对人之常性的把握,皋陶在"治理哲学"层面上,对于规则体系及其执行的基本原则进行了广阔而深刻的思考,据此确定了华夏治理之道的基本原理,其中涉及刑律之治的,首先是两个核心理念:"以刑弼教","刑期于无所刑"。这两个理念将一直支配未来中国之社会治理,以迄于今。

皋陶是"士",掌管刑罚。正因为他总是运用刑罚工具,所以,他深知刑罚作为一种治理工具的有限性。刑罚是必要的,但刑罚不是最重要的。优良治理首要的工具是"教",五典之教。据《舜典》孔安国对"五典"的解释:"五典,五常之教,父义、母慈、兄友、弟恭、子孝。"五教关涉人世间最基本的五种角色,五典是规范这五种社会角色的伦理规范,实在作为习惯法的礼的范围内。华夏天下自始即以礼为教。然而,何为礼教?

礼教的机制实为以礼自治。通过这五典之教,社会的最基

---

① 《尚书正义》卷四,《虞书·大禹谟第三》。

本单元,家或者熟人的族群成员各尽其职,各得其宜,实现自主治理。帝舜、皋陶所说的教,并非长期以来人们所理解的道德教化,而是社会自主治理。这样的礼的自治是与刑治的他治相对而言。优良治理必以伦理的自我治理为基础。无法设想一个共同体,完全依赖外在的强制性力量来规范人们的行为,而能够形成优良治理秩序。

因此,皋陶确认,在治理架构中,礼教的地位是高于刑的,礼教的重要性是大于刑的。立国者、治国者绝不可迷信刑,而应当创造条件,让礼教能够在社会中发育,发挥作用,也即,让人民在基层自主治理。如此,很自然地,需要运用刑的次数就会减少。反过来,如果迷信刑,而忽略教,甚至完全用刑替代教,治国者就把所有人当成潜在的犯罪分子,人民很可能确实都变成犯罪分子,治理秩序将根本无法正常维持下去。

更进一步,刑、教间的正常关系是刑辅弼于教。礼构造和维系基础性社会秩序,这依托于人性的合作本能,以及人们对于从合作中获得收益的理性预期。当然,并不是所有人总能顺从合作本能的指引,也不是所有人总是理性的。这就需要刑,借以强制执行正当行为规则,惩罚那些给他人造成伤害的人。但是,刑要真正有助于优良治理,其所执行之规则就不能是自我设定的,更不能是享有治理权威的人任意制定的。相反,正当行为规则必须来自"教",或者更直接地说,刑罚其实就是强制执行"教"中之规则,也即,人们在自我治理过程中所生成、并且普遍遵守——哪怕是个人的理性对此并不知晓——的规则,简捷地说,就是礼制。以刑辅教的含义就是,给礼制增加一个具有更大约束力的第三方强制执行机制,运用刑罚工具强制执行社会自发生成的正当规则体系。

　　这就是后世礼、刑关系之原型。皋陶所构想的这样的教、刑关系,深化了华夏民族对于治理的复合结构之认识。这个时候,以刑、兵为中心,正在出现某种意义上的政府——尽管用"政府"这个词来形容封建时代之治理中心并不恰当。它与相对自然的、传统的族群治理形态不同。这个新兴的机构正在成长,逐渐扩展其治理权之范围,它似乎也在深化其治理。那么,这个机构可以持续扩展它的权威到什么地方? 是否应当给它划出一个边界? 皋陶给出了明智的回答:刑是有限的,它必须甘居于辅助性位置。皋陶明确地拒绝了单纯的刑律之治,拒绝对刑律的迷信。皋陶主张,具有强制性权威的治理机构是有边界的,它必须甘居于辅助性位置,治理的基础和中心是社会的自我治理,也就是"礼"的治理,教就是礼治的核心。

　　唯有做到这一点,才能够做到"刑期于无刑"。如蔡沈所说,"其始虽不免于用刑,而实所以期至于无刑之地"①。运用刑罚的目的,乃在于最终不再有使用刑罚的必要。运用刑罚,是为了执行礼法规则,从而向民众揭示,何为行为之"中",也即在具体情境中,什么样的行为是正当的,或不正当的。就此而言,刑罚本身也就是一种"教",教导人们礼法规则。当然,在人间社会,恐怕不可能真正达到"无刑"的境界。但是,司法者、治国者应当具有这样的心态、理想。

　　这样的理念,在未来华夏历史上,将产生巨大影响,如孔子

———————————

① 《书经集传》,第一六页。

曾说:"听讼,吾犹人也。必也,使无讼乎!"①那么,如何做到这一点,孔子似乎没有直接论及。但《周易》"讼"卦《象》辞则清楚地给出了解释:

> 天与水违行,讼。君子以作事谋始。
>
> 王弼云:听讼,吾犹人也,必也,使无讼乎!无讼在于谋始,谋始在于作制。契之不明,讼之所以生也。物有其分,职不相滥,争何由兴?讼之所以起,契之过也。故有德司契而不责于人。②

厘定了人们的权利、义务,就可以减少纠纷。因此,期于无刑,就需要持续不断地厘定人们的权利、义务,透过公正地裁决案件,向民众揭示正当行为规则。这些规则就是礼,社会自治就是教。

接着帝舜上面一段话,在法律哲学层面上,皋陶论证了刑罚的基本原则,这是一个人道主义的刑律原则,这个原则同样构成了未来中国几千年刑事法律的主流理念:

> 皋陶曰:"帝德罔愆:临下以简,御众以宽。罚弗及嗣,赏延于世。宥过无大,刑故无小。罪疑惟轻,功疑惟重。与其杀不辜,宁失不经。好生之德,洽于民心。兹用不犯于有司。"

---

① 《论语·颜渊第十二》。
② 《周易正义》,《上经需传卷二》。

帝曰:"俾予从欲以治,四方风动,惟乃之休。"

孔颖达正义:皋陶以帝美己,归美于君曰:民合于中者,由帝德纯善,无有过失。临臣下以简易,御众庶以优宽。罚人不及后嗣,赏人延于来世。宥过失者无大,虽大,亦宥之。刑其故犯者无小,虽小,必刑之。罪有疑者,虽重,从轻罪之。功有疑者,虽轻,从重赏之。与其杀不辜非罪之人,宁失不经不常之罪。以等枉杀无罪,宁妄免有罪也。由是故,帝之好生之德,下洽于民心。民服帝德如此,故用是不犯于有司。言民之无刑非己力也。

帝又述之曰:使我从心所欲而为政,以大治四方之民,从我化如风之动草,惟汝用刑之美。言己知其有功也。①

孔颖达说,皋陶的一番话乃皋陶归美于君,不甚准确。实际上,皋陶在这里是为帝舜献谋,也即,当着帝舜的面,系统地阐述强制执行刑事法律的基本原则。皋陶讲话中的第一句话"帝德罔愆"就表明了这一点,他希望完美君王之德。

皋陶阐述的强制执行刑事法律的基本原则,或许可用一个字概括:"宽"。这样的原则是以教辅刑的治国理念在刑事法律领域的具体运用。治国者不应迷信刑罚。归根到底,刑罚并不能塑造好社会,甚至不能维系正常社会秩序。对于治理秩序之维护而言,它只是辅助性的,那么当然,也就不应当对它寄予太大希望。寄希望于严刑峻法来解决问题,最终必然希望落空。相反,应当更多从教的角度,从社会自我治理的角度寻找解决之

① 《尚书正义》卷四,《大禹谟第三》。

道。

皋陶坚信，借由这样的治理，人民可以做到较少触犯刑律。因为，严刑峻法往往意味着外在的权威具有过分强烈的欲望和意志，强烈而深度地干预人们的生活。这样，法律与生活将会出现脱节。相对于人的生活来说，法律成为异己的力量，这样的法律甚至成为生活的敌人。本来，正常情况下，人民不需要知道法律，就在遵守法律。这是习惯法的根本特征。而人民之所以频繁触犯刑律，一个非常重要的原因是，法律是从外部强加于民的，人民对法律自然是陌生的。在这种情况下，人民当然会在不知不觉间触犯刑律。同时，过分依赖外在的刑律，共同体固有的自我治理机制也必然遭遇这种外在权威的冲击。一旦这种机制失灵，则人们的行为就会失去最为直接有效的约束。这个时候，外在的权威再严厉，也无济于事，因为，秩序已经混乱，人心已经动摇。

反过来，假如治理权威尊重生活自身的逻辑，共同体借助于内在的自我治理机制就可以保持一个基本秩序。刑律的审慎运用，可以让这个固有秩序更有效地解决问题。由此，刑律的负担也就大大地减轻了，而社会治理的成本反而更为低廉，效果反而更好。因此，在皋陶看来，严刑峻法不仅是无效的，从根本上说也是不必要的。它是不正确的、愚蠢的治国之道。所谓的宽，不仅是指对具体的犯罪嫌疑人宽宏，在更为根本的层面上，是宽待共同体内生的自我治理机制，让它尽可能地发挥作用。

我们马上会注意到，帝舜在策命契为司徒的时候，曾要求"敬敷五教，在宽"。也许可以说，"宽"就是帝舜治理的基本精神。孔子形容帝尧，用了一个字："大"。如果用一个字形容帝舜和他那个时代的气质,那就是"宽"。"宽"体现于帝舜建立的共同治理制度中,契在教化民众的时候"宽"以待人,"宽"也被皋陶贯穿于刑律之执行中。

需要注意的是,皋陶提出的一系列原则的头两条,显然并非刑事法律原则,而是治理的一般性原则。"临下以简,御众以宽",是皋陶向帝舜以及即将继嗣的禹提出的对待群臣、诸侯的原则。也就是说,这属于"君道"的原则。皋陶提出这一点表明了,在帝舜的时代,华夏天下的治理架构已经初步建立起来,天下共主已经在某些方面拥有某种实质性权威。依据这一事实,皋陶建议帝舜和禹,对待臣、民应当简、宽。

接下来看"罚弗及嗣,赏延于世"。为减少血亲世仇帝舜之刑中有"金作赎刑",这是华夏共同体给各个邦国带来的巨大好处之一。皋陶提出"罚弗及嗣,赏延于世",具有类似效果。在未来的经典封建制下,这是一条非常重要的规则,现在出现这一规则,表明共同体内部似乎已经开始了封建化过程。也就是说,血缘关系与君臣关系已经分离,封建的共同体开始具有"法人"性质,共同体的权利和利益具有独立于君之私人生命的价值,君的个人行为不影响其所在共同体的权益。

这一规则有助于封建秩序的稳定,尤其有助于华夏共同体的维系,因为,这一规则让针对诸侯、贵族的执法活动成为可能。"金作赎刑"的原则可以结束族群间的世仇,"罚弗及嗣"则让针对族群首领的执法并不会损害族群的权利和利益。即便君违犯了礼法,而遭到惩罚,君的一个儿子或兄弟也依然可以继嗣治理权。这样,邦国、家室也就不会因为外部针对君的执法,而采取对抗行动。这就为天下共主可以针对诸侯普遍地执行礼法创造了条件。这意味着，天下共主的治理权威，似乎更深入了一层。现在，刑可以上于大夫、上于诸侯了。而如果没有这一原则，对诸侯强制执法的成本将是非常高的，因为这必然引起族群间的战争。

二孔对帝舜回答的诠释似乎不准确，蔡沈《书经集传》之解则是准确的："民不犯法而上不用刑者，舜之欲也。汝能使我如所愿欲以治，教化四达如风鼓动，莫不靡然。"①因为，帝舜在前面表彰皋陶时就说过："期于予治，刑期于无刑，民协于中。"这就是帝舜希望达到的治理目标。透过对礼与刑的合理运用，万民逐渐走上舜所循奉的"大中之道"，自然就不用经常用刑。

这个"大中之道"其实就是万民自我治理之道。帝舜透过委任共同治理者，而构造了一个虚君共治的宪制。更进一步，帝舜也有一个万民自我治理的理想。由此也就形成了帝舜的双层"无为"而治之道：既对臣无为，也对民无为。显然，在当时的圣贤中，皋陶之法最为接近于帝舜之道。

德、位相应说

上面的分析已表明皋陶的特殊地位。实际上，今文《虞书》开篇为"曰若稽古，皋陶曰"，冠于整个对话之前，就已经表明了皋陶的圣人地位。《白虎通义·圣人》篇对此解释说：

何以言皋陶圣人也？以目篇"曰若稽古皋陶"，圣人而

---

① 《书经集传》，第一六页。

能为舜陈道。"朕言惠,可厎行。"又:"旁施象刑,维明。"

本篇将皋陶与神农、黄帝、尧、舜、禹、汤、文、武、周公相提并论。未为王而为圣人的人物,前只有皋陶,后唯有孔子。也就是说,皋陶的历史地位与孔子是相当的。我们后面将会讨论,孔子"祖述尧舜,宪章文武"①,其最大贡献在于总结了古典治理之道,而开启了未来的治理之道。皋陶的历史地位与此类似,他对尧、舜治理之道进行了总结,并在此基础上思考,形成了一套完整的治理理念体系,这也许是对华夏治理之道最早、也最为深刻的抽象表述。

本文开头所引今文《虞书》结构表明,帝舜、禹、皋陶、益等人关于华夏治理之道的伟大对话,是由皋陶发起的:

> 曰若稽古,皋陶曰:允迪厥德,谟明、弼谐。
>
> 孔安国传:亦顺考古道以言之。夫典、谟,圣帝所以立治之本,皆师法古道以成不易之则。言人君当信蹈行古人之德,谋广聪明,以辅谐其政。②

从这里可以清楚地看出,皋陶似乎作为一位贤哲,在帝舜的面前教导禹。这场对话可能发生在帝舜决定禅位于禹时。讨论一开场,皋陶向禹传授尧舜之君道。这里的古人,也许首先是指尧,连带地包括即将让位的舜。皋陶要求禹遵循尧舜之道。那

---

① 《礼记·中庸》。
② 《尚书正义》卷四,《虞书·皋陶谟第四》。

么,尧舜之道是什么? 皋陶非常简明地指出"谟明"、"弼谐"两项。谟者,谋也;谋明者,聪明睿智,深谋远虑也;弼者,辅也;弼谐者,君臣相处和谐也。孔传将这两点释之为一项,其实,前者可能就是帝尧之君道,后者则可能主要是帝舜之君道。《尧典》书序谓"昔在帝尧,聪明文思,光宅天下",以"聪明"为帝尧之首要德行。而帝舜之道,则有明确的"共治"理念。下面的话也可证实这一论断:

> 禹曰:俞,如何?
>
> 皋陶曰:都! 慎厥身,修思永,惇叙九族。 庶明励翼。迩可远在兹。
>
> 孔安国传:慎修其身,思为长久之道。慎修其身,厚次叙九族。则众庶皆明其教,而自勉励翼戴上命。近可推而远者,在此道。
>
> 禹拜昌言曰:俞![1]

皋陶所说"慎厥身,修思永,惇叙九族",十分接近于《尧典篇》所说帝尧之"克明俊德,以亲九族"。而"庶明励翼",很明显地是对帝舜的共治之道的描述。皋陶似乎有意将这两者结合起来,构成一个连贯的整体性君道。它始于君之慎其身,这个慎其身不是简单的修其德,而在于敬慎其作为一个整体的身,也即人,这样的人会在与他人的关系中呈露其德行。

在这里值得注意的是"修思永"。这似乎是一个全新的理

---

① 《尚书正义》卷四,《虞书·皋陶谟第四》。

念,此前尚没有人提出过。它表明了追求永恒秩序的期望。由
皋陶第一个提出这一点,似乎也是合理的。尧初建天下,帝舜安
顿天下,那么接下来,圣贤们就有理由期待这个秩序之永恒。而
在帝舜所任命的那些人中,唯有皋陶从事的工作,让他有可能理
性地构想秩序永恒之道。人是可以死的,法律却可以永恒。借
助于法律,秩序和共同体可以永恒。帝尧已经驾崩,帝舜正在禅
位,但他们所确立的法度却仍在发挥着作用,并给华夏天下带来
广泛的福利。由此经验,皋陶深刻地领悟了规则和制度的力量,
他看到了不完全依赖人而依靠法度进行治理,不仅是可能的,也
是最好的。他现在要做的工作,就是确定最为基本的治理规则,
并让它们发挥作用。这样的工作当然是面向未来的,立法始终
是面向未来的。而他期望,尧舜之道可以约束未来。为此,他决
心把尧舜的法度诚命于禹。尧、舜因此而将不朽,华夏天下秩序
也因此而将永恒。春秋时代鲁国大夫穆叔提出"三不朽"说:"大
上有立德,其次有立功,其次有立言。虽久不废,此之谓不
朽。"①然而,最高贵的不朽,是宪制、法律的不朽。在皋陶看来,
遵守尧舜所发现、制定、已被证明合理的法度,是禹的道德和法
律责任。皋陶在此处提出的"修思永",与他后面所说的"慎乃
宪",遥相呼应,显示了他的规则与制度意识之觉醒。

> 皋陶曰:都! 在知人,在安民。
>
> 孔安国传:叹修身亲亲之道在知人所信任,在能安民。
>
> 禹曰:吁! 咸若时,惟帝其难之。知人则哲,能官人。

---

① 《春秋左传·襄公二十四年》。

安民则惠,黎民怀之。能哲而惠,何忧乎驩兜?何迁乎有苗?何畏乎巧言令色孔壬?

　　孔安国传:言帝尧亦以知人、安民为难,故曰:"吁!"哲,智也。无所不知,故能官人。惠,爱也。爱则民归之。禹言有苗、驩兜之徒甚佞如此,尧畏其乱政,故迁放之。①

　　皋陶进一步说明君道之本在"知人、安民"两项。这里,皋陶似乎转向了重点讨论帝舜之道。皋陶很可能认为,君道的关键还是知人而弼谐。而帝舜有知人之德。但是,禹却举了尧的例子来说明知人之难,这里或许已经揭示了禹与帝舜关系的紧张。或许禹借此试图表明,问题的关键未必在于知人。禹举了有苗、驩兜无德的例子,这把知人问题的重点进行了一次转换。皋陶说"知人",已预设天下自有贤能之人,因此,问题的重点在于君王知之、用之。禹似乎在强调,人世间这样的人并不多。相反,很多人可能伪装自己,甚至让帝尧这样的聪明之王也难以分辨。因此,治国的重点也许不在于知人,人根本就是难以知晓的。

　　皋陶曰:都!亦行有九德。亦言,其人有德,乃言曰,载采采。

　　孔安国传:言人性行有九德,以考察真伪则可知。载,行。采,事也。称其人有德,必言其所行某事某事以为验。②

---

① 《尚书正义》卷四,《虞书·皋陶谟第四》。
② 《尚书正义》卷四,《虞书·皋陶谟第四》。

皋陶意识到了禹的冷淡态度,"亦"字值得玩味。皋陶首先
勉强承认禹说的也不是没有道理,但是,人终究还是可以了解
的,知人还是可能的,因为,君子的德行是可以被鉴别出来的。
请注意,下面所说的九德,乃属于"行"的范畴,而孔安国传则于
不经意间作了改动,作"性行"。古典时代,"德"通常是指"德
行",而非后世更为常见的"德性"。皋陶对此意涵给出了说明。
在古典时代,德就是行的一种属性,德就是好的行为模式,而不
必涉及主体内在的精神状态。接下来,皋陶列举了九种德行:

　　禹曰:何?

　　皋陶曰:宽而栗,柔而立,愿而恭,乱而敬,扰而毅,直而
温,简而廉,刚而塞,强而义。彰厥有常,吉哉!

　　孔安国传:性宽弘而能庄栗。和柔而能立事。悫愿而
恭恪。有治而能谨敬。扰,顺也。致果为毅。行正直而气
温和。性简大而有廉隅。无所屈挠,动必合义。彰,明。
吉,善也。明九德之常,以择人而官之,则政之善。

　　孔颖达正义曰:九德皆人性也。郑玄云:"凡人之性有
异:有其上者,不必有下;有其下者,不必有上。上下相协,
乃成其德。"是言上下以相对,各令以相对兼而有之,乃为一
德。此二者虽是本性,亦可以长短自矫。宽弘者失于缓慢,
故性宽弘而能矜庄严栗,乃成一德。九者皆然也。①

––––––––––––

① 　《尚书正义》卷四,《虞书·皋陶谟第四》。

　　这个九德很有可能融合了帝尧与帝舜之德,因为,至少我们可以分辨出帝舜之德。《舜典》中帝舜策命夔为典乐,教导子弟之德行就包括"直而温,宽而栗,刚而无虐,简而无傲",也就是这里的直而温、宽而栗、刚而塞、简而廉。皋陶透过对尧、舜之德的观察,而总结出此一九德的纲目。大体上,这是君子之德的总目,或者干脆可以说,它们就是"君"之德,虽然这里的"君"当包括各个层次的君。

　　应当说,这是文献所见对于德行之较早的完整论述。每个德都提出两个意思相反的词来描述,《书经集传》解释说:"转语,辞也。正言而反应者,所以明其德之不偏,皆指其成德之自然,非以彼济此之谓也。"①也就是说,上下两者必须同时具备,方可谓之德,因而,德就是两者形成一个最好的搭配,而"允得厥中"。如果有所偏颇,就不成其德。

　　这样的德是行,因而,人们完全可以观察到、感受到这样的德行。事实上,具有这种德行的人会自然地呈现于君王之前。君王的责任就是及时地授予他们治理之权。皋陶指出,

　　　　日宣三德,夙夜浚明,有家;日严祗敬六德,亮采,有邦。
　　　　孔安国传:三德,九德之中有其三。卿大夫称家。言能日日布行三德,早夜思之,须明行之,可以为卿大夫。有国,诸侯。日日严敬其身,敬行六德,以信治政事,则可以为诸侯。②

────────────

① 《书经集传》,第一九页。
② 《尚书正义》卷四,《虞书·皋陶谟第四》。

　　皋陶在这里提出了《礼记·礼运》所说"选贤与能"之具体操作方案。九德是完美的德行纲目，几乎很少有人能够同时具备。那么，一个人只要具备了其中三种德行，他就有资格成为大夫。一个人如果具备了其中六种德行，那他就有资格成为诸侯。

　　也就是说，皋陶在一个人的德行程度与他应享有的荣誉、地位、治理权之间，建立了某种对应关系。这一德行-治理权对应说（也即德位对应说），似乎被皋陶作为一个法度提出。在他看来，一个人的德行是客观的，是可以被观察到的，而这样的德行对于优良治理是至关重要的。那么，授予他以相应的治理权，就构成君王的义务。

　　事实上，经由这样的论证，在君王以下各个层级治理权的分配，也就成为一个纯粹客观的程序性问题，而不再是君王的私人意志范围内的事务。一个人具有某种程度的德行，让他自然地具备了享有相应治理权的资格。这个资格似乎是自然实现的，君王的好恶被排斥在此一权威的分配过程之外了。

　　这样的公理也可以倒过来推导：目前获得治理权的人们，必然具备了相应程度的德行。他们的治理权正来自客观的德行，而不是君王的赏赐和意志。因此，他们的权威是客观的，也就是独立的，并不依赖于君王。德行是他们所分享的治理权之唯一正当性渊源所在。他们的治理权既非君王所予，自然也就不是君王所能取。

　　可以说，皋陶的德位对应说，为共治结构提供了一个有效的论证。接下来，皋陶提出，任用所有这些具有德行的人就是君王的义务：

　　翕受敷施,九德咸事,俊乂在官。百僚师师,百工惟时。抚于五辰,庶绩其凝。

　　孔安国传:能合受三六之德而用之,以布施政教,使九德之人皆用事。天子如此,则俊德治能之士并在官。僚、工,皆官也。凝,成也。百官皆抚顺五行之时,众功皆成。

　　孔颖达疏曰:"抚于五辰"还是百工抚之,故云"百官皆抚顺五行之时,则众功皆成"也。"五行之时"即四时也。《礼运》曰"播五行于四时",土寄王四季,故为"五行之时"也。所抚顺者,即《尧典》"敬授民时","平秩东作"之类是也。①

　　《史记·夏本纪》释"百僚师师,百工惟时"为"百吏肃谨",也即训"师"为"肃","时"为"谨"。"抚于五辰"者,百工皆顺于五辰也,故能各尽其职。这里已经指出,百官行政,亦当法天而行,不可随意。《盐铁论》中文学这样诠释这句话:

　　《尚书》曰:"俊乂在官,百僚师师,百工惟时,庶尹允谐。"言官得其人,人任其事。故官治而不乱,事起而不废。士守其职,大夫理其位,公卿总要执凡而已。故任能者,责成而不劳,任己者,事废而无功。②

---

① 　《尚书正义》卷四,《虞书·皋陶谟第四》。
② 　《盐铁论》,卷第二《刺复第十》。

　　皋陶再度回到"知人"命题上，他始终坚持帝舜共治之道：知人，才可以安民。为君者当广求共同治理者，而不应幻想一人独治。为此，对于具有九德中任何一种或几种的人士，都应授予相应的治理权。这也就是君王所当为之最为重要的事情。君王如果做到了这一点，每个有德能的人士各得其所，分别独立承担自己的治理工作，自然也就可以形成一个优良的治理秩序。

　　随后，皋陶讨论了君王之德：

　　　　无教逸欲。有邦，兢兢业业，一日二日万几。

　　　　孔安国传：不为逸豫贪欲之教，是有国者之常。兢兢，戒慎。业业，危惧。几，微也。言当戒惧万事之微。①

　　古文"无教逸欲"似乎是让君王教导臣属百官，今文则作"亡敖佚欲"②，《汉书·王嘉传》中王嘉奏封中曾引用此句，颜师古注曰："言有国之人不可傲慢、逸欲，但当戒慎危惧，以理万事之机也。敖读曰傲。"③这样的解释更为可取。上面论述君任用贤、能，各种事务就可以被妥善处理。接下来就讨论君德，合乎逻辑地，皋陶乃以否定的语气阐述君德。也就是说，最伟大的君德就是自我节制，戒慎恐惧，控制自己的欲望和意志，不随意干预百官之事。君拥有最大的权威，这最大的权威反而需要最大的节制和戒慎。如果君王放纵自己的欲望与意志，干预百官，则

---

① 《尚书正义》卷四，《虞书·皋陶谟第四》。

② 参考《今文尚书考证》，第九九页。

③ 《汉书》卷八十六《何武王嘉师丹传第五十六》。

必然侵害百官自身的独立性,从而损害君臣共治之道。在皋陶看来,这是帝舜最重要的传统,也是优良的传统,应当予以坚守。

天道规则观

上面,皋陶已经提出,百官行政当法天而行。接下来,皋陶系统提出了天道治理观。

首先,为了儆戒即将继嗣君位的禹,皋陶对君臣共同治理的帝舜之道提供了一个超越性论证:

> 无旷庶官。天工,人其代之。
>
> 孔安国传:位非其人为空官。言人代天理官,不可以天官私非其才。
>
> 孔颖达正义曰:万几事多,不可独治,当立官以佐己。无得空废众官,使才非其任。此官乃是天官,人其代天治之,不可以天之官而用非其人。①

皋陶首先对共同治理之道提供一个最高层面的论证。

共同体为维系其和平的合作、交易秩序,必须处理一些公共性事务。为此,必须确认和执行某些规则。为此,也就必须设立某些官职,以实施和在必要的时候强制执行这些规则。然而,这些官职的依据何在?是源于最高权威的意志,还是某个客观的源泉?

---

① 《尚书正义》卷四,《虞书·皋陶谟第四》。

　　皋陶提出了"天官说"。在皋陶看来,这些官职有其客观性,它们是"天下治理"这一事物之自然、本性所决定的,而不是君王的欲望或者意志的外部投射。必要而正当的官职就是天命于人之官,也即"天官"。只要人们追求优良的治理,或者哪怕只是追求有效的治理,就必须顺从天意,循乎自然,设立那些官职。既然这些官职并非出自君王之好恶,君王当然也就没有理由随意兴废之。皋陶宣告它们是天官,也就等于宣告,君王没有权能随意兴废它们。不管君王对它们的观感如何,它们都具有存在的正当性,君王的好恶丝毫不能影响它们的存在。

　　更具体而言,"天官说"与"德位对应说"共同构成了对于帝舜所确立的共同治理架构之正当性的最为强有力的论证。治国所需要的官职是客观的,君王不可因为自己的欲望和意志而随意变化。填入这些官职的人的资格也是客观的,有什么样的德行就应当享有什么样的治理权。君王所应做的工作,不过是让这些本来就已经对应的关系得以实现而已。

　　基于上述双重客观性的治理架构,对于君王而言就是绝对客观的。这个架构独立于君王之外,有它自己来自上天和人间德行的双重正当性渊源。对于君王来说,共同治理已成为一种必然性。

　　也就是说,皋陶为客观的、制度化的、法度化的,因而也是理性的人间治理,提供了强有力的论证。治理所依赖的制度是天道所要求的,也是天道予以保障的。当然,推测起来,皋陶当会同意,君王的地位和权威应当也是天道所要求、所保障的。那么,这两者的信赖与合作,也就是天道所要求、所保障的。君臣共同治理的架构不是君王自己选择的结果,而是超越的、绝对的天道的自然。对于君王来说,这是一个不可抗拒的必然性。接受这样的共同治理结构的君王,才有资格治理天下。让共同治理制度最为顺畅地运转的君王,就是人间最好的君王。不接受这种共同治理架构的人,根本就不是君王。这就是皋陶的德位对应说与天官说的宪制含义,它把构造共同治理架构变成了君王的基本义务,把信赖共同治理架构、并在其中扮演合适的角色,而不随意干预共同治理者,变成了君王的最高美德。

那么,这个共同治理架构应当执行什么样的规则? 皋陶顺理成章地进入到对这个重大问题的思考。皋陶对天道、君道、人道的关系进行了深刻思考,构造了一个治国的"治理神学"体系。在中国历史上,皋陶第一个提出了"天叙有典说",也即"天命规则"说。或许,这是人类历史上自然法学说的最早阐述——西塞罗等罗马人要在两千多年后才提出自然法学说。皋陶是这样论述的:

> 天叙有典,敕我五典五惇哉。
>
> 天秩有礼,自我五礼有庸哉。
>
> 同寅协恭,和衷哉。
>
> 孔安国传:天次叙人之常性,各有分义。当敕正我五常之叙,使合于五厚,厚天下。
>
> 天次秩有礼,当用我公、侯、伯、子、男五等之礼以接之,使有常。
>
> 衷,善也。以五礼正诸侯,使同敬合恭而和善。
>
> 孔颖达正义曰:天叙有典,有此五典,即父义、母慈、兄友、弟恭、子孝是也。五者,人之常性,自然而有,但人性有

多少耳。天次叙人之常性,使之各有分义。义,宜也。今此义、慈、友、恭、孝各有定分,合于事宜。此皆出天然,是为天次叙之。天意既然,人君当顺天之意,敕正我五常之教,使合于五者皆厚,以教天下之民也。五常之教,人君为之,故言"我"也。五教遍于海内,故以"天下"言之。

"天次叙有礼",谓使贱事贵,卑承尊,是天道使之然也。天意既然,人君当顺天意,用我公、侯、伯、子、男五等之礼以接之,使之贵贱有常也。此文主于天子,天子至于诸侯,车旗衣服、国家礼仪、飨食燕好、饔饩飧牢,礼各有次秩以接之。

上言"天叙",此云"天秩"者,"叙"谓定其伦次,"秩"谓制其差等,义亦相通。上云"敕我",此言"自我"者,五等以教下民,须敕戒之;五礼以接诸侯,当用我意;故文不同也。上言"五惇",此言"五庸"者,五典施于近亲,欲其恩厚;五礼施于臣下,欲其有常;故文异也。王肃云:"五礼谓王、公、卿、大夫、士。"郑玄云:"五礼,天子也,诸侯也,卿大夫也,士也,庶民也。"此无文可据,各以意说耳。

"衷"之为善,常训也,故《左传》云"天诱其衷",说者皆以衷为善。此文承"五礼"之下,礼尚恭敬,故"以五礼正诸侯,使同敬合恭而和善"也。郑玄以为"并上之礼共有此事"。①

人间治理需要规则、制度,皋陶将其归为四种:典,礼,服,刑。

---

① 《尚书正义》卷四,《虞书·皋陶谟第四》。

　　五典就是《舜典》所说的五教，也就是五种最为自然、故而最为重要的社会角色之伦理规范。上天生人，欲人名尽其天性，故命人以合乎其天性之典常。五典为天所命于人者，人自当遵循这些典常，以敦厚人际关系。这是健全而稳定的社会秩序之基础。

　　五礼为何？经学家说法不一。但孔安国、郑玄、王肃等人以爵禄之制论之，似与下文"天命有德"重复。推测起来，此五礼就是帝舜所制之各种礼，具体说来，就是后儒所说吉、凶、嘉、宾、军之五礼，也即各个层级的共同体生活可能涉及之一切规则。由此规则，共同体维续其存在。

　　也就是说，五典和五礼从两个不同角度规范天下最为基本的社会关系：五典偏重于伦理，五礼则基于礼法。两者共同构成了经学家们所说的"经礼"，涵括了对于天下治理来说最为重要的规则体系。两者是普遍的，天下所有人均须遵循五典，敦厚风俗。天下所有公共生活也均遵循五礼，以协调彼此关系。

　　据此，孔传对"同寅协恭和衷哉"的解释似不准确。《尔雅·释诂》："寅，恭，敬也。""协"、"和"已经见之于《尧典》。衷者，中也。[1] 这句话的意思是，典礼能够约束人们，协调人们自己的关系。所有人都应当敬慎于典礼，尊重典礼，依典礼而行。由此就可以达到一个效果：和于"中"，也即《大禹谟》中的"民协于中"，合于正当。当然，孔氏释"衷"为善，义亦可通。也即，经由典礼的规范、调节，人人均可达到善的状态。

―――――――――――

[1]　关于这一点，可参考孙星衍撰《尚书今古文疏证》，中华书局，1986年，第八五页。

五典、五礼共同构成了礼。帝尧、帝舜本乎华夏之习惯逐渐制定了礼,现在,皋陶明确指出,这些礼乃天所命于人的。但这些礼是需要人来执行的,帝尧、帝舜也因应这种需要而建立了华夏天下治理架构。皋陶接下来将此一治理架构的终极正当性,亦诉诸天道:

> 天命有德,五服五章哉。
> 天讨有罪,五刑五用哉。
> 政事懋哉懋哉。
> 孔安国传:五服,天子、诸侯、卿、大夫、士之服也。尊卑、彩章各异,所以命有德。
> 天以五刑讨五罪,用五刑宜必当。
> 叙典、秩礼、命德、讨罚,无非天意者,故人君居天官,听政治事,不可以不自勉。
> 孔颖达正义曰:《益稷》云:"以五采彰施于五色,作服,汝明。"是天子、诸侯、卿、大夫、士之服也……天命有德,使之居位。命有贵贱之伦,位有上下之异。不得不立名,以此等之,象物以彰之。先王制为五服,所以表贵贱也。服有等差,所以别尊卑也。

五典、五礼为礼,五服、五刑则关乎政事。二孔的诠释也是可取的。

有德者,有德之人,也就是有位之人,也即君子。封建时代的君子分为五个等级,大约是王、公、诸侯、大夫、士等。五服则象征着不同等级的君子之名位。由此,君子被编入一个上下联结的君臣体系中,由此服命,君子各安其位,各尽其分。如此,天下的君子们联结为一体,各率其所领导的小型共同体,合天下为一家。天命五服说实际上也是前面的天官说的另一种表述。

典、礼皆为上天所命于人者,那么,人违反典、礼,就是悖逆天意,则天必予以惩罚。所以,皋陶说,天讨人之罪,为此,天也命人以五刑。这里的五刑当为帝舜所制之"象以典刑,流宥五刑,鞭作官刑,扑作教刑,金作赎刑"。

经文接下来明确指出,五服、五刑共同构成"政事"。王、公、诸侯、大夫、士以礼联结起来,各有职分,组成了天下治理架构,也即今人所说的"政府"。负责执行前述之典、礼,在大大小小的封建的共同体内,包括在天下这个最大的共同体,生产和分配公共品,并在必要的时候,以暴力乃至军队强制执行典、礼。皋陶要求,各级君子应当于政事勤勉,恪尽职守。

总之,皋陶认为,人间治理之一切规则、制度,并非出自某人的欲望或意志,从根本上来说,是上天所命于人间者。也许,第一点最为重要:天叙有典,人有其"常性",这种常性是上天所命。这恐怕就是《中庸》"天命之谓性"的最早渊源。人并非一种生物性存在,人也不是孤立的存在,相反,人之生乃最为宏大的天道规划中的一个组成部分。人存在于天的支配、包裹之中,人的存在形态、目的不是自我界定的,而是由天界定的。由此,人是高贵的,因为,人是天然地要面对天而生的,人的心灵天然地指向上方,尽最大的努力模仿天,以天为典范塑造自我和自己存在的社会,以追求天所昭示的那种圆满状态。但同时,面对崇高的天,人也是卑微的,人永远不能成为天本身。天在监察着人们,人也必然会就自己面对天所采取的各种行动,对天承担责任。

　　既然天次叙人之常性,则人间如何治理的奥秘就蕴藏于天道之中。最好的治理就是顺乎人之天性的治理,从某种意义上说,这也是唯一可能的治理秩序。因为,只要是反乎天理、逆于人性的治理,从逻辑上说就是不可能的,尽管在现实中,它或许可能维持一段时间。那么,人要追求合理的、健全的治理,或者说,人要追求最低限度的治理,就必须怀着敬畏之心,探究人之常性。这也就是探究天道,从中发现合乎天理、顺乎普遍的人的常性的治理之道。也就是说,达致优良治理的这些规则和制度是客观的,它就在天道中,就在人的常性中。因而,这些规则和制度先于、也高于任何人,不管是君、是臣、是民。人,尤其是立法者、治理者的唯一正当职责就是探究和适用那些客观的规则与制度。

　　皋陶的天叙说是主导华夏历史的天道主义思想的一次革命性深化。帝尧通过再度分别人、神,以及神向天的转换,确立了天的崇高性、至高性。帝舜建立了一套治理架构,也即礼法规则及其执行体系。皋陶在此基础上,让天照临于这套治理架构之上。由此,天成为人间合理治理秩序的终极渊源。

　　这一学说具有多重宪政主义含义。首先它强调,人间治理的正当行为规则和合理制度必出自客观的天道与同样客观的人之常性,君王和他的共同治理者所要做的工作是,发现这些规则以及执行它们。因此,君王也在这些规则之下,他必须依照这些客观的制度执行那些同样客观的规则。换言之,他的全部权威都在这些客观的规则和制度的包裹之中。他的权威本身也是由这些规则授予的,他之所以是崇高的,仅仅因为客观的制度让他享有崇高地位。而一旦他试图用意志和欲望践踏这些规则和制度,他的权威就立刻动摇,甚至丧失。

　　其次,经由这一学说,立法活动摆脱了个体的变幻不定的欲望和意志的支配,而被提升到一个客观的层面上。人间治理所必需的正当规则体系和合理的制度,绝非出于任何人的欲望、意志、激情。基于任何人的欲望和意志的规则和制度,都不具有正当性。只有客观的规则才是规则。

　　规则的客观性也要求立法活动必须是理性的、公共的。立法的本质就是探究客观的天道和人之常性,而从事这项工作所需要的只是理智和智慧,而非强制性力量。那么,任何具有足够理智和智慧的人都有资格从事立法工作,也只有他们有立法的资格。掌握着支配力的君王倒未必具有这样的理智和智慧,这样的君王就不具有立法的理智、技艺,因而也就不具备立法者的资格。

　　也就是说,皋陶的天叙说让统治权与立法权的分立以及后者控制前者,具有了宪制上的可能性[①]。而这一点,让新生的、规模庞大的华夏共同体之秩序维系具有可能。也只有在皋陶之后,夏的封建秩序才能够被构建出来。

　　共同体治理的本质在于强制执行某些必要的规则,以及按照规则供应某些必要的公共品。这是一种积极的权威。但是,唯一能够型塑和维系秩序的规则是客观的,它们是有待于探究和深思的。对于大型共同体而言,尤其如此。而要让探究和深思此类规则的工作顺利进行下去,它就必须专业化,也即立法的

---

① 基于理论和西方历史对于统治权与立法权分立及其宪政主义内涵的研究,可参看秋风《立宪的技艺》,北京大学出版社,2005 年,第 33—41 页。

权威与统治的权威必须分立。

在皋陶之前，人们恐怕没有清楚地认知这一点。反复出现的人神杂糅现象，就清楚地显示了治理者追求全能性权威的本能冲动，治理者试图同时成为祭司，成为立法者，以神灵的名义宣告律法。我们也看到，帝尧时代也是帝尧一个人在治理，虽然帝舜曾经长期摄位而治。这在一个小型的、原始的共同体中也许是可行的，对于一个大型的、陌生人组成的共同体的创造和维持而言，则是不可行的。

这个时候，将被强制执行的规则必须具有跨文化、跨族群的普适性。而只有摆脱了个人欲望和意志支配的规则，也即，只有那些具有抽象性、客观性的规则，才有可能是普适的，才是"中"的，才足以构成令万民相互协调的"中"。因为，个人，哪怕是王的欲望和意志，终究受制于个体的理智和命运而不可能具有多高的普适性，不可能成为"中"。

要让这些规则具有普适性、称为"中"，必须做到两点：第一，它渊源于一个最为崇高的超越者，从而它可以最大限度地摆脱人的欲望和意志的干扰，而具有最大限度的抽象性。皋陶的伟大贡献就在于发现或者构造了天与规则之间的决定性关联。正当的治理规则是出自天的，并且必须出自天，它们就是天所昭示的规则。

第二，由皋陶的这一发现也可以推测：内在于天道中的规则，也必须被理性地、客观地发现。在规则于人世间生成的过程中，人的多变的意志和欲望必须被尽可能地排除在外。只有这样生成的规则，它们内在具有的普遍性和客观性才不会遭到削弱。而那些掌握治理权的人，总是具有强烈的欲望和意志，甚至有太大的利益牵扯,那么,为共同体制定规则的事务就不应当交给他们,而应当交给另外一些人。他们的生存状态和生命倾向让他们对上天保持着虔敬的心态,让他们可以以理性的、中正的态度,探究天道,深思规则。

　　皋陶就是这样的人。当然,皋陶也为未来将会出现这样的人和他们将要拥有的权威,提供了坚实的论证。皋陶不是君王,但他与帝舜、大禹一样是圣人。他与这两位王的治理权威也许是同等的:王是统治者,拥有行动的权威。皋陶作为立法者,拥有理性的权威。前者凭借的是生命的意志力,后者凭借的是理性和智慧。

　　共同体的治理当然需要强劲的意志力,以便可以普遍地强制执行规则。但是,这些规则本身必须是合理的,强制才是合理的。规则要是合理的,就必须内在于天道中,也就必须内在于人之常性中。只有具有足够理性和智慧的人,才可以揭示和深思这些规则。他们有资格享有共同体的立法权,任何一个追求优良治理的共同体都理应把立法权授予这样的人。皋陶通过对规则的超越性渊源的主张,论证了这样一个与统治权分立的独立的立法权之必要性、重要性。

　　换言之,皋陶通过天道治理观构造了一个最高层面的共同治理架构。帝舜通过与二十二个贤臣分享统治权,而为华夏文明奠定了一个多中心的共同治理架构①。不过,这些权威大体上是同质的,它们呈现为一种平面的分割。皋陶则在这个权威

---

① 　关于这一点,可参考《华夏治理秩序史》,第一卷,上册,第二章《帝舜之道:共治》。

之外,树立了另外一个权威。它不是在分割,而是在增添。帝尧、帝舜构造了天下的统治权,皋陶则在此之外构造了天下之立法权。在某种意义上说,这是高于统治权的一种权威。只有当这个权威树立起来,共同体的治理架构才算相对完整,治理规则、制度才有可能趋向于理性化。同时,由于这些规则渊源于天,因而,由这些规则所编织的治理秩序也就具有一种超越性价值。

也正是在这个意义上,皋陶是圣人。他在华夏文明史上的历史地位,与帝尧、帝舜是相同的。从皋陶之后,立法权就未必属于王了。也正是在此基础上,王与圣也就可以出现分离,臣甚至孔子这样的平民,也同样可以成为圣人,如朱子在《中庸章句序》中所说:"夫尧、舜、禹,天下之大圣也……自是以来,圣圣相承……若成汤、文、武之为君,皋陶、伊、傅、周、召之为臣,既皆以此而接夫道统之传。"这其中,以臣的身份而在道统之传承中占有一席之地者,普遍是理性的立法者。而王者成就的王者之业,必与此类立法者相待而成。尚书《伊训》、《太甲》篇所记载的伊尹与汤、与太甲的关系,《说命》所记傅说与武丁的关系,就是建国者、治国者与立法者的关系。在很多时候,立法者甚至居于导师的地位。这样的统治者与立法者的分立格局,在周成王与周公那里表现得最为明显。

这是另外一种共同治理体制,最高层次的共同治理体制:理性与意志共同治理,规则与力量共同治理,也就是人的神性与人的动物性共同治理。对于一个共同体的存在、维系而言,后一类因素是不可或缺的,但前一类因素更为重要。动物头领依靠力量维持群内治理,人间的秩序则更多地依赖客观的规则,因为,人具有理性,"分有"天性。因此,借助于人的动物性,纯粹基于意志,运用力量进行统治,是非人的、不道德的统治,也是一种不可能的秩序。① 因此,皋陶所构造的固然是一种共同治理体制,但逻辑上,立法权是高于统治权的,普遍的理性是高于个别的意志的,抽象的规则是高于具体的力量的,人的神性也是高于人的动物性的。

尽管如此,立法权终究是由人来行使的,因而同样有可能出错。当然,执行礼法的过程更可能出错,掌握着权威的人甚至为了私人欲望而故意侵害臣民的权利与利益。作为华夏第一法学家,皋陶敏锐地意识到了这一危险,因而他也提出了判断人世间一切权威之正当性的终极性标准:

> 天聪明,自我民聪明。天明畏,自我民明威。达于上下,敬哉有土。
>
> 孔安国传:言天因民而降之福,民所归者,天命之。天视听人君之行,用民为聪、明。天明可畏,亦用民成其威。民所叛者,天讨之,是天明可畏之效。天所赏罚,惟善恶所在,不避贵贱。有土之君,不可不敬惧。
>
> 孔颖达正义曰:皇天无心,以百姓之心为心。此经大意言民之所欲,天必从之。"聪明"谓闻见也,天之所闻见,用民之所闻见也。然则,"聪明"直是见闻之义,其言未有善

---

① 英格兰法律家福蒂斯丘爵士(Sir John Fortescue)在 *On the Laws and Governance of England* 中论证,英格兰的王权治理,"既是政治的又是人身的(dominium politicum et regale)"。所谓人身的,就是作为私人而具有欲望和意志的国王本人;所谓政治的,就是在法律之下的治理。

恶。以下言"明威"，是天降之祸，知此"聪明"是天降之福。此即《泰誓》所云"天听，自我民听，天视，自我民视"。故"民所归者，天命之"。大而言之，民所归就，天命之为天子也。小而言之，虽公卿大夫之任，亦为民所归向，乃得居之。

此之"达于上下"，言天子亦不免也。《丧服》郑玄注云："天子诸侯及卿大夫有地者，皆曰君。"即此"有土"可兼大夫以上。[1]

上天是规则的渊源，规则应当合乎天道。立法者借助其的理性，可以探究这些客观的规则。但是，现实中君王或者立法者所制定的规则或者规则的强制执行过程真的合乎天道么？最理想的判断者是上天。但是，上天没有听觉、知觉。这个时候，皋陶转向了万民，如孔氏正义所说："皇天无心，以百姓之心为心。"规则和强制执行的制度如果合乎天道，也就自然地顺乎人之常性，万民也就安居乐业。规则或者强制执行的制度如果不合乎天道，也就自然地拂逆于人之常性，万民就会不满、愤怒、背弃。而这就是上天的惩罚。上天以万民的知觉、听觉为自己的知觉、听觉，以万民的判断为自己的判断。这一天-民一体命题成立的前提就在于，天叙有典，天命之谓性，天授予人以常性。因此，悖逆人性就是悖逆天道。

这样，皋陶就把华夏共同体的治理提升到一个新高度。他把自然地存在的万民，拥有支配性力量的治理者，与帝尧再度确立的与人相隔的天，以及他自己创设的立法者，整合成为一个完

---

[1] 《尚书正义》卷四，《虞书·皋陶谟第四》。

整的体系。从政治哲学层面上看,天高高在上;立法者探究天道,以探究人间治理的规则及执行这些规则的制度;君王与其共同治理者依照这规则、透过这些制度进行治理;万民服从立法者和君王,其受命于天的常性得以发挥。从政治神学层面上看,这个关系则需要颠倒过来:天仍然高高在上,万民为天之耳目,为天所特别保护;立法者对于天道的探究,君王的治理,须接受万民的监察,而这就是天的监察。在人世间中,治理离不开立法者与治理者。但是,他们必须依天而治。否则,他们就会同时在民和天那里丧失正当性。此两项正当性丧失之后果就是治理权的丧失。由此,皋陶已经为古典"革命论"准备了基本的思想素材。

慎乃宪

后儒把《皋陶谟》作为帝王之教本。但当然,它的意义远超于此。皋陶完成了对华夏历史上第一个系统的治理哲学与治理理想体系的构造,它提出、阐述了华夏文明关于治理的最为核心的理念:治理秩序终究在"天人之际",人间治理须谨依天道。治理需要依赖规则,这些规则源出于天道。因而,它们是客观的,独立于君王和任何人之欲望和意志。必要的时候,可以采取刑事手段强制执行这些正当行为规则。但终究,人受命于天。因此,人们具有自我执行这些规则的天然倾向与能力,此为治理之基础。只有在必要时,才可运用刑律。治国者必须具有德行,治理权应当依据德行进行分配。由此形成君臣共同治理体制,它是唯一可行并合理的治理架构。此一制度同样具有天道的渊源。如果君王违背天道,放纵欲望和意志,侵害万民权益,上天就会顺从民意，发动惩罚。后世关于治理理念的讨论，基本上是围绕着对这套理念的阐释而展开的。未来华夏治理秩序之演进，也不过是这套理念在具体时空中的实现。

帝尧、帝舜是伟大的立法实践者，皋陶利用其作为执法者的便利，对他们的实践进行了思考，从他们的实践中抽象出了诸多概念，并将其整合成为一个连贯而完整的理念体系。尧舜构建天下的伟大实践是华夏治理之道的"道体"，皋陶构造的概念和理念体系则是华夏治理之道的"可道之道"。借助于皋陶所发明的这些概念，尧舜等圣王的实践和理想获得了永恒性。借此，华夏治理之道被固定下来，华夏治理之道就是可道、可言说、可思考、可深化的了。

这是一套全新的、抽象的概念和理念体系。因此，皋陶在完成阐述之后，有点惴惴地问禹：

> 皋陶曰：朕言惠可厎行？
>
> 禹曰：俞！乃言厎可绩（孔安国传：然其所陈，从而美之曰：用汝言，致可以立功）。
>
> 皋陶曰：予未有知，思曰赞赞襄哉（传：言我未有所知，未能思致于善，徒亦赞奏上古行事而言之。因禹美之，承以谦辞，言之序）。①

《史记·夏本纪》转写此段为："吾言厎可行乎？"禹曰："女言致可绩行。"皋陶曰："余未有知，思赞道哉。"以皋陶之第一句话

---

① 《尚书正义》卷四，《虞书·皋陶谟第四》。

为问句,至为精当。确实,皋陶所提出的理念是此前所无的,即便帝尧、帝舜这样的圣王,也没有提出过。而且,尽管这套理念体系基于尧舜构造天下的实践,但它毕竟带有明显的理想和抽象色彩。因此,他问同样致力于实践的禹,这套理念是否具有可行性。禹虽然表示肯定,但似乎不是特别热心,也许是因为,禹的气质较为质朴、务实,而对理念和抽象事物并不感兴趣。但也许是因为,禹对于皋陶所总结的治理之道,并不以为然。因此才有了皋陶的第二句话,这句话带有辩解的意味:这套理念不是我自己面壁空想出来的,我只不过是总结了既有之大道,也即内在于尧舜构造天下的实践之道。确实,皋陶的这套理念体系是对尧舜之道的概括、抽象和深化。

皋陶的思想如此深邃,因此,在当时享有巨大的权威。在那场关于华夏治理之道的伟大讨论中,他一方面献谋于帝舜,另一方面则教诲禹。禹似乎也确是自愧不如,他曾经提出把君位让给皋陶。禹举荐皋陶替代自己,此事可以得到司马迁的记载证实:"帝禹立而举皋陶荐之,且授政焉,而皋陶卒。"[1]司马迁记载此事在禹继舜之后,想来他是依据另外的资料来源。但两条记载合观,禹之钦佩皋陶,是一个可信的事实。禹作为一代圣王,清楚地知道立法者对于正在形成中的天下治理架构之重大意义。不过,帝舜仍然选择了禹。

特别值得注意的是,这场关于华夏治理之道的讨论,由皋陶开端,又以皋陶的总结而结束。《益稷》篇的最后记载了皋陶一段意味深长的言辞:

---

① 《史记》卷二,《夏本纪第二》。

庶尹允谐,帝庸作歌,曰:"敕天之命,惟时惟几。"乃歌曰:"股肱喜哉!元首起哉!百工熙哉!"

皋陶拜手稽首,飏言曰:"念哉!率作兴事,慎乃宪,钦哉!屡省乃成,钦哉!"

孔安国传:大言而疾曰飏,承歌以戒帝。宪,法也。天子率臣下为起治之事,当慎汝法度,敬其职。屡,数也。当数顾省汝成功,敬终以善,无懈怠。

帝舜之歌体现了帝舜的虚君共治的理念,皋陶则接过帝舜的话头,高声说:君臣治事,必须敬慎法度。宪者,法度也,这一点是比较明白的。这里需要对"屡省乃成"的含义略作考辨。

孔安国传释"成"为"成功",似不准确。从文脉看,"慎乃宪"与"屡省乃成"是平行的句式,因而,"成"必然带有"法"的意思。事实上,古语中,"成"确有这样的意思:《周礼·天官·大宰》记述大宰以"八法"治官府:其中之"五曰官成,以经邦治",郑玄注:"官成谓官府之成事品式也。"《周礼·天官·小宰职》对"官成"的含义有更详尽的说明:

[小宰]以官府之八成经邦治:一曰听政役以比居,二曰听师田以简稽,三曰听闾里以版图,四曰听称责以傅别,五曰听禄位以礼命,六曰听取予以书契,七曰听卖买以质剂,八曰听出入以要会。

贾公彦释曰:以官府之中有八事,皆是旧法成事品式,依时而行之。将此八者经纪国之治政,故云"经邦治"也。①

据此可以确定,"成"就是成例、惯例——后来人们也常在这个意义上使用这个字。这些先例、惯例经过历史的沉淀,也就自然地成为"宪"。当然,皋陶所说的宪、成,范围相当广泛,应当包括所有的规则、制度,包括他自己所概括的治理天下之法度。

皋陶整句话的意思是,君臣从事一切治理工作,必须敬慎法度,遵行既有之惯例。那么,皋陶所说的"宪"和"成例"具体是指什么? 这里既然是整个对话的结尾,那完全可以确定:皋陶要求人们严格遵守的"宪",就是帝尧、帝舜所创造的法度,就是他作为立法者所阐述的原则和法度,包括禅让制度,虚君共治制度,立法权与治理权共同治理制度,以刑弼教制度,以及从宽之刑罚制度等等。

也就是说,在这场治理之道的伟大对话的最后,皋陶最为简洁地概括了自己所理解的治国之基本原则:"慎乃宪",以虔敬的心态服从、遵守规则。在皋陶看来,这是君、任何人兴事、治国之本。

特别值得注意的,孔安国指出,这段话是为"戒帝"而言。皋陶作为立法者,不仅在教诲这时仍属皋陶之同僚的禹,还在教诲帝舜。他明确地要求帝舜遵守法度。正是在这一点上,"慎乃宪"三个字最清楚地宣告了优良治理之基本原则:客观规则之治。此规则是客观的,普遍的,王也必须敬服规则。因此,皋陶的理想乃是,包括王在内的一切人,皆在客观的正当规则之下。

---

① 《周礼注疏》,卷二。

当然,皋陶的这句话既是对包括舜、禹在内的所有人说的,
同样是说给后世一切人的。皋陶乃圣人,而"慎乃宪"就是皋陶
为后人所立之最为重要的法度。在前面,他对于尧舜之法度进
行了概括、抽象,其中很多或许可以说是具体的宪制,"慎乃宪"
则是一个更为根本的伦理与治理规范。没有这样的规范,宪制
本身就只停留在纸面上,而没有意义。唯有当人们遵守这一规
范,宪制才可以变成人的行动模式,甚至重塑人的心智和身体本
身——周人所发展的礼,就在一定程度上做到了这一点。

经义概述

尧舜修礼、同礼,也即本乎共同的习惯制定了普适于天下的
礼制;为执行这些礼制又建立了一套治理实体,由多个层级的君
子组成。皋陶作为司法官,对此礼制及其执行机制,进行深入的
思考,从而第一个总结、抽象了华夏治理之道。皋陶是华夏第一
法学家。

皋陶提出了以刑弼教、刑期于无刑、德位相应等理念,影响
至为深远。这其中最为重要的是,皋陶经过深思形成了天道治
理观。治理的各种规则以及制定和执行这些规则的治理架构之
终极渊源都在天,因而都是客观的。或者说,规则及治理架构应
当是客观的。唯有具有客观性依据的规则是正当的,唯有具有
客观性依据的治理架构是正义的。人的欲望和意志应当被排除
在外,让客观的规则和制度健全运转,治理所有人,包括君子,包
括君王。

既然规则和制度之终极正当性皆在天,则对于优良治理而

言,至关重要的是探寻治理之内在逻辑,发现这些规则和架构。也就是说,治理,包括治理架构之设计,是一个理性的事务,而非欲望和意志的事务。健全的治理架构必须内置探究这些客观的规则及其执行架构之机制。立宪、立法和宪、法之执行,只应由那些具有探究天意之专业能力者承担,任何人的欲望和意志不得干预之。据此,统治权与立法权应当分立,在此基础上,合作而又有所制约。

　　一言以蔽之,皋陶的核心理念是,最好的治理是有能力运作的客观的正当规则之治,最卓越的治理者会自觉地充当客观的规则之治的工具,此即"恭己正南面"之无为而治①。

――――――――――

① 《论语·卫灵公》:"子曰:'无为而治者,其舜也与? 夫何为哉,恭己正南面而已矣。'"

第六篇　仁本宪政:《孟子》仁政章义疏①

儒家是关于合理秩序之整全性理念体系,而其关于政治架构之设想大体为宪政主义。笔者已从制度演变史的角度,对此略有论述②。本篇将以汉宋两大儒之注疏,借助现代社会科学,疏解《孟子·离娄上》前十四章,从义理角度对孟子之宪政主义方案略作申述,姑名之曰"仁本宪政主义"。

正当规则之治

孟子这段论述劈头就提出规则之治的根本重要性,而抓住了宪政主义的要害:

> 孟子曰:离娄之明、公输子之巧,不以规矩,不能成方员。师旷之聪,不以六律,不能正五音。尧舜之道,不以仁

---

① 本篇删节版最初发表于《探索与争鸣》,2012 年第 2 期。
② 较为简短的论述可参看秋风《中国政制的历史演变与大势》,原载《文化纵横》杂志,2011 年第 4 期。

政,不能平治天下。今有仁心仁闻而民不被其泽,不可法于后世者,不行先王之道也。故曰:徒善不足以为政,徒法不能以自行。《诗》云,"不愆不忘,率由旧章。"遵先王之法而过者,未之有也。

赵岐注:但有善心而不行之,不足以为政。但有善法度而不施之,法度亦不能独自行也。《诗·大雅·假乐》之篇。愆,过也。所行不过差矣,不可忘者,以其循用旧故文章遵用先王之法度,未闻有过者也。①

朱子集注:有其心,无其政,是谓徒善;有其政,无其心,是为徒法。程子尝言:"为政须要有纲纪文章,谨权、审量、读法、平价,皆不可阙。"而又曰:"必有《关雎》、《麟趾》之意,然后可以行《周官》之法度",正谓此也。②

后世对"仁政"有很多误解,以为仁政的实现形态就是"人治"。然而,孟子在这里清楚地指出,仁政并非君王单凭一己之仁心而可成就,相反,仁政是一种依照正当行为规则展开的治理。

"政"就是治理,仁政就是由仁之价值支配的规则之治。细读孟子的论说可以发现,孟子认为,仁政就是实施先王之规则、制度,仁政就等于行先王之道的治理。先王之道就相当于工匠之规、矩,音乐家之六律。也就是说,孟子坚定地认为,规则、制

---

① 《孟子注疏》卷七上,《离娄章句上》。以下凡标明赵岐注者,均引自该书,不再一一注明。
② 《孟子集注》卷七,《离娄章句上》。以下凡注明朱子注或朱子集注者,均引自该书,不再一一注明。

度至关重要。

这种制度主义思考方式是典型的宪政主义的。宪制(con-stitution)的西方含义就是权力的构成、配置。宪政主义之基本内涵是,构造一个政府,它的力量强大到足以有效地执行正当行为规则体系,以维持人们之间的合作、交易秩序,而又不至于滥用权力,成为秩序的破坏者。因此,对宪政主义来说,权力的大小固然是个大问题,同样重要的问题是如何控制权力。这需要借助于权力之分立与制衡的制度安排,也需要借助于规则支配权力的制度安排:权力按照确定的规则分配,权力行使的全过程被控制在规则之下。

换言之,宪政主义的根本含义就是"法律之治"①,或者更一般地说是"正当行为规则之治"②。这里至少有三点要素:这些规则是正当的;权力本身出自这些规则之授予;权力的行使过程也受到规则之控制。

孟子主张仁政是行先王之道的深刻用意,也正在于确保治理合乎这三点。法律无非有两个来源:或者是统治者的意志,或者不是。孟子时代,中国已进入王权制时代,法家提出了王权制

---

① 一位美国学者指出:"宪政有着亘古不变的核心本质:它是对政府的法律限制;是对专政的反对;它的反面是专断,即恣意而非法律的统治。"([美]麦基文:《宪政古今》,翟小波译,贵州人民出版社,2004年,第16页)

② 哈耶克自述,他最为重要的著作《法、立法与自由》一书的"要旨是:自由的状态就是所有人被允许为了自己的目的运用自己的知识,而只受普遍适用之正当行为规则(rules of just conduct)之限制,此种状态最有可能为实现他们的目的创造最佳条件。而只有在一切权威,包括人们的多数的权威,在运用其强制性权力时受到该共同体所信奉之一般性原则之限制的时候,这样一种制度才可实现并得以维系"(F. A. Hayek, *Law, Legislation and Liberty*, Routledge & Kegan Paul, 1982, vol. 1, p. 55)。

的核心宪法原理:法自君出。法律就是统治者的意志。这样的法律极有可能是不公道的,君王完全可以按照自己随心所欲的欲望和意志改变法律,这样的法律也就失去了客观性、一般性,也即普遍性、抽象性。从根本上说,法律不过是王权专制的工具。

孟子时代所能设想的确保法律之公道性的唯一方案,就是以先王之法为法。《史记·酷吏列传》所记汉代酷吏杜周的一段话,有助于我们理解先王之法与今王之法的性质区别:

[减]宣为左内史,[杜]周为廷尉,其治大放张汤而善候伺。上所欲挤者,因而陷之;上所欲释者,久系待问而微见其冤状。客有让周曰:"君为天子决平,不循三尺法(集解:《汉书音义》曰:"以三尺竹简书法律也"),专以人主意指为狱。狱者固如是乎?"周曰:"三尺安出哉? 前主所是著为律,后主所是疏为令,当时为是,何古之法乎!"①

今王之令无非是君王之欲望或意志的呈现而已,它们是随意的,总是针对某个具体的个人,因而极有可能是不公道的。至关重要的是,这些律令是君王创造的,君王在法律之上,君王支配法律。以这些法律治国,也就是以君王的多变的欲望和意志治国,而没有理性和公正可言。

相反,先王之法是客观的,为人所周知的,并且是普遍的。至关重要的是,对于当下所有人而言,它是先在的:不仅先于行政司法官和当事人,也先于君王。因此,这样的法律不仅约束臣

---

① 《史记·酷吏列传第六十二》。

民,同时也约束君王,它们高于君王。事实上,君王的权威、权力也是来自这些法律。以这样的法律治国,法律就会同样对君、臣行使权力的过程予以规范。由此,民对于权力之行使也可以形成相对确定的预期,而不用担心君王心情的变化导致法律的变化。

可以确定地说,孟子主张行先王之道的核心用意,正在于将君王约束于客观而普遍的法律之下。在这样的法律之下,君王与臣、与民是平等的。哪怕法律的实体性条款并不公平,行先王之道至少可以保证程序上的公道。而这,就是宪政主义。

当然,孟子引用《诗经》"率由旧章",还涉及封建法的问题,也即礼治秩序的问题,此处姑置不论。"旧章"的字面含义是,规则经历了时间的淘洗,因而已被事实证明是公正的,而为人们普遍接受,时间赋予了它们以足够的权威和正当性。这样的"旧章"就不再是君王的意志,而是共同体的共识,君、臣、民的共同行为准则。在"旧章"之下,每个人都受到约束。孟子说,执行这样的规则,君王或者官吏就不会有过错。因为,这个时候,君王或官吏的欲望和意志受到客观规则的控制,他们不过是依据这些规则所授予的权限,遵照这些规则所规定的程序,执行这些规则所确定的刑罚。这样的过程,当然不会出错。

不过,孟子的总结,则增加了一层曲折,相对于现代法学理论之天真,这一点凸现了儒家之智慧:治国者徒有仁善之心,而不行先王之道,固然不可能达成仁政。反过来,仅有优良的法度,而没有具有仁心、具备一定德行的人来实施,这些法度也不能真正发挥作用。现代法治理论经常会忽略后一点,孟子则保持了平衡。归根到底,治理必由人进行。从优良的法律通往优良的治理,需要借助于人的努力,这包括立法者、司法者、行政者。假定司法者不具备仁善、公道之心,良法也会被扭曲。这里的人也包括社会各个领域的精英,乃至于大众。如果人们普遍缺乏虔敬之心,对规则满不在乎,那么,良法同样不能带来善治。今人所说的"法律信仰",就是仁心。优良的治理是仁心、仁政双向互动的结果。

接下来,孟子论述了仁政的唯一可能形态何以是行先王之道:

> 圣人既竭目力焉,继之以规矩、准绳,以为方员、平直,不可胜用也。既竭耳力焉,继之以六律正五音,不可胜用也。既竭心思焉,继之以不忍人之政,而仁覆天下矣。故曰,为高,必因丘陵;为下,必因川泽;为政,不因先王之道,可谓智乎?

> 赵岐注:尽己目力,续以其四者,方、员、平、直可得而审知,故用之不可胜极也。尽心欲行恩,继以不忍加恶于人之政,则天下被覆衣之仁也。言因自然,则用力少而成功多矣。

> 朱子集注:丘陵本高,川泽本下,为高、下者因之,则用力少而成功多矣。邹氏曰:"自章首至此,论以仁心仁闻行先王之道。"

孟子对仁政为行先王之道而提出的核心理据是人的有限性。[①] 孟子清楚地表明,治理一个小型共同体,比如"家"、社区,

---

① 孟子的论证方式,与亚里士多德关于法治之讨论,十分类似,参看《政治学》,1286a—1287b。

与治理天下是完全不同的。规模决定了治理方式的根本差异。不错,在自己目力所及的范围内,也就是说,在小国寡民的共同体中,圣人、王者仅靠自己的仁心之挥发,依靠直接的人身性接触,确有可能达成仁政。但是,共同体一旦超出一定规模,仅靠这一点就不够了,而必须诉诸客观而公正的规则。个人善行所可覆盖之范围是有限的,先王之法所覆盖的范围却可以是无限的,它可以覆盖整个天下。因此,治理天下之唯一方案,就是行先王之法,也就是公道地实施公道的客观规则。这样,孟子就从治理效率的角度,对行先王之法的必要性提出了论证。

综合上一段,孟子指出,行先王之道不仅是必要的,而且是有效率的,对于天下之治理而言,也是唯一的。换言之,客观的规则之治是唯一正当、也是唯一可行的天下治理之道。

由此,我们可以看出,孟子绝不是空谈心性之人,而具有非常强烈的制度主义取向。《孟子》一书中用了大量的篇幅来讨论制度问题,其中最为著名的是井田制、爵禄制、明堂之制的构想。这些制度设计方案正是对孟子此处所提出的行先王之道的宪政理念的具体实施。他相信,井田是三代之治;他相信,自己提出的爵禄制也是周代旧制;他相信,明堂是先王行王者之政之场所。这些先王之法已被证明是良好的,当下实现仁政的捷径,就是恢复这些优良制度,复先王之道。在王权制的时代,孟子的这种制度构想具有鲜明的宪政主义取向:他试图把王权约束于客观的正当行为规则之下。

君臣与规则

孟子已论述了行先王之道对于优良治理之至关重要性,孟子也指出,由此先王之道到仁政,需要借助于人之正确行为。接下来,孟子主要从君、臣两个维度,讨论人与法度的关系:

是以:惟仁者宜在高位。不仁而在高位,是播其恶于众也。上无道揆也,下无法守也。朝不信道,工不信度,君子犯义,小人犯刑,国之所存者,幸也。故曰,城郭不完,兵甲不多,非国之灾也。田野不辟,货财不聚,非国之害也。上无礼,下无学,贼民兴,丧无日矣。

赵岐注:仁者能由先王之道。不仁逆道,则自播扬其恶于众人也。言君无道术可以揆度天意,臣无法度可以守职奉命,朝廷之士不信道德,百工之作不信度量。君子触义之所禁,谓学士当行君子之道也。小人触刑,愚人罹于密网也。此亡国之政,然而国存者,侥幸耳,非其道也。言君不知礼,臣不学法度,无以相检制,则贼民兴,亡在朝夕,无复有期日。言国无礼义必亡。

朱子集注:仁者,有仁心、仁闻而能扩而充之,以行先王之道者也。播恶于众,谓贻患于下也。道,义理也。揆,度也。法,制度也。道揆,谓以义理度量事物而制其宜。法守,谓以法度自守。工,官也。度,即法也。君子小人,以位而言也。由上无道揆,故下无法守。无道揆,则朝不信道,而君子犯义;无法守,则工不信度,而小人犯刑。有此六者,其国必亡;其不亡者侥幸而已。上不知礼,则无以教民;下不知学,则易与为乱。

　　邹氏曰:"自是以惟仁者至此,所以责其君。"

　　在这里,孟子承接前文"徒法不能以自行"命题指出,欲行宪政,君当为仁者。任何一个共同体的优良治理,都不能没有君。君也应当被授予充分的权威和权力。但反过来,也应当控制这个君,否则,他就会成为共同体秩序之最大破坏者。于是,如何控制君,就成为宪政主义思考的首要问题。孟子当然清楚这一点,所以他提出,唯有仁者适合于为君。

　　孟子提出了一个判断君王的标准。孟子的时代,君位世袭制度已经稳固地树立起来。君享有巨大的权威、权力,但担任君的人是否具有德行,却成为一个撞大运的事情。共同体之祸福在很大程度上被交给了偶然因素。这无论如何不是一个健全的制度安排。孟子提出了宪政主义的基本原则:唯有仁者有资格担任君。

　　但很显然,此时,不大可能实行尧舜禅让那样的君位推举制度,所以,孟子只能退而求其次,暗示了另外一个命题:不管你是如何获得君位的,只要你行仁政即可。然而,君当何为方为仁?孟子又回到另一个命题:"徒善不足以为政",君王之仁就表现为其行先王之道。"道揆"之道,就是先王之道。"道揆"就是揆之以先王之道:君王碰到任何事情,以先王之道要求自己,衡量自己。

　　孟子在最后一句话中,还将先王之道具体化为"礼"。道相对较为抽象,礼则是在具体场景中可以适用的具体而细微的规则。在任何场景中,君王都必须依礼行事。这样的礼当然是客观的,先在于君王。孟子认为,君王若行先王之道,最高的权力受到约束,整个共同体就会秩序井然。反之,如果君王不守先王之道,不守礼,而任凭自己的欲望和意志滥用权力,那整个共同体就会陷入混乱状态。

接下来,孟子讨论了臣对于仁政的道德与政治责任:

> 《诗》曰:"天之方蹶,无然泄泄。"泄泄,犹沓沓也。事君无义,进退无礼,言则非先王之道者,犹沓沓也。故曰,责难于君,谓之恭;陈善闭邪,谓之敬;吾君不能,谓之贼。
>
> 赵岐注:《诗·大雅·板》之篇。天谓王者。蹶,动也。言天方动,汝无然沓沓,但为非义非礼、背先王之道,而不相匡正也。人臣之道,当进君于善,责难为之事,使君勉之。谓行尧舜之仁,是为恭臣。陈善法以禁闭君之邪心,是为敬君。言吾君不肖,不能行善,因不谏正,此为贼其君也。故有恭、敬、贼三者之善。
>
> 朱子集注:范氏曰:"人臣以难事责于君,使其君为尧舜之君者,尊君之大也。开陈善道以禁闭君之邪心,惟恐其君或陷于有过之地者,敬君之至也。谓其君不能行善道而不以告者,贼害其君之甚也。"
>
> 邹氏曰:"自诗云'天之方蹶'至此,所以责其臣。"
>
> 邹氏曰:"此章言为治者,当有仁心仁闻以行先王之政,而君臣又当各任其责也。"

在这里,孟子对于臣于仁政之责任提出了很高要求,其理据正在于仁政即行先王之道的命题中。如前所述,先王之道是先在于君的,故而在先王之道下,君与臣其实是平等的,两者同时受客观法度之控制、约束。至关重要的是,君的权威、权力固然来自客观的法度,臣的权威、权力同样来自客观的法度。换言之,在先王之道下,臣不是君的工具,相反,君、臣是以法度而合,或者说,君臣是"以义而合"①,也即此处所说的以"义""事君"。更直接地说,君臣是从事一项共同事业而有所分工的伙伴,他们的地位、权力虽然不均等,但双方在道德上、人格上是同等的。这样,先王之道的普遍治理确定了治理的一个重要原则:臣享有独立行使自己的权威、权力之权利,此一权利是君所不能剥夺的。也就是说,在治理架构中,臣享有自己相对于君的独立性。君并不能干预臣之治理活动,不论其为行政官,还是司法官。

在此基础上更进一步,臣还有另外的责任:督促、监督甚至于辅导君王,严格地遵行先王之法度。孟子见识过若干君王,他清楚,君王自身的德行是不可靠的,甚至,君王更容易不具有德行,广泛的权力让君王几乎不可能自我约束,而倾向于放纵自己的欲望和意志。因此,孟子很现实地设想,由臣监督、约束君王。据此,孟子对于臣对君之德——恭、敬——做了宪政主义的解释:臣督促、监督君王去做那些难为之事,才是对君最大的恭。臣引导、约束君王控制自己的欲望,才是对君最大的敬。放弃监督、引导、约束君的责任,听任君王放纵自己的欲望和意志,偏离先王之道,实际上是在伤害君王。

从这些论述中可以看出儒家关于国家治理之基本预设:对于掌握着最高权威和权力的君王的不信任。据此,孟子致力于

---

① 《论语·先进》中孔子的一句话,也正是这个意思:"所谓大臣者,以道事君,不可则止。"

将君王置于客观的规则之下,也置于臣的监督甚至控制之下。

前面第一部分讨论君行先王之道的道德与政治责任,第二部分讨论臣对于行先王之道的道德与政治责任,接下来,孟子更为完整地讨论君、臣、民三者间的关系:

> 孟子曰:规矩,方员之至也;圣人,人伦之至也。欲为君,尽君道;欲为臣,尽臣道。二者皆法尧舜而已矣。不以舜之所以事尧事君,不敬其君者也;不以尧之所以治民治民,贼其民者也。孔子曰:"道二:仁与不仁而已矣。"暴其民甚,则身弑国亡;不甚,则身危国削,名之曰"幽"、"厉",虽孝子慈孙,百世不能改也。《诗》云:"殷鉴不远,在夏后之世。"此之谓也。

> 赵岐注:至,极也。人事之善者,莫大取法于圣人,犹方圆须规矩也。尧舜之为君臣道备。言舜之事尧,敬之至也。尧之治民,爱之尽也。仁则国安,不仁则国危亡。甚谓桀、纣,不甚谓幽、厉。厉王流于彘,幽王灭于戏,可谓身危国削矣。名之谓谥之也,谥以幽、厉,以章其恶,百世传之,孝子慈孙,何能改也!《诗·大雅·荡》之篇也。殷之所鉴视,近在夏后之世矣。以前代善恶为明镜也,欲使周亦鉴于殷之所以亡也。

此处之圣人就是尧舜,尧舜各自达到了君道、臣道之极致。君道就是前文所说之凡事揆之以道,臣道就是前文所说"责难于君,陈善闭邪"。按照孟子的说法,尧作为君、舜作为臣就是这样做的。尧、舜作为一个休戚与共的君臣共同体,各自履行自己的职能,分工而合作,从而达成仁政。

在前一部分,孟子论述了仁政就是行先王之道,就是按照客观的法度进行治理。在这一部分,孟子则论述了达成仁政是君臣双方共同的责任。事实上,按照孟子的论述,臣的责任反而要更大一些,他们除了自行其道外,还要引导、监督、控制君王行先王之道。

孟子有这样的构想,其实也不奇怪。君王是自然因素所决定的,充满了不确定性,孟子不可能愚蠢到把优良治理的希望寄托于君主身上。但是,臣必然是士,完全可以是"志于道"的士①。事实上,在孟子心目中,经由儒家养成之士君子才有资格担任臣。这样的臣对于道的体悟显然深于君。相比于君,他们对道也更为忠诚。因此,孟子完全有理由把达成仁政的希望寄托于这些士-臣身上。

这一点实为后世儒家之基本政治蓝图,儒家的治理架构就是"虚君的士君子共治",汉儒、宋儒所努力者均如此②。这一构想本身是宪政主义的,历代具有道德理想主义的儒家士大夫也一直在为实现这一构想而进行道德上、知识上和政治上的努力。

多中心治理与仁政

然而,仁政之达成,绝不只是君臣的事情,而是天下之人的

---

① 《论语·述而》:"子曰:'志于道,据于德,依于仁,游于艺。'"

② 比如,宋儒即具有同治天下之强烈意识,可参看余英时《朱熹的历史世界:宋代士大夫政治文化的研究》(上),生活·读书·新知三联书店,2004年,第210—230页。

事情。因而,仁政之达成有赖于每个人尤其是每个君子行仁政:

> 孟子曰:三代之得天下也以仁,其失天下也以不仁。国之所以废兴存亡者亦然。天子不仁,不保四海;诸侯不仁,不保社稷;卿大夫不仁,不保宗庙;士、庶人不仁,不保四体。今恶死亡而乐不仁,是犹恶醉而强酒。

> 赵岐注:三代,夏、商、周。国,谓公、侯之国,存亡在仁与不仁而已。保,安也。四体,身之四肢。强酒则必醉也,喻恶亡而乐不仁也。

天下、邦国之盛衰兴亡,取决于是否实行仁政及其实施程度。孟子在前面已论述了君、臣对于施行仁政之道德与政治责任。孟子当然十分清楚,仅靠君与臣是不足以达成仁政的,仁政之达成端赖于天下人之普遍的仁。需要记住,这里的仁,应当就是行先王之道。孟子按照封建的治理架构展开论述,分别讨论天子、诸侯、卿大夫这样的君之仁对于其各自的治理权之保有的重要性。但同时,孟子也论证了士、庶人对于仁政之达成同样负有道德与政治责任。

当然,在这一章,孟子是从反面论述的,由这一论述可以看出,孟子相信,即便士、庶人,也构成一个相对自足的治理中心,他应当自治其身。卿大夫、诸侯、天子作为共同体之君,当然更是相对独立的治理者。他们的盛衰兴亡完全取决于他们是否行仁政。因此,可以说,孟子设想了一种"多中心治理"的架构。

士、庶人其实是卿大夫之家、诸侯之国、天子之天下的基本构成要素,且至少是士,作为最基层的臣,与君是通过"策名委质"的方式建立起契约性君臣关系的。在这样的社会治理架构中,第三方强制执行机制不甚成熟,规则在很大程度上就寄存于个体的身体,更准确地说,是在相对的人们的交接行为之中。一人之身正,则在具体场合中的对方的身就比较容易正,双方的行为就较为合乎礼制规则,由此可以维持礼治秩序。反之,一人之身不正,另一方也就自然地无法正确回应,礼治秩序就会陷入混乱。这样,每一个相对独立的治理中心的治理之优劣,就取决于人们能否很好地处理两两相对之关系,修身就对治理状态具有决定性意义:

> 孟子曰:爱人,不亲,反其仁;治人,不治,反其智;礼人,不答,反其敬。行有不得者,皆反求诸己。其身正,而天下归之。《诗》云:"永言配命,自求多福。"
>
> 赵岐注:反其仁,己仁独未至邪?反其智,己智犹未足邪?反其敬,己敬独未恭邪?反求诸身,身已正则天下归就之,服其德也。
>
> 朱子集注:我爱人而人不亲我,则反求诸己,恐我之仁未至也。智敬放此。不得,谓不得其所欲,如不亲、不治、不答是也。反求诸己,谓反其仁、反其智、反其敬也。如此,则其自治益详,而身无不正矣。天下归之,极言其效也。

处于相对待的关系中的君臣二人是反身性、面对面关系。这是封建治理的一个显著特征,当然也可以说,这是熟人社会的显著特征。因为君的情态、作为,立刻会被臣看到,臣也就会作出即时性反应,这样的反应同样会被君立刻注意到。此即"反"

的发生机制。"反"可以有多层含义:自己的行为首先引起对方的反应,这个反应又反射回自己身上,促使自己反思。"反身求诸己"是一个面对面关系的循环性反思机制。当然,这以双方具有较高程度的情感之"通感能力"为前提。

正是这一特点,让"正身"对于个人之生存状态、对于共同体的治理状态,均具有决定性意义。为确保礼治秩序,一个人,尤其是君子,应当接受礼乐教育,以"敬"的心智全面控制自己的颜色、辞气、容貌、行为,以共同体公认较为合宜的方式与自己的相对方交接,也与共同体内外的其他人交接。这就是"修身"的宗旨所在。修身的目的是让自己的行为举止合乎礼、仪之规范,也就是说合乎先王之道。在古典时代,先王之道或者说礼制规则体系是无所不在的,但它们首先存在于每个人的身体中,君子首先应当行先王之道于己身。在一个面对面的治理共同体中,这就足以形成优良治理秩序。于是,仁政就落实在个体之身上:

　　孟子曰:人有恒言,皆曰"天下、国、家"。天下之本在国,国之本在家,家之本在身。

　　赵岐注:恒,常也。人之常语也。天下谓天子之所主,国谓诸侯之国,家谓卿大夫家。治天下者,不得良诸侯,无以为本;治其国者,不得良卿大夫,无以为本;治其家者,不得良身,无以为本也。是则,本正则立,本倾则踣,固在所敬慎而已。

　　朱子集注:恒,常也。虽常言之,而未必知其言之有序也。故推言之,而又以家本乎身也。此亦承上章而言之,《大学》所谓"自天子至于庶人,壹是皆以修身为本",为是故也。

　　孟子这段话的意思正是《大学》所说:"古之欲明明德于天下者,先治其国;欲治其国者,先齐其家;欲齐其家者,先修其身。"封建的组织原理是,大型共同体由小型共同体联合而成,最小型的共同体——家,则由个体联合而成。天下之施行仁政,有赖于各诸侯国之施行仁政。诸侯国之施行仁政,有赖于邦内各家室施行仁政。各家室之建立仁政秩序,则依赖于每个人之自修其身。孟子所说的"家"是天下之所有家,"身"是天下所有人之身,如《大学》所说:"自天子以至于庶人,壹是皆以修身为本。"修身就是孔子所说的克己:"克己复礼为仁。一日克己复礼,天下归仁焉。为仁由己,而由人乎哉?"[1]克己也就是复礼,人人治己之身,礼治秩序即趋向于健全。

　　这样,从最初突出先王之道之用,到这里突出个人修身之用,孟子完成了个人与制度的循环。孟子一开始就提出"徒善不足以为政,徒法不能以自行",但彼时还是着眼于君王之德行。现在,孟子则明确地把仁政、把优良治理之道德与治理责任置于天下每个人肩上。这本身是孟子所信奉的"天下乃天下人之天下"的基本政治命题[2]之自然的逻辑结论,同时也以人人皆有恻隐、羞恶、辞让、是非之心之"四端"为基础。客观的规则对于优良治理当然至关重要,但是,孟子又绝非教条的制度决定论者。他指出,人的状态对于优良治理同样具有决定性意义。

　　孟子所理解之仁政不只是一种政治安排,而是一种美好的

①　《论语·颜渊》。
②　孟子的这种思想可见于其《万章上》关于"天子不能以天下与人"的论辩中。

生活,政治安排只是其中的一个部分。从这个角度看,孟子思想具有显著的共和主义色彩。孟子期望人人自修其身,而成为君子,合宜地相互交往、合作。由此也就形成良好的生活秩序,健全的政治秩序自在其中矣。

不过,在这里,孟子关于个体修身与仁政的关系,只是一笔带过,他还是很快又回到共同体治理的问题上。对于邦国内部存在的相互独立的诸多小型共同体,孟子特别讨论了其中的"巨室"与仁政的关系:

> 孟子曰:为政不难,不得罪于巨室。巨室之所慕,一国慕之;一国之所慕,天下慕之;故沛然德教溢乎四海。

> 赵岐注:巨室,大家也,谓贤卿大夫之家,人所则效者。言不难者,但不使巨室罪之,则善也。慕,思也。贤卿大夫,一国思随其所善恶,一国思其善政,则天下思以为君矣。沛然大治,德教可以满溢于四海之内也。

> 朱子集注:盖巨室之心难以力服,而国人素所取信;今既悦服,则国人皆服,而吾德教之所施,可以无远而不至矣。此亦承上章而言,盖君子不患人心之不服,而患吾身之不修;吾身既修,则人心之难服者先服,而无一人之不服矣。

> 林氏曰:"战国之世,诸侯失德,巨室擅权,为患甚矣。然或者不修其本而遽欲胜之,则未必能胜而适以取祸。故孟子推本而言,惟务修德以服其心。彼既悦服,则吾之德教无所留碍,可以及乎天下矣。裴度所谓韩弘舆疾讨贼,承宗敛手削地,非朝廷之力能制其死命,特以处置得宜,能服其心故尔,正此类也。"

赵岐把"巨室"理解为封建架构的卿大夫之家，朱子似乎从一个更为宽泛的意义上理解，因而也更有现代意义。

在经典封建时代，社会治理的组织架构是单一的、同质的，天下由诸侯邦国联合而成，邦国由卿大夫之家室联合而成，士、庶民都在家室内。到孟子所处时代，一方面出现了强大的王权制政府，另一方面，由于自然或者人为的原因，邦国内形成了某些巨室，也就是一些规模比较大的社会自治性组织。它们可能是家族，但也可能是学术性组织、宗教性组织、商业性组织如企业。不管怎样，它们享有广泛而相对独立的治理权威。对于其中的成员，这些组织是享有一定治理权的，它们依据内部的习俗、惯例或章程对其成员进行管理。事实上，可以说，邦国所有民众都必然属于某一个、通常属于多个自治性组织。换言之，每个人其实都至少有双重身份：邦国之民的身份，一个或者多个自治性组织成员之身份。由此，社会自治性组织分享着治理权。孟子所讨论的问题是，邦国之君如何对待这些组织？

对于这个问题，法家的回答是：邦国之君当摧毁这类组织，让全体国民直接从属于邦国之君，并且只从属于君。孟子提出了一个近乎相反的原则：君王不应当谋求消灭这些组织，相反，为政之道在于"不得罪于巨室"。因此，孟子所理解的邦国内部治理架构是大大小小的自治性组织共同分享治理权威和权力的格局，这是一种多中心的共同治理格局。各家巨室在各自的领域内治理其成员，也即在某个方面治理邦国之民。他们会对其成员产生巨大影响，从而也会对整个邦国产生一定影响。

孟子说，君王应当接受这种格局。因为，这可以降低治理的成本。孟子所说"为政不难",所隐含的正是这样的意思。君王如果直接管理每个民,其成本将会非常高,为政将有很大难度——后来秦二世而亡的事实,证明了这一点。相反,广泛的自治性组织分担了大量治理职能,君王也就不必进行全面而彻底的治理了。当然,君王完全可以利用自己的德教,维护这些多中心的权威对于整个共同体的向心力,以维持共同体的团结。这也是君王的政治责任所在。

对这一章,此前经学家多从策略的角度解释。但实际上,孟子提出了一个至关重要的仁政原则,或者说优良治理的宪政主义原理:优良治理当以广泛的自治性组织之有效运转为前提,邦国之君绝不可与这些组织为敌,相反,应当与之建立起合作关系。这样,自发形成的自治性组织也就可以成为达成仁政的组织化载体。

联系前两章,则这一章的含义也就更为清楚。归根到底,仁政之依据在于人内在固有之仁心,其实现方式则是行先王之道,中间环节则是人各修其身,既包括君、臣,也包括民。然则,如何修身?在小规模的自然的共同体中,人的仁心在某种程度上是可以直接发用的。不过,仅此是不足以达成邦国、天下之仁政的,人们需要陌生人共同生活的训练。因此,规模适中的陌生人共同体的存在,对于邦国、天下之优良治理具有决定性意义。这些人是"熟悉的陌生人"——他们没有自然的关系,但共同的事业让他们相互成为熟人。在这些共同体中,呈现先王之道的细微而具体的规则可被有效地实施,个体基于仁心、据于规则的克己修身努力,可以在面对面关系中的相对方身上见到效果。这样的小共同体生活经验,可以推动人的本能的恻隐、羞恶、是非、辞让之心趋向自觉、不断扩充，而成为仁、义、礼、智之德行。孟子所说的"巨室"就属于自然的小型共同体到邦国、天下这样的大型共同体之间的中间性质的组织。国民可以在这些组织中不断地"成人"，乃至于成为君子，最终较为健全地参与到邦国、天下等更大规模的共同体之交往、合作网络中。如此，邦国之君、天子之为政的成本将是较低的。事实上，从根本上说，这样的多中心治理大约是唯一可行的治理模式。

民心与仁政

至此为止，孟子所讨论的都是共同体内部秩序的问题。但是，孟子生活在天下，他所瞄准的地是天下之太平问题。当然，邦国是最为重要的天下活动单位，孟子也都是在以邦国为单位思考仁政的。但是，天下之邦国林立的事实，是思考在一个邦国内部实现仁政时所不能不面对的问题，同时，孟子也在思考，如何立足于邦国，天下大同于仁政。因此，在孟子的仁政思考框架中，邦国间关系也是一个重要议题：

> 孟子曰：天下有道，小德役大德，小贤役大贤；天下无道，小役大，弱役强。斯二者，天也。顺天者存，逆天者亡。齐景公曰："既不能令，又不受命，是绝物也。"涕出而女于吴。

> 赵岐注：有道之世，小德、小贤乐为大德、大贤役，服于贤德也。无道之时，小国、弱国畏惧而役于大国、强国也。此二者天时所遭也，当顺从之，不当逆也。言诸侯既不能令

告邻国,使之进退,又不能事大国,往受教命,是所以自绝于物。物,事也。大国不与之通朝聘之事也。

朱子集注:有道之世,人皆修德,而位必称其德之大小;天下无道,人不修德,则但以力相役而已。天者,理势之当然也。引此以言小役大、弱役强之事也。令,出令以使人也。受命,听命于人也。物,犹人也。女,以女与人也。吴,蛮夷之国也。景公羞与为昏而畏其强,故涕泣而以女与之。

孟子分辨了两个时代:曾经的天下秩序时代,与他自己所处的强权政治(power politics)时代。"天下有道"、"天下无道"乃孔子所用的词,《论语·季氏》中孔子曰:"天下有道,则礼乐征伐自天子出;天下无道,则礼乐征伐自诸侯出。"据此,天下秩序时代也就是礼乐体系保持完整的西周时期。当时,人皆行先王之道,礼乐体系尚较完整,因而,邦国的规模也与其德行相匹配,在各个共同体中,人们的德、位也大体相配。因为,周王拥有维持礼乐之能力,诸侯之间是不敢相互侵伐的,他们各自维持最初的名位、田邑。上下、尊卑本是礼制所要求的,也就为礼所规范。这样,即便居于上位者也能够依礼对待居于下位者,在下位者不至于遭受不公正对待,从而上下各得其宜。此即孟子所说"小德役大德,小贤役大贤"。

到"天下无道"时代,礼乐开始崩坏。尤其是到孟子时代,礼乐已完全崩坏,邦国间进入强权政治时代。由于天下秩序崩坏,邦国之诸侯不再受周王和礼制体系的约束,从而成为"主权者":既对内部的臣民是主权者,相互之间也是主权者。礼崩乐坏让邦国之间对话的唯一语言是实力,邦国的相对地位也完全由各自的实力所决定的。邦国的实力主要体现为邦国的人口、土地规模,此即大、小二字所形容者。邦国之强弱则与此直接相关,主要是兵力规模。这方面实力较大的邦国享有强权,它可以凭借实力对那些比自己实力小的邦国颐指气使。假如小国不从,大国对其使用暴力,而不用担心任何约束、惩罚。因此,这个时代的基本特征就是以力相争①。

　　孟子承认,这样的转变是"天",是命运。生存于这样的天下,邦国应当接受这样的命运。从孟子所举的例子来看,孟子是站在小国、弱国的立场上将这种格局称之为"天"的。理由很简单:这种局面是小国所不能选择的,也无力改变的。不过,孟子紧接着就说明,这只是就常态而言,但小国并非毫无出路:

　　　　今也,小国师大国而耻受命焉,是犹弟子而耻受命于先师也。如耻之,莫若师文王。师文王,大国五年,小国七年,必为政于天下矣。《诗》云:"商之孙子,其丽不亿。上帝既命,侯于周服。侯服于周,天命靡常。殷士肤敏,祼将于京。"孔子曰:"仁不可为众也。夫国君好仁,天下无敌。"今也欲无敌于天下而不以仁,是犹执热而不以濯也。《诗》云:"谁能执热,逝不以濯?"

　　　　朱子集注:言小国不修德以自强,其般乐怠敖,皆若效大国之所为者,而独耻受其教命,不可得也。此因其愧耻之心而勉以修德也。文王之政,布在方策,举而行之,所谓师文王也。五年七年,以其所乘之势不同为差。盖天下虽无

---

① 《韩非子・五蠹》:"上古竞于道德,中世逐于智谋,当今争于气力。"

道,然修德之至,则道自我行,而大国反为吾役矣。

《诗·大雅·文王》之篇。孟子引此诗及孔子之言,以言文王之事。言商之孙子众多,其数不但十万而已。上帝既命周以天下,则凡此商之孙子,皆臣服于周矣。所以然者,以天命不常,归于有德故也。是以商士之肤大而敏达者,皆执祼献之礼,助王祭事于周之京师也。孔子因读此诗而言,有仁者,则虽有十万之众,不能当之。故国君好仁,则必无敌于天下也。不可为众,犹所谓难为兄难为弟云尔。耻受命于大国,是欲无敌于天下也;乃师大国而不师文王,是不以仁也。《诗·大雅·桑柔》之篇,言谁能执持热物,而不以水自濯其手乎?

此章言不能自强,则听天所命;修德行仁,则天命在我。

孟子所见的小国其实也被强权政治的逻辑所驱动,效仿大国,卷入危险的强权政治游戏之中。大国固然在依赖武力谋求霸权,小国也不得不依赖武力谋求生存。双方都具有强权竞争的心态。当然,在这样的同质性竞争中,小国当然总是失败者,而遭受蛮横的大国之羞辱。可以推测,小国对大国并不是心悦诚服,而是迫不得已地屈服。对大国的命令,他们耻于服从。齐景公就是怀着羞耻之心把女儿嫁给强吴的。

这样的羞耻之心,让孟子看到了在小国行仁政而后扩展及于天下的可能性。孟子相信,大国已完全沉溺在强权政治的逻辑中,其恻隐、羞恶、是非、辞让之心完全被强权欲望遮蔽了,已无行仁政之希望。相反,小国因遭到不公正对待,还有羞恶之

心。而"羞恶之心，义之端也"①，孟子相信，有这个羞恶之心，小
国就有走出强权政治的逻辑之可能性。在强权政治体系中，弱
者反而可能被激发出人之为人的本能。孟子之所以对滕文公阐
明其复封建之纲领，似乎正是基于这样的考虑。

据此羞恶之心，孟子教导小国的君王跳出强权政治的逻辑，
而在另外一个领域中发动和展开竞争，那就是，复文王之政，也
就是行先王之道。孟子对于施行仁政的效果充满信心，他相信，
只要施行仁政几年，小国就可以在邦国间竞争中获胜，最终，仁
政将扩展及于整个天下，就像当年周人从西方小族而获得天下
治理权一样。

这里，孟子提出了制度竞争的命题。孟子相信，仁政不仅是
好的，而且是高效率的。法家或者说强权政治的基本预设是：实
力第一，因此，生产实力的高效率就是邦国唯一的善。孟子则相
信，内部秩序的仁政才是善。这样的善，可以对天下人产生吸引
力。另一方面，这种善也可以让邦国在邦国间竞争中具有效率，
仁政可以生产出邦国间竞争所需要的实力。因此，同样是设计
制度，法家立足于外部竞争的角度，孟子则立足于内部秩序之
善：

　　孟子曰：不仁者可与言哉？安其危而利其灾，乐其所以
亡者。不仁而可与言，则何亡国败家之有？有孺子歌曰：
"沧浪之水清兮，可以濯我缨；沧浪之水浊兮，可以濯我足。"
孔子曰："小子听之！清斯濯缨，浊斯濯足矣，自取之也。"夫

---

① 《孟子·公孙丑上》。

人必自侮,然后人侮之;家必自毁,而后人毁之;国必自伐,而后人伐之。《太甲》曰:"天作孽,犹可违;自作孽,不可活。"此之谓也。

赵岐注:言不仁之人,以其所以为危者反以为安,必以恶见亡而乐行其恶,如使其能从谏从善可与言议,则天下何有亡国败家也?孺子,童子也。小子,孔子弟子也。清、浊所用,尊、卑若此。自取之,喻人善、恶见尊、贱乃如此。人先自为可侮慢之行,故见侮慢也;家先自为可毁坏之道,故见毁也;国先自为可诛伐之政,故见伐也。

朱子集注:此章言,心存,则有以审夫得失之几;不存,则无以辨于存亡之著。祸福之来,皆其自取。

孟子建议小邦跳出强权政治的逻辑。他也基于自己的人性论,提出了邦国间竞争的另外一个逻辑。邦国间的强弱对比,表面上看,取决于本邦与他邦之间的实力对比,实际上,则取决于本邦内部是否具有优良的治理秩序,从而维持邦国的团结。邦国在与他邦竞争中的失败总是由于本邦内部秩序存在重大缺陷,从而令邦国本来可以具有的实力不能凝聚,也即,邦国不能团结,而无力抗衡外邦。因此,治国者须将注意力集中于邦国优良治理秩序之达成上,以保持邦国的团结。

那么,孟子所说的邦国真正的力量究竟是什么? 究竟是什么因素决定着天下之归属、让小邦尚可抱有希望? 孟子接下来对此予以论述:

孟子曰:桀纣之失天下也,失其民也;失其民者,失其心

也。得天下有道:得其民,斯得天下矣;得其民有道:得其
心,斯得民矣;得其心有道:所欲,与之,聚之;所恶,勿施尔
也。

　　朱子集注:民之所欲,皆为致之,如聚敛然。民之所恶,
则勿施于民。晁错所谓"人情莫不欲寿,三王生之而不伤;
人情莫不欲富,三王厚之而不困;人情莫不欲安,三王扶之
而不危;人情莫不欲逸,三王节其力而不尽",此类之谓也。

　　民心是邦国最根本的力量所在,即"天时不如地利,地利不
如人和"①之谓也。天下之得失取决于王者的为政之法是得民
心还是失民心,而得民心的根本就是"与民同欲",君王了解人民
的愿望,并按照人民的愿望行动,《梁惠王下》所谓"乐以天下,忧
以天下"是也。需要注意的是,这里的欲、恶,不只是物质性福利
意义上的愿望,同时也应当包括重大政事之处理,孟子就曾经在
《梁惠王下》篇中讨论与民同乐问题时对齐宣王发表过这样的看
法:

　　　　国君进贤,如不得已,将使卑逾尊,疏逾戚,可不慎与?
　　左右皆曰贤,未可也;诸大夫皆曰贤,未可也;国人皆曰贤,
　　然后察之;见贤焉,然后用之。左右皆曰不可,勿听;诸大夫
　　皆曰不可,勿听;国人皆曰不可,然后察之;见不可焉,然后
　　去之。左右皆曰可杀,勿听;诸大夫皆曰可杀,勿听;国人皆
　　曰可杀,然后察之;见可杀焉,然后杀之。故曰,国人杀之

————————

① 《孟子·公孙丑下》。

也。如此，然后可以为民父母。

　　朱子集注：如不得已，言谨之至也。盖尊尊、亲亲，礼之常也。然或尊者、亲者未必贤，则必进疏远之贤而用之。是使卑者逾尊，疏者逾戚，非礼之常，故不可不谨也。左右近臣，其言固未可信。诸大夫之言，宜可信矣，然犹恐其蔽于私也。至于国人，则其论公矣，然犹必察之者，盖人有同俗而为众所悦者，亦有特立而为俗所憎者。故必自察之，而亲见其贤否之实，然后从而用舍之；则于贤者知之深，任之重，而不才者不得以幸进矣。所谓进贤如不得已者如此。此言非独以此进退人才，至于用刑，亦以此道。盖所谓天命天讨，皆非人君之所得私也。传曰："民之所好，好之，民之所恶，恶之，此之谓民之父母。"

　　在这里，与众同欲显然是在重大政务上依据民众的意见进行决策。因此，孟子设想了民可以广泛参与邦国重大事务治理的机制，经由这样的机制，民对邦国产生认同感，关心邦国的安危兴亡。这样的民将凝聚出一种共同的力量，此即构成邦国可用于与他邦竞争的实力。这首先是一种政治力量、文化力量，但也可以转换成为军事力量。

　　这里也就产生了一个问题：君王何以可与民同欲？孟子对此作了简短解释：

　　　　民之归仁也，犹水之就下、兽之走圹也。故为渊驱鱼者，獭也；为丛驱爵者，鹯也；为汤武驱民者，桀与纣也。今天下之君有好仁者，则诸侯皆为驱矣，虽欲无王，不可得已。今之欲王者，犹七年之病求三年之艾也。苟为不畜，终身不得。苟不志于仁，终身忧辱，以陷于死亡。《诗》云："其何能淑，载胥及溺。"此之谓也。

朱子集注：言民之所以归乎此，以其所欲之在乎此也。言民之所以去此，以其所欲在彼而所畏在此也。夫病已深而欲求干久之艾，固难卒办，然自今畜之，则犹或可及。不然，则病日益深，死日益迫，而艾终不可得矣。《诗·大雅·桑柔》之篇。言今之所为，其何能善，则相引以陷于乱亡而已。

邦国由治人者和治于人者构成，也即由政府与民众构成，治人者、政府的关键在于君。构建一个邦国，君、民是两个最为重要的元素。孟子在开头对君进行了讨论，这里转向讨论民。孟子对民之性做了界定："民之归仁也，犹水之就下、兽之走圹也。"这是民的基本政治天性。民的生活之目的是自己作为人的尊严、自由与幸福。他们进入邦国生活，也正是为了更好地实现这一人的目的。因此，他们总是希望生活于仁政秩序之中，自己的尊严、自由得到尊重，有较好的条件追求自己的幸福。他们以此判断邦国，并会以脚投票。

对于君来说，意识到这一点至关重要。君本来也能够意识到这一点，因为，君也是人。邦国是一个共同体，它是由天性相同的两类人组成的。君、民地位虽然不同，但其天性是完全相同的，如《尚书·泰誓上》所说："惟天地，万物父母；惟人，万物之灵。亶聪、明，作元后，元后作民父母。"人具有共同的天性，其中有些较为"聪、明"，而成为君。但君、民的天性绝无二致。也正因为这一点,君完全有可能探知民之政治需求,民也完全有可能接受君据此采取的正确措施,双方能够产生"通感"。因为,双方乃同一群人,而绝不是两个阶级、两个等级。基于天地生人之观念,首先,君、民是能够同欲的。其次,上天眷顾于民,而立君为民,君也必须与民同欲,这是君的道德与政治义务。一个具有正常理智和情感的君,应当努力做到这一点。

但现实中,有很多君王自暴自弃:

> 孟子曰:自暴者,不可与有言也;自弃者,不可与有为也。言非礼义,谓之自暴也;吾身不能居仁由义,谓之自弃也。仁,人之安宅也;义,人之正路也。旷安宅而弗居,舍正路而不由,哀哉!

> 朱子集注:自害其身者,不知礼义之为美而非毁之。虽与之言,必不见信也。自弃其身者,犹知仁义之为美,但弱于怠惰,自谓必不能行,与之有为,必不能勉也。

自暴自弃者首先缺乏仁心,也即缺乏不忍恻隐之心,因此也就没有行仁政之自觉。其次,自暴自弃者又不知义,也就不知如何治国,具体来说,即不知兴仁政则当行先王之道的原理。这样的君王不可能行仁政,也不可能维持自己的权威。明智的君王"居仁由义",则可以得民心,王于天下。

然而,仁义当从何处求? 孟子简单地论述说:

> 孟子曰:道在迩而求诸远,事在易而求之难。人人亲其亲,长其长,而天下平。

朱子注:亲、长在人为甚迩,亲之、长之在人为甚易,而道初不外是也。舍此而他求,则远且难而反失之。但人人各亲其亲、各长其长,则天下自平矣。

孟子在前面已经论述,行仁政之本在于人人自修其身,亲其亲、长其长就是修身之效用。人的行为,不论是在私人性血亲关系中,还是在公共性尊卑关系中,均行先王之道,也就可以形成一种"和"的状态,天下处于优良治理状态。接下来,孟子对如何亲其亲、长其长,给出了更为详尽的论述:

孟子曰:居下位而不获于上,民不可得而治也。获于上有道,不信于友,弗获于上矣。信于友有道,事亲弗悦,弗信于友矣。悦亲有道,反身不诚,不悦于亲矣。诚身有道,不明乎善,不诚其身矣。是故,诚者,天之道也;思诚者,人之道也。至诚而不动者,未之有也;不诚,未有能动者也。

赵岐注:言人求上之意,先从己始,本之于心。心不正而得人意者,未之有也。授人诚善之性者,天也,故曰天道。思行其诚以奉天者,人道也。至诚,则动金石;不诚,则鸟兽不可亲狎。故曰,不诚,未有能动者也。

朱子集注:获于上,得其上之信任也。诚,实也。反身不诚,反求诸身而其所以为善之心有不实也。不明乎善,不能即事以穷理。无以真知善之所在也。游氏曰:"欲诚其意,先致其知;不明乎善,不诚乎身矣。学至于诚身,则安往而不致其极哉?以内则顺乎亲,以外则信乎友,以上则可以

得君,以下则可以得民矣。

人同时处于若干关系中,在不同关系中,个人的角色是不同的,从而具有不同的伦理责任。一个健全的人须同时履行这些伦理责任,这些伦理责任是高度相关的。由疏及亲,孟子列举了君臣、朋友、父子等关系,而维持所有这些关系处于健全状态的途径,就是"诚身"。诚身是对正身的一个发展,在此身与天道发生了关系。孟子依据自己的人性论指出,上天赋人以善之趋向和潜能,就此而言,人分有天之道。那么,人道也就是彰显天道,修身也就是显明上天赋人之善,扩充此善。由于所有人都被赋予此善之取向与潜能,因而,人们相互之间具有通感能力,只要诚身,立刻就可以感动他人。

本章论述在本文所引孟子这部分论述中占有重要位置。由此,行先王之道的仁政被置于天人之际,而具有深邃的人性论依据。天赋予人以善之性,那么,人间秩序之唯一正当目标就是人人得以运用、扩充此一善之性。这就是仁政。反过来,这一人性也让人自然地具有"正身"的趋向,因而,仁政也是完全可能的。正身本身就形成规则,正身的人们之合作、交易也形成规则,先王之道就是在这样的生活与治理过程中积累而成的。因此,从某种程度上可以说,先王之道也是天所赋予人的客观的规则。行先王之道是仁政的具体实现途径,而先王之道具有崇高的正当性。

总之,正是天把上面所讨论的先王之道所代表的客观规则,与正身所代表的共同体内人的道德伦理自觉勾连起来,从而让仁政不仅是必需的,更是正当的,也是可能的。由此可以看出,孟子的仁本宪政主义也就是天道宪政主义,董仲舒系统阐明的汉儒之天道宪政主义正是对孟子思想的丰富与扩充。

立国之道:同意或者暴力

上面对仁政的构成性要素已作分析。孟子接下来讨论的问题是,构建一个国家也即立国(state-building)的正确方式是怎样的? 显然,如何立国,必然在很大程度上决定着邦国如何治理。

孟子区分了正确的与错误的立国之道,首先是正确的立国之道:

> 孟子曰:伯夷辟纣,居北海之滨,闻文王作,兴曰:"盍归乎来! 吾闻西伯善养老者。"太公辟纣,居东海之滨,闻文王作,兴曰:"盍归乎来! 吾闻西伯善养老者。"二老者,天下之大老也,而归之,是天下之父归之也。天下之父归之,其子焉往? 诸侯有行文王之政者,七年之内,必为政于天下矣。

> 赵岐注:此二老犹天下之父也,其余皆天下之子耳。子当随父,二父往矣,子将安如? 言皆归往也。今之诸侯,如有能行文王之政者,七年之间,必足以为政矣。天以七纪,故云七年。文王时难故久,衰周时易故速也。上章言大国五年者,大国地广人众,易以行善,故五年足以治也。

> 朱子集注:文王发政,必先鳏寡孤独,庶人之老,皆无冻

馁,故伯夷、太公来就其养,非求仕也。二老,伯夷、太公也。
大老,言非常人之老者。天下之父,言齿德皆尊,如众父然。
既得其心,则天下之心不能外矣。

这里值得注意的词是"归"。前面已从理论层面上讨论过
"归":"民之归仁也,犹水之就下、兽之走圹也。"这是一个关于民
之政治本性的基础性命题。正确的立国之道就是这一天性在政
治现实中的发用。伯夷、太公之"归"文王,就是由这一天性所驱
动。而他们的决定也就是在殷、周之间"用脚投票",他们的政治
选择带动了天下人之政治选择,剥夺了商人的治理权,而把天下
治理权转移给周人。伯夷、太公及万民的"归",赋予文王之治理
权以无可置疑的正当性。

在这里,孟子提出了一个民通过自由选择,而与君联合建立
自己理想之邦国的模型。如果天下行仁政,人民将安于现状。
一旦出现无道之君的暴政,暴君就将失去天命,而出现一个文王
式受命之君。他类似于一个政治企业家,构想出一种替代性制
度,首先在小范围内实施。这个新制度是否构造出一个实体性
邦国,取决于民是否愿"归"。这正是孟子所理解的殷周之际的
故事:殷、周各有其制度,天下之民在两种制度之间进行选择。
民当然选择文王的较为优良的制度,也即仁政,因为,在这样的
制度下,他们的天性可以得到发挥。经由他们的"归",他们与提
供了优良制度之君共同构造了一个邦国。这个邦国吸引更多的
民进入,进而扩展及于天下。

也就是说,一个邦国实际上包含三个关键性要素:君,制度,

民。君可以构建制度,但是,制度是否优良,却以民是否"归"为唯一判断标准。邦国能否建立,君固然重要,但民更为重要:邦国最后能否从一个构想变成现实,取决于民是否同意。民表示同意的方式是"归"。孟子相信,只要君确实能够实施得民心之制度、政策,民自然就会络绎而"归"。经由民的这种同意,邦国就获得了完整的生命。在这个邦国中,制度以一种恰当的方式把君和民联结为共同体。至关重要的是,制度是由于民的选择而发挥效力的,邦国是经由民的同意而成立的,所以,邦国就不是由君单方面建立的,而是由君与民共同建立的。君与民之间以行动进行了一场对话,民的同意是邦国之决定性的正当性所在。

这样的构建过程也就决定了,在此邦国中,必然行仁政,也即必然行先王之道,因为,民必定只接受客观的、公道的规则之治理,而唯有先王之道具有这些特征。也因此,邦国之君与民也就必然共同接受客观的规则的约束。这样的邦国,用现代术语说,也就是宪政的邦国。具有同意之正当性的邦国,就是君与民的共同财产。

接下来,孟子讨论了错误的立国之道:

> 孟子曰:求也为季氏宰,无能改于其德,而赋粟倍他日,孔子曰:"求非我徒也,小子鸣鼓而攻之可也。"由此观之,君不行仁政而富之,皆弃于孔子者也,况于为之强战? 争地以战,杀人盈野;争城以战,杀人盈城。此所谓率土地而食人肉,罪不容于死。故善战者,服上刑;连诸侯者,次之;辟草

莱、任土地者,次之。

　　赵岐注:求,孔子弟子冉求。季氏,鲁卿季康子。宰,家臣。小子,弟子也。孔子以冉求不能改季氏使从善,为之多敛赋粟,故欲使弟子鸣鼓以声其罪,而攻伐责让之。曰"求非我徒",疾之也。孔子弃富不仁之君者,况于争城争地而杀人满之乎?此若率土地使食人肉也,言其罪大,死刑不足以容之。孟子言:天道重生。战者杀人,故使善战者服上刑。上刑,重刑也。连诸侯,合从者也,罪次善战者。辟草莱、任土地、不务修德而富国者,罪次合从连横之人也。

　　朱子集注:林氏曰:"富其君者,夺民之财耳,而夫子犹恶之。况为土地之故而杀人,使其肝脑涂地,则是率土地而食人之肉。其罪之大,虽至于死,犹不足以容之也。"

　　在这段论述中,孟子指出,错误的立国之道可分为三种:第一种是军国主义,第二种是强权主义,第三种是重商主义。军国主义毫不留情地通过冷酷的战争来占有天下,此即所谓"打天下"。以这种方式建国的代表是秦国。强权主义试图通过合纵连横的政治游戏扩大邦国的控制范围,赢得声望,进而控制天下,战国时代东方各大国似乎都有这样的雄心。冉求则似乎较早地为诸侯们实施了重商主义政策,增加政府的资源控制能力与税收征收能力,以提升政府的行动能力,主要是对外竞争和战争能力。当然,这三者经常混合在一起。尤其是,考察历史就会发现,秦国完整地综合了这三种策略,并且最为冷酷地将每一政策都实施到最为极端的地步。秦国就是凭着对于这些政策的娴熟而综合的运用,最终在战国争雄中胜出。

孟子认为,所有这些建国方式实乃犯罪行为。这与前面所讨论的建国方式是完全不同的。最为严重的是,在这些错误的建国过程中,民被排除在外。实际上更糟糕,民纯粹被当成工具,而成为牺牲品。建国成为拥有强权的极少数人的事业,强权者为了实现自己的欲望、野心、雄心,单方面地把自己的构想强加于民,并经常借助暴力的方式。

在这样的建国过程中,民无从表达他们的意愿。在这样的建国过程中,民无从选择。在这样的建国过程中,没有君与民之间的对话。因而,通过这样的建国方式所建立的邦国,缺乏邦国最为根本的正当性:民之同意。也因此,这样的邦国不具有正当性。

当然,经由暴力方式所建立的这种邦国也不可能行仁政。这个邦国不过是拥有暴力的人的欲望和意志之实体化而已。凭借着暴力,他的欲望和意志就是法律。这个邦国的君只迷信暴力,而不可能承认先王之道对于他欲望和意志的约束力。没有民的同意过程,他也不相信,自己应当与民一样,被置于同一客观规则体系之下。因此,这样的邦国也就没有仁政的可能性。

经义概述

孟子之仁政并不是今人所理解的基于君之单方面意愿的道德之治。相反,仁政是以宪政主义的复杂治理架构为其唯一正当而可行的实现形态的。这个仁政的邦国秩序之终极依据在天:天赋予人以善的趋向和潜能,据此,人天然地具备正身之意愿和能力。借助这些意愿和能力,人们构造了亲疏不等的共同体,在其中,人们合作、交易而合宜地生活。最终,透过那些具有制度想象和构建能力的君之制度创新,和万民对于这些制度之同意,作为一种治理共同体的邦国得以获得生命。以同意为本的邦国构建之道决定了邦国当行先王之道,也即实施客观而公道的规则之治。而这个规则之治首先体现为邦国成员、尤其是君子之自治其身。这是优良治理之本。在政府内部,邦国的君、臣将各自按照规则体系所确定的程序,相互独立而又相互合作,行使规则体系赋予自己的权威、权力。邦国也会承认那些先于邦国而形成的各种各样的自治性组织的治理权。由此,整个邦国将形成一个多中心治理格局。如此治理的邦国之治理秩序具有可扩展性,最终,这样的仁政秩序将覆盖天下,仁道行于天下。

第七篇 国以义为利:《大学》平天下章义疏

《大学》论旨有二:前半部分论述君子或大人如何养成,后半部分,约自"所谓齐其家在修其身者"开始,论述君子或大人如何承担自己的责任:治理。首先论齐家,随后论治国、平天下。人无财不能生,国无财不能立,故或许令人有点惊奇,《大学》论治国平天下,集中于讨论治国者聚财、用财之道,而阐明了一套健全的财政原则,以此讨论了政府之基本正当职能,概言之即"国不以利为利,以义为利"。

絜矩之道

《大学》论君子治理之道,由小而大,先论"齐其家在修其身",再论"治国必先齐其家",接下来论治国平天下:

> 所谓平天下在治其国者:上老老而民兴孝,上长长而民兴弟,上恤孤而民不倍。是以,君子有絜矩之道也。
> 郑玄注:老老、长长,谓尊老、敬长也。恤,忧也。"民不倍",不相倍弃也。絜,犹结也,挈也。矩,法也。君子有絜

法之道,谓当执而行之,动作不失之。①

　　朱子章句:老老,所谓老吾老也。兴,谓有所感发而兴起也。孤者,幼而无父之称。絜,度也。矩,所以为方也。言此三者,上行下效,捷于影响,所谓家齐而国治也。亦可以见人心之所同,而不可使有一夫之不获矣。是以君子必当因其所同,推以度物,使彼我之间各得分愿,则上下四旁均齐方正,而天下平矣。②

　　这里的主体是"上",即治国平天下者。这里开宗明义提出,君子有絜矩之道。矩者,规矩,法度,律法,客观的规则。治国平天下之关键在于絜矩,也即执法而治。这一点即表明,治国平天下之道不同于齐家之道。

　　《大学》此前论治国在齐家,齐家在修身,家室治理之对象是熟人,甚至相当数量的人具有亲缘关系,人们也生活在交往较为频密的固定地理范围内。故强调君子修身以为家人示范。但天下、国之构成与家显然不同:天下之人生活在广阔的地理空间,彼此之间也没有亲缘关系,而互为陌生人:人民与治理者是陌生人,人民相互之间甚至君子相互之间,也都是陌生人。治理这样的人民,只能依靠具有较高普遍性的规则。

　　此前论治国在齐家谓"孝者,所以事君也;弟者,所以事长也;慈者,所以使众也",治理者透过家内伦理之养成,而养成家

① 《礼记正义》卷六十,《大学第四十二》,下引郑玄注、孔颖达疏皆出于此,不复一一注明。
② 《四书章句集注·大学章句》,下引朱子章句均出于此,不复一一注明。

人具有可在更大范围内适用之"国"民的伦理意识。而现在论治国,次第则颠倒过来:"上老老而民兴孝,上长长而民兴弟,上恤孤而民不倍。"朱子解"老老"为"老吾老",似不完备,应当是"老吾老以及人之老",即郑注所说一般而言之"老老"。也许,至关重要的是"老人之老"。这一点,从"上恤孤"中可得到证明:上不可能恤自己之孤,这是自相矛盾的说法。

这句话的意思是,治理者通过在公共生活中尊敬国内陌生之老、长,而诱导民众形成家内伦理。这样的尊、敬不是出自自然的情感,而是一种人为的礼法规范。治理者必须意识到自己的公共角色和职责,并按照礼法对待国中之老、长。这也就是说,当治国之时,治理者必须始终站在公的立场上,排除私人情感之影响。他对那些陌生的老、长本无自然的情感,但为治国,必须养成爱、敬之情感。唯有如此,才可"絜矩",而这是治国、平天下的根本。

这里显示了治国、治家之道在性质上的不同,也即《礼记·丧服四制》所概括的:"门内之治,恩掩义;门外之治,义断恩。"邦国、天下这样的大规模的、陌生人的共同体之治理,须以义为本。义者,宜也;义者,礼之实也。以义断恩,也就是不受私人情感影响,执行客观而普遍的法度,也即絜矩。

下文讨论絜矩之道:

> 所恶于上,毋以使下;所恶于下,毋以事上。所恶于前,毋以先后;所恶于后,毋以从前。所恶于右,毋以交于左;所恶于左,毋以交于右。此之谓絜矩之道。
>
> 郑玄注:"絜矩之道",善持其所有,以恕于人耳。治国

之要尽于此。

朱子集注:此覆解上文"絜矩"二字之义。如不欲上之无礼于我,则必以此度下之心,而亦不敢以此无礼使之。不欲下之不忠于我,则必以此度上之心,而亦不敢以此不忠事之。至于前后、左右,无不皆然,则身之所处,上下、四旁、长短、广狭,彼此如一,而无不方矣。彼同有是心而兴起焉者,又岂有一夫之不获哉。所操者约,而所及者广,此平天下之要道也。故章内之意,皆自此而推之。

本段更为详尽地解释絜矩之道,从字面上看,絜矩之道就是恕道,这一论述有助于深入理解恕道。

这段论述最值得注意的是,上下、左右、前后不断重复。这一点表明,此处的主体不是君王,而是一般意义上的君子。上一段中已同时出现上、君子,《大学》整个文本都在交叉使用这两个词。这显示,《大学》治理之道乃"多中心治理",这是由封建的治理模式所决定的。身、家、国、天下均为相互具有一定独立性的治理单位,君子就分布在这些治理中心,相对独立地行使治理权威。

如此重复也意味着,絜矩之道适用于治理的各个面相。君子对上、对下、对前、对后、对左、对右都应以客观的规则治理。这是由治国、平天下之性质所决定的。在邦国、天下,唯一通行的治理模式就是客观的规则之治。

具体而言,上下、前后、左右,当各有明确的所指:

第一,上、下指君臣、尊卑关系。在封建制中,除周王外,每个君子同时具有两个身份:某人之臣,某些人之君。君子当然不希望自己的君粗暴地对待自己，那么自己对臣也就应当予以尊重。君子不愿意自己的臣对自己无礼，那自己也就应当尊敬自己的君。

第二，前、后是时间意义上的，因而似乎指代际，上一代与下一代，与长幼有关。君子当然不希望上一代在资源分配中轻忽自己，那么当他主持资源分配时，也就不应当轻忽下一代，而应当保证下一代所得之分。或者反过来，如果自己不希望后代抢夺自己的资源，那自己也就不要抢夺前辈所应得的。

第三，左、右是空间上的，指同等地位的君子。君子当然不希望同僚恶意对待自己，那么自己也不要无礼地对待同僚。

总结而言，本章强调，承担治理之责的君子在自己所处的各种关系中，均应遵守一致性原则。也即执行规则之时，将所有人纳入考量之中，全面而均衡地考虑所有人的心愿、诉求。如朱子所解释的，要让每个人各得分愿。君子之间，君、民之间虽有上下尊卑关系，但此种关系被置于一致的规则之下，由此，人各得其正。人的自然情感倾向是畏惧在上位者，轻忽在下位者；礼让前辈，而怠慢后生；在同僚、友朋之间，也会有所偏私。君子欲得优良治理，则不可如此，当抑制这种自然的情感倾向，而保持自己行为之一致性。

如何保持一致性？唯有遵守规矩、礼法。礼法具有一个明显的属性：抽象性。礼法不管人的具体性，而将人际关系化约为上下、前后、左右这样的抽象模式，并据此规定了一些合宜的行为模式，也即礼。只要是同一类人，君子就以相应的礼对待之。这样的礼可以普遍适用。这样，君子与人的关系就不再受个体化的情感的左右，因而可以合宜地对待一切人，不论其与自己的情感如何。由此,君子也就把自己从具体的情感网络中抽离出来,而扮演公共性角色。

絜矩之道就是执礼之道,也即,在各种场合,遵守抽象而客观的规则。这是治国平天下之本。父子、兄弟等具体情感关系是自然的,且在社会治理中具有重要意义。但是,在治国、平天下场域中,君子应抑制这些情感。相反,应当执普遍而抽象之礼法对待所有人,包括对待与自己具有情感之人。这也正是宗法的功能所在①。由此,治理者,也即君子是"公"的,对所有人才可能是"正"的。否则,君子就可能有所偏私,从而让情感扰乱治理活动。

只有运用絜矩之道,具有公、正的品质,君子才能"得众"。

得众之道

诗云:"乐只君子,民之父母。"民之所好好之,民之所恶恶之,此之谓民之父母。

郑玄注:言治民之道无他,取于己而已。

朱子章句:能絜矩而以民心为己心,则是爱民如子,而民爱之如父母矣。

本节讨论得众之道,围绕着君子与民的关系展开。

首先理解君子作民父母之隐喻。《尚书·泰誓上》:"惟天地,万物父母;惟人,万物之灵。亶聪、明,作元后,元后作民父

---

① 关于这一点,可参考《华夏治理秩序史》第二卷《封建》,上册,第二章。

母。"《洪范》第五畴"皇极"最后说:"天子作民父母,以为天下王。"《汉书·刑法志》是这两段话之最佳阐释:

　　夫人宵天地之貌,怀五常之性,聪明精粹,有生之最灵者也。爪牙不足以供耆欲,趋走不足以避利害,无毛羽以御寒暑,必将役物以为养,用仁智而不恃力,此其所以为贵也。故不仁爱则不能群,不能群则不胜物,不胜物则养不足。群而不足,争心将作,上圣卓然先行敬让、博爱之德者,众心说而从之。从之成群,是为君矣;归而往之,是为王矣。《洪范》曰:"天子作民父母,为天下王。"圣人取类以正名,而谓群为父母,明仁、爱、德、让,王道之本也。

天地生万物,天地为万物之父母,人同样皆为天所生。就此而言,人人平等。这是一项政治神学原则。而人为万物之灵,故天赋人以不忍人之心,及与之配合之"思",这两者也就是班固所说的仁与智。就其天赋之力量而言,人并无优越之处。但天爱人,赋予人以仁、智,人据此可以合群。人合群则可以通过合作提高效率,从而可以生存并繁荣。合群则需君,发起群,对群进行管理。由此,人中间区分出君与民。君当拥有权威,民当服从这种权威,因而君、民有别。这是政治哲学之基本原则。但是,政治神学原则又规定,君必须奉天而治,《泰誓中》:"惟天惠民,惟辟奉天。"君之设立,是为了万民之生养、繁荣。《史记·文帝本纪》记载汉文帝诏书曰:"朕闻之:天生烝民,为之置君以养治之。人主不德,布政不均,则天示之以菑,以诫不治。"故爱民、养民是天施加给君的一项不可推卸之义务。

正是在这个意义上,君作民之父母。这个命题实给君施加了仁爱万民之单向义务,而绝非授予其以管控万民之绝对权威。此处强调的是君是民之父母,而非民是君之子女。相反,对于君,民实拥有选择之权。这就是"王"字的含义。王者,往也,万民归往也。若君爱养万民,则万民归往。反之,若君残贼万民,则万民离散,群趋向于解体,君则不成其为君矣。此即下文所说的"得众"。

《尚书大传·洪范》则解释了父、母之含义:

> 圣人者,民之父母也。母能生之,能食之;父能教之,能诲之。圣王曲备之者也,能生之,能食之;能教之,能诲之也。为之城郭以居之,为之宫室以处之,为之庠序学校以教诲之,为之列地制亩以饮食之。故《书》曰"作民父母,以为天下王",此之谓也。

父母的隐喻表明,君与万民间有或者说应当有深刻的情感联系,而不只是服务与被服务的关系。君向民众提供公共服务,当然是至关重要的。但仅此是不够的。君还必须对民具有情感,爱民、敬民。如此,则民对于君王,也有敬、爱之情。此种双向的情感之宇宙论基础也许在于人人皆为天所生,其人性的基础则是人人皆有之不忍人之心。

关于君的这些命题均适合于君子。然而,在现实中,君子如何作民之父母?君有作民父母之心,未必真能成为民之父母,本章提出了一项操作性原则:"民之所好好之,民之所恶恶之。"

君子与万民虽皆为天所生,故人同此心、心同此理。但是,只是如郑注所说"取于己"，是不够的。因为毕竟，在现实政治中，君子、万民双方之地位有别，因此，其诉求、利益也会出现差异，甚至相反。君子"取于己"，则可能出现"何不食肉糜"之荒诞。故君子欲作民父母，必须控制自己之好恶，而以万民之好恶为取舍：民之所好者，君子行之；民之所恶者，君子避之。从程序上说，君子立法、决策，须寻求、依循万民之共识。此即《中庸》所述舜之治理之道：

> 子曰："舜其大知也与！舜好问而好察迩言，隐恶而扬善，执其两端，用其中于民，其斯以为舜乎！"
>
> 朱子《中庸章句》：知，去声。与，平声。好，去声。舜之所以为大知者，以其不自用而取诸人也。迩言者，浅近之言，犹必察焉，其无遗善可知。然于其言之未善者，则隐而不宣；其善者，则播而不匿，其广大光明又如此，则人孰不乐告以善哉。两端，谓众论不同之极致。盖凡物皆有两端，如小大、厚薄之类。于善之中又执其两端，而量度以取中，然后用之，则其择之审而行之至矣。然非在我之权度精切不差，何以与此？此知之所以无过不及，而道之所以行也。

舜之治理智慧在于，不自用而取诸人。"两端"实为多端，人群中之多样的诉求、意见，而通常归于两大倾向。"其"就是人群，"中"是多种诉求、意见之交叉共识。正常情况下，近似地说就是多数诉求、意见。"用其中于民"就是立法、决策依循人群之多数意见。用现代术语说，就是民主。

如此强调君子作民之父母，也在强调君子之公共性。君子既然为民之父母,其仁爱之情,就不能仅局限于覆盖私人之家。相反,他必须超出血缘性之爱,另行树立一种公共之爱。从某种意义上,这两种爱是存在冲突的,君子若被血缘之亲的激情所支配,就可能丧失公心,而很难作民父母。

君子若从民之所好恶,则可以得众。从根本上说,不是君子得众,而是万民归往于君子。换言之,君子之治理权实来自万民之认可,历史为此提供了例证:

> 诗云:"节彼南山,维石岩岩。赫赫师尹,民具尔瞻。"有国者不可以不慎,辟,则为天下僇矣。诗云:"殷之未丧师,克配上帝。仪监于殷,峻命不易。"道得众则得国,失众则失国。
>
> 朱子章句:《诗·小雅·节南山》之篇。节,截然高大貌。师尹,周太师尹氏也。具,俱也。辟,偏也。言在上者人所瞻仰,不可不谨。若不能絜矩而好恶殉于一己之偏,则身弑国亡,为天下之大戮矣。
>
> 《诗·文王篇》。师,众也。配,对也。配上帝,言其为天下君,而对乎上帝也。监,视也。峻,大也。不易,言难保也。道,言也。引诗而言此,以结上文两节之意。有天下者,能存此心而不失,则所以絜矩而与民同欲者,自不能已矣。

君子享有治理权,民众自当尊敬君子。然而,历史已表明,君子之治理权以万民之认可为本,并非固定不变。依循万民之共识治理邦国、天下,则君子可保有治理权。不循民之好恶,为民所背弃,君子将丧失治理权。殷商之兴起、灭亡,就证明了这一点。

因此,君子必须敬慎,戒慎戒惧,战战兢兢,如履薄冰,如临深渊。这是治国者应当具有的精神状态。在此精神状态下,君子敬民,也即抑制自己的欲望、激情、利益,而按照万民之共识立法、决策。所谓"僻",就是执着于一己之好恶,被自己的欲望、激情支配,而不顾民众之主流意见,一意孤行。如此治理者必在众人内部区别对待不同的人和人群,而不能同等对待,是所谓偏。偏私而行,君子必定被多数民众抛弃,丧失治理权。

以上两节提出君子治国平天下之两大基本原则:执行客观的规则,顺从多数之意见。君子之自然的欲望、情感受到抑制,从而可以公正地对待共同体内所有人。由此,众人认可君子之治理权,君子可以安全地拥有治理权。如此基于承认的治理权,是共同体增进整体福利的工具,唯有这样的治理权及其运用可治国、平天下。

德与财

在确立了君子治国平天下之基本原则上,经文展开更为具体的讨论,以君子之德的形态提出治国平天下之健全理念。

首先讨论处理人、财关系之原则:

> 是故,君子先慎乎德。有德此有人,有人此有土;有土此有财,有财此有用。
>
> 孔颖达疏:"有德此有人"者,有德之人,人之所附从,故

"有德此有人"也。"有人此有土"者,有人则境土宽大,故
"有土"也。"有土此有财",言有土则生植万物,故"有财"
也。"有财此有用"者,为国用有财丰,以此而有供国用也。

朱子章句:先慎乎德,承上文不可不慎而言。德,即所
谓明德。有人,谓得众。有土,谓得国。有国则不患无财用
矣。

前面已提出"有国者不可以不慎",指敬慎于民,顺从万民之
共同意见。此处慎的对象则是德,君子当敬于德,治理之德。这
里的治理之德,就是指前面所论述的治国平天下之两大基本原
则:执行客观的规则,顺从多数之意见。君子具有这样的治国之
德,则可以得众。众人自然生活在一定土地上,得众则可以得到
其所生活之土地,从而对一定疆域内的一定人群享有治理权。
有人民、有土地,则有产出,其中一部分可为国用。

人、土是邦国、天下之构成要素,无人、无土则无邦国、天下。
财、用是邦国、天下之物质资源,没有这两种资源,邦国、天下就
不能保持自己的生命。然而,邦国、天下之本在德,德统摄这一
切。而且,君子之德主要指向得众,得众是君子之德的根本。古
典君子之德就是得众之德,比如《尚书·舜典》:帝曰:"夔,命汝
典乐,教胄子:直而温,宽而栗,刚而无虐,简而无傲。此处之四
德,皆在得体地对待君子、庶民,赢得他们的尊敬、认可。

实际上,《大学》经文本句是把封建之历史抽象为原则。封
建治理以人为本,大大小小的共同体皆为人合共同体,人们通过
个别的君臣关系链条、网络结成共同体。土地居于附属地位,只
是人们建立君臣关系的中介。而人们是可以解除这样的君臣关

系的,所谓"君臣以义而合,不合则去"。为此,各级君,也即君子们,须慎于德,以保持臣、民对自己的忠。此即得众之德。

由这里开始讨论财政问题:

> 德者,本也,财者,末也。外本内末,争民施夺。是故,财聚则民散,财散则民聚。是故,言悖而出者,亦悖而入;货悖而入者,亦悖而出。

> 郑玄注:施夺,施其劫夺之情也。悖,犹逆也。言君有逆命,则民有逆辞也。上贪于利,则下人侵畔。《老子》曰:"多藏必厚亡。"

> 朱子章句:人君以德为外,以财为内,则是争斗其民,而施之以劫夺之教也。盖财者,人之所同欲,不能絜矩而欲专之,则民亦起而争夺矣。外本内末故财聚,争民施夺故民散,反是则有德而有人矣。悖,逆也。此以言之出入,明货之出入也。

> 自先慎乎德以下至此,又因财货以明能絜矩与不能者之得失也。

此处承上章提出,对于治理者而言,德为本,财为末。有德则得众,得众则有土、有财。治理者若违背这一原则,轻德重财,与民争利,损害众人之利益,则必致民众离散。

本章将得众之道推进了一步,具体地讨论了财政领域的絜矩之道:人皆有爱财之心。君子欲得众,则需要尊重民众之财产权。治国、平天下当然需要取民之财以为国用,但须取之以道,也即朱子注所说"絜矩"以取之,依照公认的确定的法度取得国用。如此,国用充足而民无疑义。如此则为顺:顺乎矩,则顺乎民心,顺乎民心则得众。取国用而不能絜矩,则悖乎民心,必然失众。也就是说,政府获取财政收入的根本依据是民众的同意,不管这种同意以何种方式表达。这就是健全财政的首要原则。

然则,邦国的正确理财之道是什么?这是最后将讨论之大问题。

容

君子欲得众,也需有另外一个治理之德,容:

> 《康诰》曰:"惟命不于常!"道善则得之,不善则失之矣。《楚书》曰:"楚国无以为宝,惟善以为宝。"舅犯曰:"亡人无以为宝,仁亲以为宝。"
>
> 郑玄注:于,於也。天命不于常,言不专祐一家也。《楚书》,楚昭王时书也。言以善人为宝。时谓观射父、昭奚恤也。舅犯,晋文公之舅狐偃也。亡人,谓文公也,时辟骊姬之谗,亡在翟。而献公薨,秦穆公使子显吊,因劝之复国,舅犯为之对此辞也。仁亲,犹言亲爱仁道也。明不因丧规利也。

《康诰》所说之"命"乃"天命",上天所命之治理权。《左传·僖公五年》:"皇天无亲,唯德是辅。"故君子慎乎德,则可得众,可保有治理权;否则,将失去治理权。然则,治国者不仅自己须慎乎德,更应当信任有德之人,以之为邦国之宝,此为治理之大德。

　　《秦誓》曰:"若有一个臣,断断兮无他技,其心休休焉,
其如有容焉。人之有技,若己有之;人之彦圣,其心好之,不
啻若自其口出。寔能容之,以能保我子孙黎民,尚亦有利
哉!人之有技,媢嫉以恶之;人之彦圣,而违之俾不通。寔
不能容,以不能保我子孙黎民,亦曰殆哉!"

　　郑玄注:《秦誓》,《尚书》篇名也。秦穆公伐郑,为晋所
败于殽,还誓其群臣,而作此篇也。断断,诚一之貌也。他
技,异端之技也。有技,才艺之技也。"若己有之","不啻若
自其口出",皆乐人有善之甚也。美士为"彦"。黎,众也。
尚,庶几也。媢,妒也。违,犹戾也。俾,使也。拂戾贤人所
为,使功不通于君也。殆,危也。彦,或作"盘"。

　　孔颖达疏:"若有一介臣,断断兮"者,此秦穆公誓辞云,
群臣若有一耿介之臣,断断然诚实专一谨悫。"无他技,其
心休休焉,其如有容焉"者,言此专一之臣,无他奇异之技,
惟其心休休然宽容,形貌似有包容,如此之人,我当任用也。
"人之有技,若己有之"者,谓见人有技艺,欲得亲爱之,如己
自有也。"人之彦圣,其心好之,不啻若自其口出"者,谓见
人有才彦美通圣,其心中爱乐,不啻如自其口出。心爱此彦
圣之美,多于口说,言其爱乐之甚也。"寔能容之,以能保我
子孙黎民,尚亦有利哉"者,实,是也。若能好贤如此,是能
有所包容,则我国家得安,保我后世子孙。黎,众也。尚,庶
几也。非直子孙安,其下众人皆庶几亦望有利益哉也。"人
之有技,媢疾以恶之"者,上明进贤之善,此论蔽贤之恶也。
媢,妒也。见人有技艺,则掩藏媢妒,疾以憎恶之也。"人之

彦圣,而违之,俾不通"者,见他人之彦圣,而违戾抑退之。俾,使也,使其善功不通达于君。"实不能容,以不能保我子孙黎民,亦曰殆哉"者,若此蔽贤之人,是不能容纳,家国将亡,不能保我子孙。非唯如此,众人亦曰殆危哉。

《史记·秦本纪》记载《秦誓》之背景曰:

> 三十六年,缪公复益厚孟明等,使将兵伐晋,渡河焚船,大败晋人,取王官及鄗,以报殽之役。晋人皆城守不敢出。于是缪公乃自茅津渡河,封殽中尸,为发丧,哭之三日,乃誓于军曰:"嗟士卒!听无譁,余誓告汝。古之人谋黄发番番,则无所过。"以申思不用蹇叔、百里傒之谋,故作此誓,令后世以记余过。

封建治理之基本原则是君子共同审议,此即"谋"。《洪范》:"汝则有大疑,谋及乃心,谋及卿士,谋及庶人,谋及卜筮。"随后,依据其中之多数意见作出决策,此即"从众",同样是《洪范》:"三人占,则从二人之言。"秦之封建制不甚健全,秦穆公拒绝蹇叔、百里傒等人所代表的多数意见,而一意孤行,导致失败。秦穆公在此誓中对自己的不当行为予以反省,而归结为"容"。

作为治理者,尤其是较高层次的治理者,君子之优劣首先不在于自身才能之高下,而在于容含之德行。治理者之最优秀品质,乃在于容众,在于发现和利用众人之贤、能,也即让有德之人、有能之人各得其所。尤其是在立法决策之时,能够综合众人之智慧。这也就是说前面所讨论的得众之道:以众人之好恶为取舍之标准。

这样的"容"就是舜之无为，《论语·卫灵公》篇：子曰："无为而治者，其舜也与？夫何为哉？恭己正南面而已矣。"舜之所以能够无为，就是因为它与诸多君子共同治理。因此，容的治理之德须落实于有效的制度安排，也即共同治理。如此，则邦国得利，治国者得利，因为，邦国内君子、人民之智慧、力量都被充分利用。若治理者不容，则这些最为珍贵的资源就被浪费，邦国、天下自然不能得到优良治理。

> 唯仁人放流之，迸诸四夷，不与同中国，此谓唯仁人为能爱人，能恶人。
>
> 郑玄注：放去恶人媚嫉之类者，独仁人能之，如舜放四罪而天下咸服。
>
> 朱子章句：有此媚疾之人，妨贤而病国，则仁人必深恶而痛绝之。以其至公无私，故能得好恶之正如此也。

《舜典》："流宥五刑"，此流放之刑乃针对君子。此处何以用"仁人"，而不用君子？推测起来，仁人未必是君、君子。也即，此处放流之对象，既可能是臣，也可能是君。事实上，这方面，史有实例。《舜典》："流共工于幽州，放驩兜于崇山，窜三苗于三危，殛鲧于羽山，四罪而天下咸服。"这是君流放臣。《史记·殷本纪》："帝太甲既立三年，不明，暴虐，不遵汤法，乱德。于是伊尹放之于桐宫。"《史记·周本纪》："于是国莫敢出言，三年，乃相与畔，袭[周]厉王。厉王出奔于彘……召公、周公二相行政，号曰共和。共和十四年，厉王死于彘。"这是臣、民流放君。春秋时代亦有大夫、国人放流公侯之事。

　　也就是说，本章讨论了君子若不得众而被更换的可能性。此时，放逐此不合格之君子，不仅不是不忠，反而是大仁大爱。这样的仁人爱人、爱民，而在位之君子残贼人民，为了人民，仁人就可以起而废黜、放逐君子。当然，这是君子之过较为严重时之惩罚。接下来，

　　　　见贤而不能举，举而不能先，命也。见不善而不能退，退而不能远，过也。
　　　　好人之所恶，恶人之所好，是谓拂人之性，菑必逮夫身。
　　　　郑玄注：命，读为"慢"，声之误也。举贤而不能使君以先己，是轻慢于举人也。
　　　　朱子章句：命，郑氏云"当作慢"。程子云："当作怠。"未详孰是。远，去声。若此者，知所爱恶矣，而未能尽爱恶之道，盖君子而未仁者也。
　　　　拂，逆也。好善而恶恶，人之性也。至于拂人之性，则不仁之甚者也。
　　　　自《秦誓》至此，又皆以申言好恶、公私之极，以明上文所引《南山有台》、《节南山》之意。

　　上文所说君子之德"容"的一个具体表现就是《礼记·礼运篇》所说之"选贤与能"，赋予这些君子以与己共同治理之位。君子若不能做到这一点，就是怠慢贤能之人。另一方面，若已发现某人不善，却不能屏退，是为治国之过。
　　凡此两者，邦国都将蒙受其害，也即必将遭"灾"。何以故？

有德或贤能之人，必为人所好，也即得众。治理者最为明智的办法就是任用这些贤能，从而得众。如果治理者反其道而行之，众人所好之人不能任用，众人所恶之人不能屏退，这就悖逆众人之好恶，则灾必及于其身。《大学》没有论"人性"，此处之性实指明民众作为整体的自然政治取向。朱子释"好人之所恶，恶人之所好"为"好善而恶恶，人之性也"，但也许可以更为具体地释为，民众好善人而恶恶人。民众为自身利益，为公共秩序之良好，愿见善人当政，而不愿见恶人当政。这就构成政治意义上的万民之性。君子若拂逆万民之此性，就必然失众，失众则失国。《论语·为政》篇：

> 哀公问曰："何为则民服？"
> 孔子对曰："举直错诸枉，则民服；举枉错诸直，则民不服。"

两经含义完全相同："民服"就是本章之得众，"民不服"就是本章之失众。因此，选贤与能，与君子共同治理，就不是治理者之权利，而是一种强制性义务。这是来自民众之核心要求，隐含于"得众"之中。得众具有两层含义：得民，得君子。而这两者是紧密相关的。不得君子，单靠君是不能得民的。君必须与诸多贤能君子共同治理，才有可能建立和维持优良治理，从而得民。两者俱得，方为得众。

> 是故君子有大道，必忠、信以得之，骄、泰以失之。
> 朱子章句：君子，以位言之。道，谓居其位而修己治人

之术。发己自尽为忠,循物无违谓信。骄者矜高,泰者侈肆。此因上所引文王、康诰之意而言。章内三言得失,而语益加切,盖至此而天理存亡之几决矣。

忠者,忠于自己的职责;信者,取信于民。封建的君臣关系中之双方的权利-义务是相互的,臣固当履行对君之义务,君亦需履行对臣、对民之义务。作为治理者之君子若欲得众、得国,并保有之,就需忠于自己对臣、民之职责,这其中,最为关键的是前面所讨论的,公正地按照规则处理一切事务,决策之时谋于众人,寻求并依循众人之共识。此为治理之大道,治理者须循此大道,方可得到和保有治理权。

义与利

讨论得众,则不能不涉及义、利关系。邦国之用,只能取之于民。财富是民之所好,治理者取之无道,则悖逆万民之所好,是为失众。然则,邦国又不可没有财用,治理者如何做到得财用而又不失众? 经文提出:

生财有大道:生之者众,食之者寡;为之者疾,用之者舒:则财恒足矣。

孔颖达疏:“生财有大道”者,此一经明人君当先行仁义,爱省国用,以丰足财物。上文“大道”,谓孝悌仁义之道,此言人君生殖其财,有大道之理,则下之所云者是也。“生之者众”者,谓为农桑多也。“食之者寡”者,谓减省无用之费也。"为之者疾"者,谓百姓急营农桑事业也。"用之者舒"者,谓君上缓于营造费用也。"则财恒足矣"者,言人君能如此,则国用恒足。

　　朱子章句:吕氏曰:"国无游民,则生者众矣;朝无幸位,则食者寡矣;不夺农时,则为之疾矣;量入为出,则用之舒矣。"愚按:此因有土有财而言,以明足国之道在乎务本而节用,非必外本内末而后财可聚也。自此以至终篇,皆一意也。

经文按照人与财用的关系,将邦国之内的人分成两大类:一类是生产者,一类是消耗者。换句话说,一类是纳税人,一类是食税者。

经文首先从共同体的人口结构上立论:生产者在人口中所占比例较高,则财富产出较高,如此则邦国财用易于充足。这也就是今人所说的"官民比"。经文倾向于维持一个较低的官民比。接下来,经文从效率上立论:一侧是生产的效率,此效率越高,则共同体之总产出越多,可用于邦国财政的潜力也就越大。在另一侧,财政支出的速度须予以严格控制。

治理者如果能够做到这两点,则邦国财用恒足。这当然是相对充足。资源总是稀缺的,若不能把财政支出控制在合理而必要的限度,即便生之者众,为之者疾,财政收入也会不敷使用。因此,财用恒足从根本上说取决于节用。

节用,则需要正确地认识身、财关系:

　　仁者以财发身,不仁者以身发财。未有上好仁,而下不好义者也。未有好义,其事不终者也。未有府库财,非其财者也。

郑玄注:发,起也。言仁人有财,则务于施与,以起身成其令名。不仁之人,有身贪于聚敛,以起财务成富。言君行仁道,则其臣必义。以义举事无不成者。其为诚然,如己府库之时为己有也。

朱子章句:发,犹起也。仁者散财以得民,不仁者亡身以殖货。上好仁以爱其下,则下好义以忠其上;所以事必有终,而府库之财无悖出之患也。

此处之身既指自然的生命,也指社会意义上的治理权和名誉,身是这些因素之综合。治理者维持个人生存、治理邦国,皆需要财用。然而,在身与财之间,治理者需做出正确的抉择。一种做法是让财服务于身,这是仁者。此处之仁,就是爱己之身。另一种做法是让身全部投入发财之事。乍一看,这在增加自然生命可支配之资源,却有可能因此而丧失治理权,即前经所说"辟,则为天下僇矣"。这就是不仁,也就是不爱己之身。

换言之,经文在此提出君子之"正确理解的利益"概念①。人皆有自爱之心,这是人的自然倾向。然而,如何才是真正的自爱? 如何才是对己之仁? 不加节制地追求看得见的物质利益,君子可能丧失更为长远、也更为重要的权威、权利和利益。君子必须知道正确的自爱之道,唯此才能正确地理解自己的利益所在,而采取正确的生活与治理策略。

---

① 可参考托克维尔在《论民国的民主》下卷第二部分的论述。

治理者若把握了正确的自爱策略,节制自己对物质利益之激情,即可成就合宜的取财之术,也即取财有道,按照礼法之规定取民之财。如此取财,民不会反感,而会按照礼法完成自己的义务。治理者节制,则邦国上下都会节制,并各尽其职,形成一种上下有别而相互合作的上下关系。这样,治理者可以相对充分地供应和分配公共品,一切公共事务都可以得到妥善处理。而府库中取之于民之财,也会不多不少,恰到好处,财得其用,实现财政运转之健全。君个人和作为治理者的需要得到满足,民众也乐见君之安乐。反之,如果取之于民无道,府库过分充裕,治理者则可以便利地放纵欲望,如此则财非其用,即"以身发财",反受其害。①

沿着正确理解的利益之逻辑,经文提出治理者的义利之辨:

> 孟献子曰:"畜马乘不察于鸡豚,伐冰之家不畜牛羊。百乘之家不畜聚敛之臣;与其有聚敛之臣,宁有盗臣。"此谓:国不以利为利,以义为利也。

> 郑玄注:孟献子,鲁大夫仲孙蔑也。"畜马乘",谓以士初试为大夫也。"伐冰之家",卿大夫以上,丧祭用冰。"百乘之家",有采地者也。鸡豚、牛羊,民之所畜养以为财利者

---

① 《孟子·梁惠王上》中一段对话对此有所阐明:孟子见梁惠王,王立于沼上,顾鸿雁麋鹿,曰:"贤者亦乐此乎?"孟子对曰:"贤者而后乐此,不贤者虽有此,不乐也。《诗》云:'经始灵台,经之营之,庶民攻之,不日成之。经始勿亟,庶民子来。王在灵囿,麀鹿攸伏,麀鹿濯濯,白鸟鹤鹤。王在灵沼,于牣鱼跃。'文王以民力为台、为沼,而民欢乐之,谓其台曰灵台,谓其沼曰灵沼,乐其有麋鹿鱼鳖。古之人与民偕乐,故能乐也。《汤誓》曰:'时日害丧?予及女偕亡。'民欲与之偕亡,虽有台池鸟兽,岂能独乐哉?"

也。国家利义不利财,盗臣损财耳,聚敛之臣乃损义。《论语》曰:"季氏富于周公,而求也为之聚敛,非吾徒也,小子鸣鼓而攻之可也。"

朱子章句:君子宁亡己之财,而不忍伤民之力;故宁有盗臣,而不畜聚敛之臣。此谓以下,释献子之言也。

各个层级的君子皆有治理之权,若欲保有治理权,就必须正确理解自己的利益,节制自己对财富之欲望。其中至关重要之原则为,君子不与民争利。董仲舒于天人三策之第三策,对此有过深入阐释:

夫天亦有所分予,予之齿者去其角,傅其翼者两其足,是所受大者不得取小也。古之所予禄者,不食于力,不动于末,是亦受大者不得取小,与天同意者也。夫已受大,又取小,天不能足,而况人乎!此民之所以嚣嚣苦不足也。

身宠而载高位,家温而食厚禄,因乘富贵之资力,以与民争利于下,民安能如之哉!是故众其奴婢,多其牛羊,广其田宅,博其产业,畜其积委,务此而亡已,以迫蹴民,民日削月浸,浸以大穷。富者奢侈羡溢,贫者穷急愁苦;穷急愁苦而不上救,则民不乐生;民不乐生,尚不避死,安能避罪!此刑罚之所以蕃,而奸邪不可胜者也。

故受禄之家食禄而已,不与民争业,然后利可均布,而民可家足。此上天之理,而亦太古之道,天子之所宜法以为制,大夫之所当循以为行也。故公仪子相鲁,之其家见织帛,怒而出其妻。食于舍而茹葵,愠而拔其葵,曰:"吾已食

禄,又夺园夫红女利乎!"古之贤人君子在列位者皆如是,是
故下高其行而从其教,民化其廉而不贪鄙。

及至周室之衰,其卿大夫缓于谊而急于利,亡推让之风
而有争田之讼。故诗人疾而刺之,曰:"节彼南山,惟石岩
岩,赫赫师尹,民具尔瞻。"尔好谊,则民乡仁而俗善;尔好
利,则民好邪而俗败。由是观之,天子大夫者,下民之所视
效,远方之所四面而内望也。近者视而放之,远者望而效
之,岂可以居贤人之位而为庶人行哉!

夫皇皇求财利常恐乏匮者,庶人之意也;皇皇求仁义常
恐不能化民者,大夫之意也。《易》曰:"负且乘,致寇至。"乘
车者,君子之位也;负担者,小人之事也,此言居君子之位而
为庶人之行者,其患祸必至也。若居君子之位,当君子之
行,则舍公仪休之相鲁,亡可为者矣。①

董子所引公仪子之事,申明君子、小人之分工关系。孟献子
之"畜马乘不察于鸡豚,伐冰之家不畜牛羊",亦为此意。关于这
种分工——孟子称之为"通功易事"②——关系,《孟子·滕文公
上》有精彩讨论:

有大人之事,有小人之事。且一人之身,而百工之所为
备,如必自为而后用之,是率天下而路也。故曰:或劳心,或
劳力;劳心者治人,劳力者治于人;治于人者食人,治人者食

---

① 《汉书》卷五十六,《董仲舒传第二十六》。
② 《孟子·滕文公下》。

于人,天下之通义也。

如孟子后面举尧舜之例所说明者,大人也即君子之职责是组织社会、管理社会,提供正义与公共品。因为提供了这些服务,故君子可以食于人,也即可以获得一定的财富,以及荣誉。这是君子之所应得者。至于庶民,则因为君子所提供之公共品,而可以在和平环境下安心地从事生产,可以稳定地保有自己的生命和财产。由此,君子、小人各得其宜。

按照这样的分工机制,君子就不当从事庶民之事,也即不当从事盈利性活动,即董子所说:"古之所予禄者,不食于力,不动于末。"这是君子的义务。当然,需要特别指出,这里的君子就是指行使治理权者。他们掌握着权力。君子节制自己,则可为庶民留一条生路,后者可以通过盈利性活动获得生存所需之资源,其中一部分可转于国用。这就是君子-小人各自的本分。双方各守其分,则各得其所,社会秩序也会较为稳定。

然而,现实中,不少掌握治理权者在获得了其应得之财富之外,运用其治理权威,越出自己的本分,进入庶民之事的范围,从事盈利性活动。如此,庶民的生存机会就被挤压,在位者则获得不义之财。这会诱惑在位者放纵欲望,同时也会拉大君子、庶民的财富差距,制造双方的紧张,此即"以身发财"。这样的君子难免失众而灾祸降临。故本章经文提出:"畜马乘不察于鸡豚,伐冰之家不畜牛羊",负有治理之责的君子与承担财富生产之庶民应当保持健全的分工、合作关系。

经文接着提出另外一项治理原则:"百乘之家不畜聚敛之臣;与其有聚敛之臣,宁有盗臣。"上经所说是与民争利之第一种,利用权力卷入财富生产过程中,获得盈利性收入,也即在经济学所说的财富的第一次分配环节中与民争利。此处之聚敛,则是在第二次分配环节中与民争利,也即超出礼法规定,增加庶民之税赋。有趣的是,经文认为,聚敛的危害显然大于盗。孔颖达疏曰:

> "与其有聚敛之臣,宁有盗臣"者,覆解"不畜聚敛之臣"之本意。若其有聚敛之臣,宁可有盗窃之臣,以盗臣但害财,聚敛之臣则害义也。

"盗"就是盗用府库之财,财已聚之于府库,最多只是减少治理者可用之财,而并不会影响君民关系。聚敛则发生于君、民之间,聚敛之臣为了君之物质利益最大化,取之无道。这样的聚敛之臣,也就是历史上曾经出现的兴利之臣[1],采取各种方法增加君王、政府的财政收入。表面上看兴利之臣增加了君的看得见的利益,但必然置君于不义之地,令君失众,而有丧失治理权之危险。

基于上面两点,经文总结:"国不以利为利,以义为利也。"

君子不免自爱之情:君子希望保有治理权。此为君子之根本利益所在,这就是第二个"利"字的意义。

何为义?义者,宜也。邦国之内,人各有其利:君有其利,那就是保持治理权,获得一定财用;君子有其利,也是保持治理权,获得一定财用;庶民有其利,那就是追求个人幸福,而庶民的幸

---

① 比如,汉代的桑弘羊等人,可参考《史记》卷三十,《平准书第八》。

福有可能各个不同。这多元之利可能互有冲突,而且,最严重的冲突总是由掌握着权威的君引发的,比如,君取财无道,侵害庶民之利。而由此,君之长期利益也会遭到损害。

那么,如何让邦国内的每个人各得其利? 唯一的办法是人人各得其宜,包括君、君子、民。具体地说,通过长期实践、通过共同协商,确定各自的权利、义务,也即每个人付出多少,获得多少。这就是各人之宜,也即义。每个人据此行动,则可以彼此协调,而在承担自己义务的同时,利益也得到满足。这就是邦国之义,也就是"正义"的状态①。所谓正义,就是每人各处其宜,各尽其分,各得其利。在这种状态下,君子可保有治理权,庶民也可以安稳地生活。

因此,正义就是邦国的最高之利,这其中包括治理者之大利,也即长期保有治理权之利,可以得到保障。春秋时代周王室大夫富辰曰:"夫义,所以生利也;祥,所以事神也;仁,所以保民也。不义,则利不阜;不祥,则福不降;不仁,则民不至。古之明王不失此三德者,故能光有天下,而和宁百姓,令闻不忘。"②正义乃邦内所有人之利,包括邦君之利的源泉。

反过来,《周易》"乾"卦《彖辞》曰:"乾道变化,各正性命,保合太和。"《文言》:"利者,义之和也……利物,足以和义……乾始能以美利利天下,不言所利,大矣哉!"乾道利万物,令万物各得其宜,而令万物处于至高至美之"和"的状态。这就是天下之至

---

① 参看罗马法对正义的定义:"正义是给予每个人他应得的部分的这种坚定而恒久的愿望。"([罗马]查士丁尼《法学总论》,张企泰译,商务印书馆,1997 年,第 5 页)

② 《国语·周语中》。

利,此利正来自万物之宜之协调。天下之所以能享此利,乾道之
德至为关键,那就是以美利利天下,而不言所利。君王应当法此
乾道,以美利利天下。如此,邦国内个人之行为,尤其是君子之
行为,才有可能普遍合于义,也即履行自己应做的,得到自己应
得的,则人各得其宜,而邦国诸事皆顺。如果君王不能做到这一
点,则天下人皆不能得其宜,天下将丧失其至利。

但是,有国者是人,几乎不可能完整地法此乾道,他总是有
自己的利益考量。因此,此处经文非常现实地指出:有国者不可
以自己的物质的利益当做唯一的利益。经文还是以利来诱导
他:他的利是保有治理权。要长久地享有这种利,有国者就必须
超越自己的当下物质性利益之考量,而面向义。也即认识到,邦
内所有人都有其利益,如果不正确地对待他人的利益,他人就会
以同样的态度对待君王。因此,如果要保有长期治理之利,君王
就必须尊重各人之利,必须正自己之利。也即,以义为利,以普
遍的正义为自己的利益所在。

> 长国家而务财用者,必自小人矣。彼为善之,小人之使
> 为国家,菑害并至。虽有善者,亦无如之何矣!
>
> 郑玄注:言务聚财为己用者,必忘义,是小人所为也。
> 彼,君也。君将欲以仁义善其政,而使小人治其国家之事,
> 患难猥至,虽云有善,不能救之,以其恶之已著也。

经文最后触及一个问题:君用人不当。臣有德行意义的君
子、小人之别。有些治理者本身也许并无强烈的聚敛欲望,然
而,用人不当,信任小人。此种小人也未必用心险恶,而在于未

能恰当地处理德与财或者说民众之认可与财富的积累之间的关系,而取财无度。比如,以公共安全、邦国威望的名义兴建一些公共工程,为此而大规模征敛,由此引发民众不满,反而为治理者招来更为严重的安全灾祸,甚至丧失治理权。于是,经文再次重复说:

> 此谓国不以利为利,以义为利也。
>
> 孔颖达疏:前经明远财重义,是"不以利为利,以义为利",此经明为君治国,弃远小人,亦是"不以利为利,以义为利"也。
>
> 朱子章句:此一节,深明以利为利之害,而重言以结之,其丁宁之意切矣。

经文相同,但用意似乎有所不同。前面的"国不以利为利,以义为利也"主要是告诫有国者,此处则告诫治理者在任用臣属之时,也必须谨慎遴选。有一些臣具有迅速带来看得见的物质利益的能力,但这样的能力对邦国、对治理者之长远利益,可能造成损害。邦国之长远利益在于君、臣、民各得其宜,为此,应当在各个环节上阻止可能导致任何一方、主要是君偏离其宜之漏洞。为此,有国者用人,也应当遵循"国不以利为利,以义为利"的原则,也即,应当任用那些坚守正义之人,而不可任用兴利之臣。如此,权力之行使受义之节制,民众之利才能得到尊重,而邦国才可享有大利:健全而稳定的社会秩序。

经义概述

本节经文中反复出现"众"字。邦国、天下是由众人组成的，共同体规模较大，人们相互陌生，诉求、利益也各不相同。众人又可细分为民、分散治理之责的君子，加上君，构成治理之三大主体。

基于这样的社会事实，经文提出，君得到和保有治理权之关键有二：第一，絜矩，即以抽象而普遍的规则同等地对待一切人。为此，治理者当节制自己的私人情感。第二，得到众人之认可。为此，治理者当节制自己的欲望和激情，依循众人之共同意见行事。这是治国平天下之两大基本原则。①

接下来，经文在人与财两大领域，对上述原则予以展开：首先，治理者必须容人，也即任用贤能与自己共同治理。这是得众之要。其次，治理者必须把德置于财之上，必须以义为利，而不能以利为利。

朱子章句总结整个治国平天下一节说：

> 此章之义，务在与民同好恶而不专其利，皆推广絜矩之意也。能如是，则亲贤、乐利各得其所，而天下平矣。

换一个角度也可以说，治国平天下一章可归结于一个字："义"。絜矩之道就在于待人以义；唯有邦国内人人各得其宜，才可得众。

---

① 若加以比附，则可说这两者分别对应于法治和民主。

　　需要注意的是,本节所论主体全部为一般意义上的君子,而并非君王。此中大有深意焉。这透露了多中心治理的理念。君子们在各个层级上进行治理,所谓修身、齐家、治国、平天下。天下就是由各人之身、家、国等组成的,故平天下在很大程度上乃天下自平。"平"者,何谓也?"乾"卦《文言》:"云行雨施,天下平也。"孔颖达疏曰:"言天下普得其利而均平不偏陂。"平天下就是天下之人各得其宜,如此则不能不诉诸絜矩之道、得众之道,取财以义乃其中至关重要者。

第八篇　治国平天下:《论语》季氏篇义疏

孔子身处中国历史大转型时代,见证了礼治秩序之崩溃,也见证了将于战国时代成熟的王权制最初之兴起。孔子深入思考优良治理之道,且通过述、作、行,为后世创制立法。孔子阐述邦国、天下治理之道最详尽者,莫过于《论语·季氏》首章。解明此章,即可粗通孔子治国、平天下之大道。

欲望之兴起

孔子本次论道,激发于鲁国专权大夫季氏之欲伐颛臾:

> 季氏将伐颛臾。冉有、季路见于孔子曰:"季氏将有事于颛臾。"
>
> 集解:孔曰:颛臾,伏羲之后,风姓之国,本鲁之附庸,当时臣属鲁。季氏贪其土地,欲灭而取之。冉有与季路为季氏臣,来告孔子。

此事为孔子时代礼崩乐坏之真实写照。次两章中,夫子对

礼崩乐坏之历史进程,有更详尽的论说:

> 孔子曰:"天下有道,则礼乐征伐自天子出;天下无道,
> 则礼乐征伐自诸侯出。自诸侯出,盖十世希不失矣;陪臣执
> 国命,三世希不失矣。天下有道,则政不在大夫。天下有
> 道,则庶人不议。"
>
> 孔子曰:"禄之去公室五世矣,政逮于大夫四世矣,故夫
> 三桓之子孙微矣。"

西周时代,礼乐征伐自天子出,是为"有道";春秋初中期,礼
乐征伐自诸侯出,是已"无道"。而今政逮于大夫,大夫征伐公室
之附庸,是为无道之甚。据孔子之言,礼乐征伐之权威下移,则
天下趋于无道。此何以故?朱子集注引苏氏曰:

> 礼乐征伐自诸侯出,宜诸侯之强也,而鲁以失政。政逮
> 于大夫,宜大夫之强也,而三桓以微。何也?强生于安,安
> 生于上下之分定。今诸侯大夫皆陵其上,则无以令其下矣。
> 故皆不久而失之也。

此处之道,意实为礼。"天下有道",即天下有礼。周为经典
封建制,礼乐为联结周王、诸侯之纽带,界定双方之权利、义务;
征伐则是强制执行礼乐之工具。当周王享有足够权威时,有能
力维护礼乐。在礼乐约束下,天下人各守其分,各得其所。这包
括,各诸侯国内,公侯与大夫、大夫与士、君子与庶民之间,也维
持较为健全的关系。当然,这里也需要强调,由于礼的习惯法性

质,周王本身其实也在礼的约束之下。

周室东迁,周王权威坠落,礼乐即丧失较为公平的强制执行机制。代之而起者为"伯政",而侯伯之强制执行力度和公平性已逊于周王。如此,礼乐之权威与约束力下降,则诸侯国内部之封建秩序必趋向松动。其结果是,直接支配士的卿大夫崛起,而出现"政逮于大夫"之局面。由此,礼乐之权威与约束力再度下降。

最为严重的问题在于,当政逮于大夫之时,在大夫之上,没有周王、诸侯之约束,也就没有什么力量可以有效地约束这些享有相当巨大的权威之大夫们。他们开始摆脱礼乐之约束,自然的欲望开始释放出来,包括权力欲望。由此而有了季氏之伐颛臾,这就是卿大夫之权力欲望驱动的。

这段记载也有助于理解《论语》首章"学而时习之"之义。冉有、季路已在季氏之家室担任官职,承担季氏之工作。然而,在处理家务时,他们仍征询孔子意见,显然与孔子继续保持师徒关系。而下面,孔子也依然对他们施以教诲。因此可以说,这两人仍学于孔子,而担任季氏之职就是"习",实习、实践其所学之知识、其所养成之德行。当然,这样的职位来自机会,并不是每个人都有这样的机会,也并不是任何时候都有这样的机会。孔子本人就长期得不到机会。而这就是"时"之含义。

孔子曰:求!无乃尔是过与?

集解:孔曰:冉求为季氏宰,相其室,为之聚敛,故孔子独疑求教之。

朱子集注:冉求为季氏聚敛,尤用事,故夫子独责之。

　　所谓礼崩乐坏就是封建的等级制意义上的君子之败坏,如季氏之不能节制欲望、僭越礼制。孔子之历史性贡献正在于,以群居而"学"的方式,于平民中养成一个新兴君子群体,也即德行意义上的君子。《先进》:"政事:冉有,季路。"冉求、子路为孔门弟子中精于政事者,尤其是冉求,得以担任季氏之家宰。

　　然而,如《学而》"人不知而不愠"所指明的,在那个大转型时代,强势大夫如季氏虽无其德,而有其位,掌握着资源。新兴士人则有其德而无其位,而不得不为大夫所用。故在当时的政治结构中,大夫为君,新兴儒家士君子为臣。这就是后来儒家士君子之基本政治角色。

　　尽管如此,孔子这句话却显示了儒家士君子政治主体意识之自觉与历史角色之自信。通观《论语》,孔子认为,当时有其位者之知识、德行均比较低劣,因此,他们作出错误的决策并不奇怪。他所养成之新兴士君子之责任,恰在于凭借着自己的德行和知识,约束、控制、指导有其位之权贵,尽管其身份为臣。这里出现了道与势之分立、抗衡。孔子责备冉求,这意味着,孔子认为,对于君之行为是否正当,作为臣的儒家君子负有主要责任。

　　然则,冉求之过何在?

　　夫颛臾,昔者,先王以为东蒙主;且在邦域之中矣;是社稷之臣也。何以伐为?

　　朱子集注:东蒙,山名。先王封颛臾于此山之下,使主其祭,在鲁地七百里之中。社稷,犹云公家。是时四分鲁国,季氏取其二,孟孙、叔孙各有其一。独附庸之国尚为公臣，季氏又欲取以自益。

　　故孔子言：颛臾乃先王封国，则不可伐；在邦域之中，则不必伐；是社稷之臣，则非季氏所当伐也。此事理之至当，不易之定体，而一言尽其曲折如此，非圣人不能也。

孔子向弟子阐明了不当伐颛臾之理由有三：

第一，先王之法。封建之治是习惯法之治，先王之法被视为永恒而普遍有效的，超越于一切人的意志之上，包括周王、诸侯，遑论卿大夫。颛臾既是先王所封，从先王那里获得了作为附庸存在之礼法依据，它也就享有了作为附庸永远存在之权利，自当免于任何人之意志的随意处置。由此可以看出，封建之礼虽然界定了人与人之等级关系，然一切人又被置于礼之下，而与现代的法律之治同构。

第二，共同体主义。公家者，公侯之家也。在封建制下，鲁侯同时具有多个身份：周王之臣；其受封于周王之田邑，大多数又分封于各大夫，而为此诸大夫之君；同时，鲁侯又保留一部分为自有领地，组成"公家"，公室之支出即来自其产出。颛臾为鲁侯之附庸，本在鲁邦之境内，何必征伐？

第三，君臣之义。颛臾作为鲁侯之附庸，则与鲁侯有准君臣关系，而与季氏为同僚。即便其行为不当，亦当由鲁侯予以惩罚。季氏用兵于颛臾，僭越了鲁侯之权。

总之，孔子完全依据礼治原则分析季氏征伐颛臾之过。孔子当然清楚，季氏之所以征伐颛臾，实因为礼崩乐坏，季氏之利益与鲁侯近乎相反。季氏与其他两家竞争，必竞相瓜分公室，征伐颛臾，则可扩大自己家室直接控制之范围，以满足自己的权力欲望。

　　　　冉有曰:"夫子欲之。吾二臣者皆不欲也。"

　　孔子正处于一个新时代之初,即"现代"。"夫子欲之"一语清楚地揭示了新时代的精神气质:礼崩乐坏,自然之"欲"支配一切。

　　治国无非两种相反相成的动力结构:欲望驱动,规则节制。最好的状态是两者平衡。但事实上,欲望为本能,规则系人为。所以,规则总是容易遭到破坏。当礼乐制度完备之时,礼制无所不在,覆盖所有事务。礼制也无人不在,无人可以自外于礼制,包括各个层级的君。君之一举一动均受礼制之约束。在这种全面礼制化的生活和治理中,君之欲望也受到节制。礼制的根本功能就是节制欲望。因而在礼治秩序下,君、君子之欲望、意志变成了实现规则的工具。孔子上面所提不可伐颛臾的三个理由,其实都是礼法上的理由。若君子遵守这些礼法,则欲望就可受到抑制。

　　礼崩乐坏的结果则是,规则溃散,仅有欲望。人,尤其是君,不再受礼制之约束。"文胜质则史,质胜文则野。文质彬彬,然后君子。"[1]礼乐之"文"退去之后,人就退化为自然肉体,即孔子所说的"质"。肉体欲望不加掩饰地直接呈现,而且,这类欲望一定是肉体可以直接感知的当下的物质性欲望,主要包括指向钱财、女色等耳目、权力之欲望。

　　因此,新兴的现代世界之基本精神是物质主义。这种物质

————————————

① 《论语·雍也》。

主义既呈现于私人生活中，也呈现于公共生活中。权贵追求个人的物质性利益，也带动政治体产生现代财政意识的自觉。从《左传》、《论语》中可以看出，掌权的诸侯、大夫超越礼法而敛财，是一个相当普遍的现象。新兴的士人如冉有，也依靠自己的专业知识为有位者敛财。从某种意义上说，财政意识是现代政治形成的标志。

物质主义也推动战争形态与其精神发生重大变化，在礼治秩序下，战争是为了执行礼法[1]，现在，则主要为了抢夺对方之田邑、人民。征伐颛臾就是一个例证，它显示了强势大夫强烈的权力欲望。掌权者的物质欲望成为当时政治之主要驱动力量。由此，新兴的现代政治趋向于非理性的"强权政治"。在礼治秩序中，征伐是需要理由的，征伐者必须依据礼法，对即将被征伐者提出指控，这是一种武力执法活动。也因此，这种征伐的过程也是受礼法控制的，通常也不以占有田邑为目标，只要对方认罪即可。礼崩乐坏，游戏规则发生根本变化。欲望成为征伐的唯一理由，欲望成为政治的主要动力。颛臾没有对鲁侯、对季氏做出任何非礼之事，就成为征伐对象。季氏仅仅基于自己的欲望，就对涉及本邦国及颛臾的重大事务作出了决定。

因此，物质主义的现代人是高度不理性的。由于欲望的不可预测性，现代世界是一个任何人也没有确定性的世界。孔子之后的华夏，就是一个危险的丛林世界。孔子看到了这个世界到来的明显迹象。

[1]　关于这一点，可参考《华夏治理秩序史》第二卷，下册，第十一章《以兵为刑》。

君臣之道

不过,冉求和子路则明确地说,自己"不欲",与其君之欲望相悖。由此,孔子对于新兴君子之政治伦理,进行了深入探讨。

首先看《论语·先进》篇:

> 季子然问:"仲由、冉求可谓大臣与?"
>
> 子曰:"吾以子为异之问,曾由与求之问。所谓大臣者:以道事君,不可则止。今由与求也,可谓具臣矣。"
>
> 曰:"然则从之者与?"(集解:孔曰:问为臣皆当从君所欲邪?)
>
> 子曰:"弑父与君,亦不从也。"
>
> 朱子集注:以道事君者,不从君之欲。不可则止者,必行己之志。言二子虽不足于大臣之道,然君臣之义则闻之熟矣,弑逆大故必不从之。盖深许二子以死难不可夺之节,而又以阴折季氏不臣之心也。尹氏曰:"季氏专权僭窃,二子仕其家而不能正也,知其不可而不能止也,可谓具臣矣。是时季氏已有无君之心,故自多其得人。意其可使从己也,故曰弑父与君亦不从也,其庶乎二子可免矣。"

孔子时代,德、位分离。有位者不顾礼法,受欲望驱动而行事。孔门弟子也即新兴士君子则从夫子问道,而有其德,尽管程度不等。但是,新兴士君子欲行道于天下,又不能不依托于这些无德之掌权者。于是,他们时刻面临着抉择:不假思索地顺从君之欲望,抑或对君之欲望进行审查,而作出自己的选择。此即士人必须面对的义、利之辨,构成士君子政治伦理之核心问题。

　　未来的士人就沿着这两个方向演化:大多数士人,包括接受纵横家、兵家、法家之士人,无条件地顺从君之欲望,充当君实现其欲望、当然主要是权力欲望之工具。此种士人之典型就是秦、汉之文法吏。儒家士人则有另一选择。儒家士君子具有较为强烈的道德理想主义精神,更在意行道天下之理想。因此,他们并不会完全顺从君之欲望。固然,他们也不能不顺乎君之欲望,比如《先进》:

　　　　季氏富于周公,而求也为之聚敛而附益之。子曰:"非吾徒也。小子鸣鼓而攻之,可也。"

　　然而,新兴的儒家士君子毕竟是明乎大义的。如孔子所说,在关键问题上,他们仍然能够做到从道而不从君。也正因为此,儒家士君子的心灵经常处于紧张冲突之中。那些没有道之自觉意识的士人,不会有这种紧张,而一旦具有行道之自觉,则难免这种紧张。季氏伐颛臾,就让仲由、冉有处于这种状态。对于季氏伐颛臾,他们并不支持。身为季氏之臣,他们又不能直接反对。恐怕正是基于这一原因,两人才求教于孔子。孔子乃对他们阐明君臣之大义:

　　　　孔子曰:求!周任有言曰:"陈力就列,不能者止。"危而不持,颠而不扶,则将焉用彼相矣?且尔言过矣。虎兕出于柙,龟玉毁于椟中,是谁之过与?

　　　　集解:马曰:"周任,古之良史。言当陈其才力,度己所

任,以就其位,不能则当止。"包曰:"言辅相人者,当能持危
扶颠。若不能,何用相为?"马曰:"柙,槛也。椟,匮也。失
虎毁玉,岂非典守之过邪?"

　　朱子集注:周任,古之良史。陈,布也。列,位也。相,
瞽者之相也。言二子不欲,则当谏。谏而不听,则当去也。
兕,野牛也。柙,槛也。椟,匮也。言在柙而逸,在椟而毁,
典守者不得辞其过。明二子居其位而不去,则季氏之恶,已
不得不任其责也。

　　对季氏之欲望,孔子没有作出评论。这也许是因为孔子相
信,处于权威-权力结构之最顶端的那个人,其所受的约束原来
主要来自礼制体系。一旦礼崩乐坏,其欲望就不受控制。因为,
除了规则,几乎不可能有什么力量限制这个人。这样,这个人就
成为一个纯粹的欲望之人,他完全被自己的欲望所支配。换言
之,他完全有可能已丧失了对是非曲直作出判断的意愿和能力。
他确实可能十分理智,精于计算当下的物质之成本-收益。但
是,他的心灵中已经没有道德感,因而缺乏道德上的自我节制。
孔子根本不再指望他们自我限制。

　　唯一的限制来自外部,那就是新兴士君子群体。孔子对此
寄予厚望。而孔子讨论此一问题所用的两个比喻是相当有趣
的。

　　首先,孔子将礼崩乐坏之后的君比喻为虎,这让我们立刻联
想到"苛政猛于虎"的评论①。君被欲望支配,就像被关在笼中

────────

① 《礼记·檀弓下》。

的虎,其欲望蠢蠢欲动,随时可能冲出来以本能的方式活动,而伤害他人。必须把他们重新装回笼子里。让他们在笼外肆意破坏,这是士君子之过失。

不过,孔子又把这些君比喻为"龟玉"。说君是龟玉,也就意味着,他们有温润之德,他们不再放纵自己的欲望和意志,他们被装入匣中。因为被装入匣中,所以没有危险性,这种状态下的君对于邦国、对于君子,乃至对于万民来说,都是珍贵的。因为,不管怎样,从礼法上说,他们掌握着可以富民、教民、安民的工具:权力、权威。妥善而有效地运用这样的权力、权威,可以高效地行道于天下。孔子的比喻说明,士君子应当积极地运用这样的龟玉,而不应让其毁于匣中。

由这两个比喻可以看出,孔子对于君的态度是现实的,也是平衡的。君掌握着巨大的权威、权力,从根本上说,权力是由欲望驱动的。假如这欲望不受控制,君可能如猛虎出柙,肆意伤人。但反过来,如果君的权力受到有效的控制,他们完全可以有利于邦国。

这也就是孔子转而责备他的弟子的原因。在孔子看来,士君子的根本作用就是控制君的欲望,并引导他们行道。当天下有道之时,是礼乐体系控制君的欲望。当然,礼乐体系控制君之欲望的核心机制,也是君子共同治理的制度安排。这一体系开始崩溃,君王现在不受控制。孔子希望,孔门率先养成的新式士君子可以发挥替代性作用,把君王控制在笼中,并让其在建立和维护优良治理秩序的过程中发挥恰当而重要的作用。

孔子所养成的士君子是志于道之人,他们控制着自己的欲望,因此也就能对事务的是非曲直进行判断。孔子认为,对于欲望之君来说,士君子就是"相"。"相"的原初含义是盲人的导引者。这是一个很精当的隐喻。由于欲望的主宰,君已经盲目了。他们是理智的,而并不理性。因为,除了当下的物质的利益,他们什么也看不到。这样的君对于邦国来说是危险的。然而,君掌握着物质性权力,对于邦国是至关重要的。因此,欲望之君是有力而危险的。士君子的功能就是充当这些人的"相":当君倾斜的时候,扶持他们;当君颠倒的时候,扶正他们。这里的"危"和"颠",一语双关:不仅指君的权位面临危险,可能被颠覆,也指君可能为害于邦国,从而颠覆邦国。士君子则可以扶危免颠。

这就是孔子为儒家士人所立之法:礼崩乐坏之后的新秩序之良窳,在于新兴君子能否有效地承担自己的政治责任。新兴士君子必须具有治理主体意识,也即邦国、天下不是君之邦国、天下,而是士君子之邦国、天下。这种意识深植于儒生心灵中,如范仲淹之"先天下之忧而忧、后天下之乐而乐"。

具有治理主体意识之士君子必须发挥辅导君之功能,一旦在重大问题上,君之欲望与道相冲突,士君子就必须作出抉择:所谓"君臣以道而合,不可则止"。确实,在君看来,士人只是实现自己欲望的工具。但在士君子眼里,君只是自己行道邦国、天下之工具。如果君的欲望严重地悖逆于道,士君子就当取消对君之忠。这是士君子之基本政治伦理。

　　　　冉有曰:今夫颛臾,固而近于费。今不取,后世必为子孙忧。

　　　　朱子集注:固,谓城郭完固。费,季氏之私邑。此则冉求之饰辞,然亦可见其实与季氏之谋矣。

　　冉有显示了新兴士人心智之复杂性。士人进入政治结构，其名位、利益来自君，则不可能不服务于君，其理念、价值也不可能不受君之心智的影响。上面冉有推托伐颛臾是季氏之所欲，此处则表明，冉有实支持季氏之欲望。上引《论语》也表明，冉有也为季氏聚敛税收，后世王权制时代的官僚、秦之文法吏，在此已具雏形。

　　另一方面，冉有在这里更为清晰地表达了新兴的"强权政治"观念：邦国之间的关系天然是敌对的。邦国必须假定，其他邦国时刻准备侵略自己，占有自己，征服自己。因此，临近邦国之强盛，就是本邦的巨大威胁。如冉有所说："固而近于费。今不取，后世必为子孙忧。"这就足以构成本邦对邻邦发动战争，控制其发展、以至于全面占有它的充分理由。欧洲在 16 世纪封建制崩溃以后，同样走入这样的强权政治时代。

　　这样的观念是新兴的。在礼治秩序下，所有邦国之存在均具有永恒的礼法上之依据，其间的争议、纠纷受客观的礼制的管理、调整。因此，甚至可以出现"兴灭国，继绝世"之事①。此时，天下、邦国的支配者是规则。礼崩乐坏之后，欲望主宰政治，邦国受君之欲望支配，也呈现为纯粹欲望的存在。邦国的安全、生存、繁荣就是绝对的价值。这样的邦国自然把其他邦国作为绝对的欲望主体对待，为了本邦的利益，其他邦国是可以牺牲的，甚至毫无理由地牺牲一个邦国，也是完全正当的。周的封建的礼治的天下秩序就在这种观念推动下进入"战国"状态。战国时

_____

①　《论语·尧曰》。

代之中国就是经典的强权政治秩序。

孔子反抗这种秩序,因此,对于冉有之现代观念,予以严厉批评:

> 孔子曰:求! 君子疾夫舍曰欲之,而必为之辞。
> 集解:孔曰:"舍其贪利之说,而更作他辞,是所疾也。"

欲已有所疏解,"辞"需要特别注意。所谓辞就是上句冉有所说:"固而近于费。今不取,后世必为子孙忧。"孔子指出,季氏完全出于权力欲望而征伐颛臾,冉有却对这样的欲望提供了一个理由,即"辞"。

在礼治秩序下,言辞至关重要。君子们正是通过言辞交涉主张权利,或自我辩护。此类言辞旨在言礼,其言说过程也必依乎礼,孔子云:"不学《诗》,无以言。"[1]故礼治时代之言辞,可见君子诚敬之意。如楚之大宰伯州犁所说:"志以发言,言以出信,信以立志,参以定之(杜预注:志、言、信三者具,而后身安存)。"[2]《左传》、《国语》记载了诸多这样的言。尤其是后者基本上就是当时的君子的言辞汇编。

故孔门四科,"言语"甚至于先于"文学"。《泰伯》:曾子言曰:"鸟之将死,其鸣也哀;人之将死,其言也善。君子所贵乎道者三:动容貌,斯远暴慢矣;正颜色,斯近信矣;出辞气,斯远鄙倍矣。笾豆之事,则有司存。"曾子将辞气列为君子之道的重点。

---

① 《论语·季氏》。
② 《春秋左传正义》卷三十八,襄公二十七年。

孔子此处所说之"辞"，则形成于强权政治时代。当礼法解体、欲望主宰政治之后，人与人之间以利相计，政治就是自然欲望驱动的强权政治。言辞的构成急剧变化。此时，言辞的内容与礼无关，也不受礼的控制，其中不再存有诚敬之意。言辞仅为人实现欲望之工具，人们利用言辞相互利用、甚至相互欺骗。言说者本人也不信自己的言辞。此类言辞之代表就是战国时代的纵横家言，以《战国策》与《国语》作比较，立刻可以发现，两个时代的言辞之气质是大不相同的。前者之言辞乃欲望与强权之言辞，孔子深恶痛绝，《论语》多次斥责"巧言令色"。冉有之辞似乎就是这种言辞之滥觞。这样的言辞不是言礼，而是包装欲望。

总之，季氏和冉有呈现了新兴的现代政治之逻辑：剥离了礼制约束之人的自然欲望是其驱动力量，受权力欲望支配的君和为保住名位而充当君实现其欲望之工具的臣是主角，没有理由地相互侵害的强权政治是其基本形态。孔子之后的战国时代、秦汉之际的政治，就是孔子所看到的新政治成熟之后的典范。简而言之，这是一种物质主义的政治，政体安排之内在精神也是实现政治体及其君的物质性收益之最大化。

这种政治之必然逻辑就是《孟子》开篇所说的：

> 王曰何以利吾国？大夫曰何以利吾家？士庶人曰何以利吾身？上下交征利，而国危矣。万乘之国，弑其君者，必千乘之家；千乘之国，弑其君者，必百乘之家。万取千焉，千取百焉，不为不多矣。苟为后义而先利，不夺不餍。未有仁而遗其亲者也，未有义而后其君者也。王亦曰仁义而已矣，何必曰利？

鲁侯"初税亩"、三家相互攻伐、季氏欲灭颛臾、季氏欲以杀止盗,此正是"上下交征利"。《颜渊》:

> 哀公问于有若曰:"年饥,用不足,如之何?"有若对曰:"盍彻乎?"曰:"二,吾犹不足,如之何其彻也?"对曰:"百姓足,君孰与不足? 百姓不足,君孰与足?"
>
> 季康子患盗,问于孔子。孔子对曰:"苟子之不欲,虽赏之不窃。"
>
> 季康子问政于孔子曰:"如杀无道,以就有道,何如?"孔子对曰:"子为政,焉用杀? 子欲善,而民善矣。君子之德风,小人之德草。草上之风,必偃。"

凡此种种乱象之根源,在人与治理之物质主义化。孔子对于所有这些新兴法度、政策,皆有敏锐观察,也予以明确反对。接下来,孔子阐明了理想的治国平天下之道。

治国之道

> 丘也闻:有国、有家者,不患寡而患不均,不患贫而患不安。

孔子首先郑重其事地说明,下面将要阐述之观点乃所"闻"而来。公羊学家何休解释说:

> 问曰：既言始于隐公则天之数，复言三世，故发隐公何？
>
> 答曰：若论象天数，则取十二；缘情制服，宜为三世。故礼：为父，三年；为祖，期；为高祖、曾祖，齐衰三月。据衰，录隐，兼及昭、定，己与父时事，为所见之世。文、宣、成、襄，王父时事，谓之所闻之世也。隐、桓、庄、闵、僖，曾祖、高祖时事，谓之所传闻之世也。①

孔子之所闻可能出于"所闻之世"，也可能是更早的"所传闻之世"。换言之，孔子表明，他下面所述之治国大道，就是春秋早中期礼制尚未崩坏时代之理念。联系到下面两章——孔子论礼崩乐坏之历史过程，此处孔子通过"闻"字表明了自己探究优良治理之道的方法，那就是整理、重述、深思先王之道。孔子一生最为重要的事业之一，也正是删定六经，存先王之道，并从先王治国之经验中，探究优良治理之道。

不过，略加观察即可发现，此处"所闻"者，并非具体的先王法度，实为孔子依据先王之言、行、制抽象概括而成之治国平天下之基本原则，也即可道之道。因此，孔子虽谦称下面的原则得自"闻"，实际上，这是真正的儒家治理之道。

孔子何以如此郑重其事？其原因或许在于，第一，季氏伐颛臾及冉有的言辞表明，鲁国内部的封建秩序近乎彻底崩坏，孔子不能不竭力阻止此事，孔子相信，引用自己所闻的先王之道，或许可以发挥一定作用。朱子集注引洪氏曰："二子仕于季氏，凡季氏所欲为，必以告于夫子。则因夫子之言而救止者，宜亦多

---

① 《春秋公羊传注疏·隐公卷一》。

矣。伐颛臾之事,不见于经传,其以夫子之言而止也与?"孔子之言,似乎确实发挥了作用。

第二,冉有、季路为孔门政事科之卓越者,且得位最高。然而孔子发现,二子之理念似乎完全合同于季氏。孔子一定失望而忧惧,儒门弟子若如此行事,则合理的新秩序就不可能建立。故面对仲由、冉有,孔子不能不郑重其事,向其阐明儒家治国平天下之道,而保持新生的儒家士君子为秩序构建之理性力量,而非随波逐流,为不合理的制度推波助澜。

也就是说,孔子言说自己之所闻,不仅旨在阻止封建秩序在鲁国的彻底崩溃,也旨在阻止儒家士君子随波逐流之危险倾向,彰显其政治上的道德理想主义。

孔子此处言有国、有家者,亦有深意焉。此处之语境乃季氏伐颛臾以分公室,所以,孔子特意强调,有国之公侯与有家室之卿大夫均为治理者。公室衰微,孔子意在抑制卿大夫专权。孔子认为,这两者本应各守其分,相互合作,并在其治理范围内遵循同样的原则。季氏若灭颛臾,公室继续衰败,则封建治理架构必将进一步失衡。所以,孔子特意说明,治理之大道,同时适用于有国者、有家者。

在进一步讨论孔子治理理念前,先对文本问题作一简单讨论:俞樾《群经平议》第三一卷"不患寡而患不均,不患贫而患不安"条云:

　　寡、贫二字传写互易,此本作"不患贫而患不均,不患寡而患不安"。贫以财言,不均亦以财言,财宜乎均,不均,则不如无财矣,故"不患贫而患不均"也。寡以人言,不安亦以人言,人宜乎安,不安,则不如无人矣,故"不患寡而患不安"
也。下文云"均无贫",此承上句言。又云"和无寡,安无
倾",此承下句言。观"均无贫"之一语,可知此文之误易矣。
《春秋繁露·度制篇》引孔子曰"不患贫而患不均",可据以
订正。

据此,孔子关于治理之核心理念是:不患贫而患不均,不患
寡而患不安。

首先值得注意的是孔子构想的治国安邦之次序:他首先讨
论了财富问题,也即在孔子看来,治国首当关注财的问题。

对于儒家,今人有很多误解,其中之一是以为,儒家特重教
化,甚至以"以德治国"来概括儒家。这样的概括不准确。对于
治己和治人也即治国,儒家构想了不同的次序。儒家士君子对
己,当然是先修德而后谋食,但于治国,则当先富民而后教民①。
这一点,孔子在《子路》篇中说得十分清楚:

> 子适卫,冉有仆。子曰:"庶矣哉!"
> 冉有曰:"既庶矣,又何加焉?"曰:"富之。"
> 曰:"既富矣,又何加焉?"曰:"教之。"
> 朱子集注:庶而不富,则民生不遂。故制田里,薄赋敛以
> 富之。富而不教,则近于禽兽。故必立学校,明礼义以教之。

---

① 关于这一点,可参考徐复观先生的论述《儒家在修己与治人上的区别及其意
义》,收入徐复观《儒家政治思想与民主自由人权》,台湾学生书局,1988年,第
二〇三页及以后。

　　儒家这种看法源于其关于社会治理架构之基本构想。治国需要德行、知识和治理技巧,此即所谓"劳心"。因而,只有士君子有资格承担治国之任。士君子既然承担了治国之责任,那就必须以公正地制定与实施规则作为其职责,因此,"君子喻于义"。这不仅是一个事实描述,更是一个伦理要求。① 至于庶民,其生存处境让他们主要关注于利,专注于私人之利。这对国家而言也是必要的。此即"小人喻于利"。这是说,小人可以喻于利。② 在这一点上,儒家与法家是相同的。不过,儒家的看法并不止于此,而进一步认为,小人如果只喻于利,那社会的合作交易秩序也不可能建立并维持。因此,庶民也需要教化,以提升庶民之开明和德行。不过,富民当先于教民,不富而教,事倍功半。

　　孔子论治理之大道,首论均贫富,还有一历史原因。蒙文通先生敏锐地指出:"贫富阶级,盖代贵贱而兴,此固治术之一巨变也。"③周代行封建,人有等级贵贱之分;春秋后期,礼崩乐坏,礼法等级制逐渐消解,人皆成为政治上、法律上大体平等的"国民(nation)"。然而,一种新的不均等代之而起,就是财富上的贫富不均。

　　更为重要的是,这种贫富不均与人们的财富意识之觉醒同时发生,互为表里。在礼治秩序中,人们各自拥有礼法上的名分,这个名分自然地附随着宫室、车服、钟鼎等方面的区别。在

---

① 董仲舒对这一点有非常清楚的阐述,见《天人三策》第三策,收入《汉书·董仲舒传》。
② 《论语·里仁》:"子曰:'君子喻于义,小人喻于利。'"
③ 蒙文通:《儒学五论》,广西师范大学出版社,2007年,第110页。

这个时代,财富并不重要。所以,在名器中,田邑数量并不是最重要的。西周大量存在爵高而地少的现象。同时,在礼治秩序中,财富比如土地附属于名位,而被礼制保障。由此,周王不能随意剥夺诸侯之封邑,诸侯不能随意剥夺大夫之封邑,作为邑主的君子也不可随意剥夺农民耕种的土地。故在礼治秩序中,确实存在财富的等级制,但人际间贫富差距并不会发生明显变动。加以在封建时代存在着强烈的"共同体主义",对财富之多寡,人们不甚敏感。

礼崩乐坏,人皆成为平民,相互区别身份之指标就转而集中于财富占有的数量上。借用财富,人们可以营造出身份的诸多象征,比如宏伟的房屋、华美的车服、壮观的随从队伍等。这样,财富就取得了礼治秩序下人们所不能想象的重要性。占有财富较多者就拥有较高的社会地位,获得人们广泛的尊敬。

由此,社会具有强烈的物质主义精神,人们不择手段地谋取财富。掌握权力者使用各种手法聚敛财富,而对此,没有任何有效的外在约束。没有权力者、没有财富者的财富,则可能遭到剥夺。因此,相比于礼法等级制时代,人们在政治、法律上平等的时代之贫富差距,反而更大了,并且呈现出不断扩大的趋势。尤其是,这个时代的人们相互孤立,而人们对财富之多寡十分敏感,贫富差距在心理上总会引起极大的不适、不满。

孔子敏锐地意识到了这一历史性趋势。实际上,在孔门弟子中,贫富差距就相当之大,《先进》:

> 子曰:"回也其庶乎,屡空。赐不受命,而货殖焉,亿则屡中。"

因此,孔子以为,财富分布状况是治国者所必须面对的首要问题。《礼记·坊记》篇记:

> 子云:"小人贫,斯约,富,斯骄;约,斯盗,骄,斯乱。礼者,因人之情而为之节文,以为民坊者也。故圣人之制富贵也,使民富不足以骄,贫不至于约,贵不慊于上,故乱益亡。"

广川董子对这一点有更详尽论述,《春秋繁露·度制》:

> 孔子曰:"不患贫而患不均。"故有所积重,则有所空虚矣。大富则骄,大贫则忧;忧则为盗,骄则为暴:此众人之情也。
>
> 圣者则于众人之情,见乱之所从生,故其制人道而差上下也。使富者足以示贵,而不至于骄;贫者足以养生,而不至于忧。以此为度,而调均之。是以,财不匮,而上下相安,故易治也。
>
> 今世弃其度制,而各从其欲。欲无所穷,而欲得自恣,其势无极。大人病不足于上,而小民羸瘠于下。则富者愈贪利,而不肯为义;贫者日犯禁,而不可得止。是世之所以难治也。

贫富差距过大将引发严重的政治问题。在平民化时代,大富者必然心生骄横,由此蔑视法度,并以粗暴的方式对待贫者。大贫者,也即无法维持基本生活之人,必生活于忧愁之中。如果超过一定限度,就会为盗作乱。因此,平民化时代的治理之道,首在控制、节制贫富差距。

由此也可清楚地看出,孔子所说之"均"不是今人所谓"平均主义"。孔子和董子都清楚指出,治国者当"因人之情而为之节文"。最终的结果是:"使富者足以示贵,而不至于骄;贫者足以养生,而不至于忧。"也即,儒家并不主张人人的财富占有相同。儒家是现实的,承认每人占有财富之数量可有一定差距,事实上,这是治理之需要;但同样是基于现实考虑,儒家主张,人际间贫富差距不能太大,而应被控制在一个合理的、适度的范围内。

当然,通观《论语》,"均"首先当指官、民之均。孔子时代的一个显著现象是掌权者热衷聚敛,庶民相对贫困。前面所引《论语》章句可证明这一点。孔子认为,这两者应当各得其分。为此,孔子主张君应当"节用",应当"使民以时"。

其次,均当指社会内部不同人之均。也即,财富在人群内部之分布处于较为合理的状态。然而,所谓合理、适度的标准何在? 这个标准是主观的:"骄"和"忧"是心理状态。也就是说,孔子主张,关注重点并非物质财富之分布状态,而是各人的心态。

因此,孔子之"均"的要旨不在于再分配,而在富者、贫者处于较为平和的心态,此即"各得其分"。达到这种状态,不能只是机械地对财富进行再分配,而涉及其他方面的制度调整。可以说,孔子之调均理念不是物质主义的,而是经济学上的主观主义进路。重要的是人心,重要的是人们对于自己的财富及对财富分布状况的认同;重要的是财富占有量不同的人们,均没有极端的情绪,而各安其分。

"不患贫而患不均"关注的是内部秩序问题,"不患寡而患不安"则将邦国置于邦国间关系中予以思考。

当时，家、国之间展开相当残酷的竞争，各家、各国竭力扩大自己的资源占有量，"寡"者，人口寡少也。对于处在丛林状态的家、国来说，人口是最为重要的资源：人口可生产物质财富，也可充当战士，开疆拓土。鲁的三家分公室，主要目的就是占有原来属于公室的人口，后来的三家分晋同样如此。故商鞅至秦，献"徕民"之策①。因为，农、战之民多，则家强、国强，即有力量在家、国竞争中获胜。

孔子则指出，治国者所应关心的不应是人口之多寡，而是人民之安否。然而，何种状态为安？或者说，如何才能够达到安？孔子下面给出回答：

> 盖均，无贫；和，无寡；安，无倾。
> 集解：包曰：政教均平，则不贫矣。上下和同，不患寡矣。大小安宁，不倾危矣。
> 集注：均则不患于贫而和，和则不患于寡而安，安则不相疑忌，而无倾覆之患。

孔子首先指出，如果确能对财富的分布状态予以节制，那也就无所谓"贫"。此处之贫，既指个体意义上，家内、国内没有人生活在绝对贫困状态，尤其是没有人感觉自己生活在贫困状态；贫也指家、邦本身不存在财政紧张。当时有家、有国者皆在聚

---

① 《商君书·来民》。

敛，而如有子所说，"百姓足，君孰与不足？"①

　　值得注意的是，在孔子引入了"和"。前云"不患寡而患不安"，此处云"和无寡"，可见，和是达到安之渠道，"和"保证邦国之"安"。对于家、国而言，最为重要者不是人民之多寡，而是人民是否"和"。这个"和"，就是《尚书·尧典》"协和万邦"之"和"，就是《周易》"乾"卦《彖》辞"保合太和"之"和"，就是晏子所说"和而不同"之"和"②，就是有子所说"礼之用，和为贵"之"和"，也就是《礼记·礼运》所说的顺：

　　　　四体既正，肤革充盈，人之肥也。父子笃，兄弟睦，夫妇和，家之肥也。大臣法，小臣廉，官职相序，君臣相正，国之肥也。天子以德为车、以乐为御，诸侯以礼相与，大夫以法相序，士以信相考，百姓以睦相守，天下之肥也。是谓大顺。大顺者，所以养生送死、事鬼神之常也。

　　　　故事大积焉而不苑，并行而不缪，细行而不失。深而通，茂而有间。连而不相及也，动而不相害也，此顺之至也。

　　简而言之，圣贤所说之"和"，就是人与人之间相互协调，以最低成本进行合作，以实现各自的目标。这其中包括"上下和同"。也即，在上之治人者与在下之治于人者，各得其分，而形成合作关系，民众心悦诚服，而不是因为恐惧而服从。如此之和，则家内、邦内秩序安宁，人人安于自己的状态，而不会破坏、颠覆

---

① 《论语·颜渊》。
② 见《左传·昭公二十年》。

秩序。此即和而得内部之安。

至关重要的是,和,则人们具有共同体感,忠于共同体。这样的共同体能做到一心一德,而具有力量,如《尚书·泰誓上》:"受[纣]有臣亿万,惟亿万心。予有臣三千,惟一心。"若面对外部威胁,保持着和之状态的家、邦是具有自我保卫之力量的,即便其人数较为寡少。如果内部不和,则邦国就不可能具有抵御外部威胁的力量。此即和而得外部之安。

也就是说,孔子所说之安,实有两层含义:在内部,人们各安其分;在外部,家、邦处于安全状况,不遭外力侵害。孔子所说的"无倾",也具有两个指向:一个指向是,人们各安其分,无人从内部破坏秩序;另一个指向是,共同体不会从外部被倾覆。

立刻可以发现,冉有和孔子都在讨论"安"而其旨趣不同。冉有说:颛臾"固而近于费。今不取,后世必为子孙忧"。季氏和冉有关心家之"安",季氏之伐颛臾也正是为了寻求自家之长期安全。由此可以看出,邦国之安全确为一重要价值,或者说是共同体之最高价值。孔子也承认这一点。

但是,如何达致安?孔子与季氏、冉有的理念不同。这首先是因为两者对于安之内涵的理解不同。季氏和冉有仅关心外部的安全,为此而寻求物质占有意义上之安,这是丛林状态中的安全。这种安全唯有通过攻占他国、确立自己的独霸地位才有保障。孔子当然也关心邦国在外部世界中的安全,但他首先关心内部秩序之安宁,这种安宁构成邦国的力量,让邦国处于安全状态。换言之,季氏、冉有是从外向内思考邦国安全的,孔子则是从内向外思考邦国安全的。关于这一点,下文将详尽论述。

孔子短短两句话中透露了两种完全不同的邦国观、治理观:

第一种是新兴的强权政治内涵量化的物质主义邦国观与治理观。在物质主义的统治者看来,邦国之力量表现为可以数量化方式计算的物质,"贫"与"寡"就是物质意义上的数量概念。至关重要的是,在这种治理观中,人本身,也即邦国之民也被物化,仅被视为可实现邦国目标之资源。① 由此形成一个物化的邦国。

然而,这个邦国如何治理? 物不能自我治理,而只能由一个具有理智的人统治。他被赋予统治的全权,此即"主权者"。主权者是邦国中唯一的人,他以自己的意志和理智为物化的邦国规定唯一的目标。为了邦国的安全,他有权动员一切人力、物力,用于实现邦国所确定之目标。后来的秦国就采取系统措施,驱民于农、战。

这样的邦国必然狂热地追求对物质性力量之占有,包括占有土地、财富、人民。如《孟子·告子下》所形容:

> 孟子曰:今之事君者曰:"我能为君辟土地,充府库。"今之所谓良臣,古之所谓民贼也。君不乡道,不志于仁,而求富之,是富桀也。"我能为君约与国,战必克。"今之所谓良臣,古之所谓民贼也。君不乡道,不志于仁,而求为之强战,是辅桀也。由今之道,无变今之俗,虽与之天下,不能一朝居也。

① 也正是在这样的观念脉络中,诞生了经济学,经济学基本上就是把人作为资源进行思考的。

由此,邦国被推入相互天然为敌的丛林状态。

以"均"、"和"、"安"三个字为核心,孔子提出了另外一种邦国观和治理观。孔子反对物质主义,主张回到人的社会性存在和精神性存在,以此思考优良治理问题。"贫"和"寡"都是描述物质数量之词,"均"、"和"、"安"则更为抽象:"均"刻画人人各得其分的状态,以及人们主观上认为自己得到应得之分的心理状态;"和"描述人与人之间相互协调的状态;"安"刻画个体处于安宁状态,邦国处于安全状态。总之,孔子关心的是人的状态,包括人与人的关系,以及人们普遍的心理状态。孔子是以人论人、以人论邦国的,或可称之为"人本邦国观"。

如此,治国之关键就在于安顿人与人之间的关系,此即制度问题。物质主义的邦国观是数量性的,它追求物质之最大化。对于取得这些物质的程序、手段,它并不关心。它只关心聚敛物质的量化效率,为此不惜侵害国民与异邦之权益。孔子的人本邦国观则关注于人与人的关系,关注人心。而唯有德行、客观的规则、正义的制度,能够在人与人之间形成和维系"均"、"和"与"安",能够安顿人心。即便邦国获得物质,比如征税,孔子也强调取之有道,也即按照既定的程序和合理的比例取得。

实际上,这两种邦国观,也正是孔子制度比较理论之基础。《为政》:"子曰:'道之以政,齐之以刑,民免而无耻;道之以德,齐之以礼,有耻且格。'"以人为物,则必然采用专任政、刑之治理模式;在此模式下,民是被动的统治对象。以人论人,才可能采用德、礼之治的模式。在此模式下,民有心,故民皆有自我治理之可能,政府则发挥辅助性作用,其目标同样在人心之安,在人际之和。

至此,孔子已揭示了邦国优良治理之道的基本原则。但是,
孔子当然记得"安"的另一个面相:在外部环境中的安全。冉有
为季氏伐颛臾提出之重要理由,正是季氏家室之长远外部安全
可能受到颛臾之威胁。孔子借此探讨了儒家的平天下之道。

平天下之道

孔子虽然从内向外思考邦国,但远人是真实之现象,孔子顺
理成章地讨论到如何对待他们的原则:

> 夫如是,故远人不服,则修文德以来之。既来之,则安
> 之。

朱子下句注曰:"远人,谓颛臾。"颛臾为附庸,《礼记·王
制》:"天子之田方千里,公侯田方百里,伯七十里,子男五十里。
不能五十里者,不合于天子,附于诸侯曰附庸。"郑玄注:"小城曰
附庸。附庸者,以国事附于大国,未能以其名通也。"①颛臾本为
诸侯,与鲁侯同为周王之臣。然因其地小人稀,没有资格朝会周
王,而附于鲁侯,由鲁侯代为转达。虽然颛臾当时已经臣属鲁,
但按照礼法,颛臾于鲁为异邦,兼以其文明较为落后,故为"远
人"。处理与颛臾的关系,也就是处理邦国间关系。

孔子的论说角度很特别。季氏、冉有相信,颛臾近费而固,
有可能成为季氏之忧,因此,季氏当先发制人,予以占领。这背

---

① 《礼记正义》卷十一,《王制第五》。

后的理念是:邦国之安危系于外部环境,本邦须在与异邦的关系中生存,而异邦皆为潜在敌人。这是一种奇异的邦国间关系,本邦通过敌对的异邦定义自我。

孔子关于平天下之道的讨论,则始于这样一个假设:若"远人不服"。处于主动地位的是远人、异邦。本邦之安全从根本上取决于内部秩序之安宁,异邦并非本邦存在之构成性条件,本邦之安在相当程度上是可以自足的。面对异邦,本邦不必采取主动行动,至少不必视为潜在的敌人。

服者,臣服也。这里已经预设了异邦之"文德"劣于本邦。就鲁与颛臾来说,这是一个事实。而孔子假定:按照人性,远人本应服于文德更为优越之邦。这就是人们经常提及的"天下主义"。若远人没有这样做,怎么办?孔子之对策是:"修文德以来之"。朱子集注云:"内治修,然后远人服。有不服,则修德以来之,亦不当勤兵于远。"此处把"修文德"简化为"修德",极为不妥。"修德"很容易被理解为个体,当然是君王修养德性。然而,在古典语境中,"修文德"的涵义要广泛得多。为理解其含义,不妨看《大禹谟》一段记载:

帝曰:"咨!禹,惟时有苗弗率,汝徂征。"三旬,苗民逆命。

孔安国传:三苗之民数干王法。率,循。徂,往也。不循常道,言乱逆。命禹讨之。旬,十日也。以师临之,一月不服,责舜不先有文诰之命、威让之辞,而便惮之以威,胁之以兵,所以生辞。

华夏共同体之形成始于夷、夏之别。故此共同体从一诞生就面临着处理与远人关系之挑战。《大禹谟》所记载者为第一次冲突,因而具有重大典范意义。值得注意的是,舜、禹最初对不服之三苗直接动用武力,本属蛮夷的三苗却提出抗议。

> 益赞于禹曰:"惟德动天,无远弗届。满招损,谦受益,时乃天道。帝初于历山,往于田,日号泣于旻天,于父母。负罪引慝,祗载见瞽瞍,夔夔斋慄,瞽亦允若。至诚感神,矧兹有苗。"
>
> 孔安国传:赞,佐。届,至也。益以此义佐禹,欲其修德致远。自满者人损之,自谦者人益之,是天之常道。仁覆愍下谓之旻天。言舜初耕于历山之时,为父母所疾,日号泣于旻天及父母,克己自责,不责于人。慝,恶。载,事也。夔夔,悚惧之貌。言舜负罪引恶,敬以事见于父,悚惧斋庄,父亦信顺之。言能以至诚感顽父。诚,和。矧,况也。至和感神,况有苗乎! 言易感。

益向禹阐明,夷、夏皆为人,人同此心,心同此理,故华夏之至诚,能够感动三苗。

> 禹拜昌言曰:"俞!"班师振旅。帝乃诞敷文德,远人不服,大布文德以来之。舞干羽于两阶。七旬,有苗格。
>
> 传:以益言为当,故拜受而然之,遂还师。兵入曰振旅。言整众。干,楯;羽,翳也,皆舞者所执。修阐文教,舞文舞于宾主阶间,抑武事。讨而不服,不讨自来,明御之者必有

道。三苗之国,左洞庭,右彭蠡,在荒服之例,去京师二千五百里也。

益建议舜、禹"大布文德"。最终,蛮夷自愿臣服。干羽就是"乐",它的背后是礼。通过展示自己优美之礼乐,华夏赢得了三苗之敬仰。礼乐就是"文",就是健全规则、制度,由此形成优美、崇高的生活方式,也就是"文德",文德就是文明。德者,珍贵并且令他人羡慕的特征也。此"德"之义,与"明"相当。这里的重点是"文","文"具有光明之品质,此即文之德。此处之修文德并不是指舜、禹修身明德,而是指通过完善制度,提升并充分展示华夏之礼乐,也即华夏之文明。

孔子所说的"修文德",意思与此相同。文是与质相对而言的,文就是《论语》中反复而广泛地讨论的礼、乐。比如《卫灵公》:颜渊问为邦。子曰:"行夏之时,乘殷之辂,服周之冕,乐则韶舞。放郑声,远佞人:郑声淫,佞人殆。"或者《为政》:"道之以德,齐之以礼。"孔子相信,通往优良治理秩序之正道,就是"复礼",复礼、乐,或者更准确地说是因三代之礼乐加以损益,而成一代之新礼乐。此即《论语·八佾》篇"郁郁乎文哉"之"文"。这些"文"其实就是健全的规则与制度,旨在实现均、和、安之状态的制度。孔子所说的"文德"就是优良的规则、制度所维持的文明的生活与治理秩序,也就是文明。

在孔子看来,仍处于野蛮状态,或者文明程度不足的蛮夷,必定向往文明的生活与治理,而华夏可以为他们提供示范,甚至可以将自己的文明覆盖到蛮夷地区。这就是华夏共同体的吸引力所在。毫无疑问,这样的文明内含着强大的力量,包括武力。

但是,文明的本质又在于节制武力的使用。因此,在与蛮夷打交道的时候,华夏应当信赖自己的文德,优先运用自己的文德,吸引蛮夷,此即"来之"。

"来"与"往"相对而言。王者,往也,天下归往也。① 王者之获得治理权,取决于潜在的臣民之自愿归往。那么,从君的立场,自然就应当采取有效的道德和政治措施,吸引这些潜在的臣民。对于远人,同样如此。邦国之安宁、扩展,取决于远人之自愿归往。则有国者、治天下者自当采取有效的措施,展示邦国之文德,以吸引远人自愿归附。这就是有别于霸道之"王道"。

"既来之,则安之",远人既已归附,则应当令其安心。治本邦之民,重点在其心安,治远人亦然。远人安心则可接受华夏之文德,而逐渐同化,融入华夏共同体。如此,则天下扩展。远人不安,则必然离异,而成为大患。

孔子前面已经论说"均无贫,和无寡,安无倾",此处又说"安"远人。由此可以看出,孔子将安视为治理之最高价值,内外皆适用。《宪问》篇记载:

> 子路问君子。子曰:"修己以敬。"
> 曰:"如斯而已乎?"
> 曰:"修己以安人。"
> 曰:"如斯而已乎?"
> 曰:"修己以安百姓。修己以安百姓,尧、舜其犹病诸。"

---

① 见本书第六篇、第七篇的相关讨论。

君子修己、修身之目的,在于安人,安百姓。《尚书·皋陶谟》中皋陶指出,王者治理之要务"在知人,在安民"。孔子心目中,优良治理之理想状态就是人人皆安,内外皆安。安,就是人人各安其位,心灵安宁,相互信赖,并且,共同体处于安全状态。

今由与求也,相夫子,远人不服,而不能来也;邦分崩离析,而不能守也。而谋动干戈于邦内。

集解:孔曰:民有畏心曰分,欲去曰崩,不可会聚曰离析。

朱子集注:子路虽不与谋,而素不能辅之以义,亦不得为无罪,故并责之。远人,谓颛臾。分崩离析,谓四分公室,家臣屡叛。干,楯也。戈,戟也。

冉有和子路不能辅佐执鲁国之政的季氏以华夏之文德"来"远人,而试图以武力吞并之。而他们这样做其实是在削弱公室之权威,扩大自己的控制范围。这必然引发鲁侯与其他两家之危机感,最为重要的是,此举将严重破坏礼治秩序,从而导致鲁国之"分崩离析"。所谓分崩离析就是人不得其分,不能"安"其位,如此则必然不和,因不和而不合,共同体趋向于解体。

需要注意,孔子此处言说者为邦,而不再是有家、有国者。孔子已清楚认识到,礼乐征伐权威下移之结果是失序,因此,他希望维持鲁邦之完整性,为此,就必须维持鲁侯残存的权威不被完全侵蚀。这未必是为了鲁侯,而是为了秩序。如"来"远人所标明的,孔子绝不反对"文"之扩展。而文之扩展,就是秩序之扩展。反过来,也需要一个覆盖更大范围的权威——当然,这个权威本身也在礼乐包裹之下,而不至于滥用。

动干戈于邦内,在孔子看来,是一件非常恶劣的事情。这里涉及一个非常重要的问题:邦国之武力的目的是什么?孔子已指出,远人不服,则修文德以来之。那么,当邦内出现纠纷,自然更不能滥用武力。相反,应当致力于"和"。如何和?必须依靠礼乐。当然,若某些人违反礼制,必要时也必须使用武力以强制之。然而,此时的武力本身也在礼制约束之下。这样的干戈,是礼治秩序所必需的。故孔子说,"礼乐征伐自天子出"为有道之标志。然而,此次季氏动干戈于颛臾,却没有礼法上的依据,而只是为了满足季氏的强权欲望。这样的干戈乃邦国之祸。

> 吾恐季孙之忧不在颛臾,而在萧墙之内也。
>
> 集解:郑曰:萧之言肃也。墙,谓屏也。君臣相见之礼,至屏而加肃敬焉,是以谓之萧墙。后季氏家臣阳虎果囚季桓子。
>
> 朱子集注:萧墙,屏也。言不均不和,内变将作。其后哀公果欲以越伐鲁而去季氏。

两注之意略有不同,郑注更为可取。邢昺疏曰:"因冉有言颛臾后世必为子孙忧,故言吾恐季孙之忧不远在颛臾,而近在萧墙之内。"孔子指出了季氏之盲点。季氏致力于侵蚀鲁侯之权威,以扩大自己的控制权。然而,他没有料到,此举将严重侵蚀礼治秩序,而礼治秩序崩坏,自己最终必深受其害。孔子的预言后来果然应验:阳虎这样的家臣控制了季氏之家,并由此控制鲁国之政。至此,礼治秩序基本崩坏。

　　孔子回到自己前面所阐明的命题：治理之本在于礼，也即旨在协调人际关系之客观的规则与制度。季氏忙于扩大控制范围，聚敛财富，增加人民。孔子却指出，物质性力量之扩张并不能带来真正的安。萧墙之内喻君臣之礼，家、国之安否，取决于礼治秩序之健全与否。此为治理者所当忧者。若没有此类规则、制度维持健全的人际关系，人各安其位，则物质性力量之扩张适足以引发、激化内部之纷争。没有礼制约束的物质之增长，总是邦国之祸。

经义概述

　　《论语》本章记载了中国历史上最深刻的一次大转型时代历史与理念之争。礼崩乐坏，解除了文之束缚的欲望初步浮现，并开始创造历史，此即"现代"之历史。春秋后期到战国、秦具有现代性之一切典型特征，其要害正是自然欲望支配一切，人被物化。这样的历史趋势具有强大力量，连孔门弟子都无法把持，而盲目地充当在位者实现其欲望、构建物质主义邦国之工具。

　　孔子反抗这样的历史趋势。他要求以人待人，这就是"仁者、人也"之根本含义。因此，孔子的治理观聚焦于人的状态，人与人的关系，均、和、安都是如此。由此，客观而普遍的规则、制度对于治理就至关重要。这些构成"文"。这样的"文"让财均、人和、民安，从而塑造和维持优良治理秩序、优美而崇高之生活方式，这就是文德，也就是文明。治理者之恰当职责正在于维持"文"，以维持文明。这样的文明自可吸引远人自愿归附，文明和政治共同体的范围将会因此而扩展。

在孔子的时代,欲望向前狂奔,最终也确实吞噬了一切。但是,孔子的理念也构成了一种"文",一种文明化的力量。它在礼崩乐坏的欲望世界中悄然地扎根、扩展,几百年后,终于驯服欲望——至少部分地。到今天,孔子之文仍然是驯服欲望的根本力量。以此为本之文明的复兴乃是中国这样一个超大规模共同体安宁内部秩序之关键,也是中国安宁天下之关键。

第九篇　变革或革命:《周易》"革"卦义疏①

人是有缺陷的,制度不可能是完美的,故变易是不可避免的。古圣先贤对此有广泛讨论,尤其是《周易》。《系辞上》:"生生之谓易。"变、易本为《周易》之核心关注点,变在六十四卦之间,一卦之内亦言变:"爻者,言乎变者也。"

尽管如此,论古代圣贤的变革或革命之道,莫过于细究"革"卦。本文将依本乎王弼注、孔颖达疏之《周易正义》②和程伊川先生之《周易程氏传》③,参考今人金景芳、吕绍纲著《周易全解》④,疏解"革"卦大义,探究革之大道。以现代词语言,革有程度上有所差别之变革、革命二义,于文中通言曰革。

---

①　本文曾提交清华大学法学院主办之"革命的逻辑:政道与治道"国际学术研讨会(2012 年 10 月 20—21 日),感谢任剑涛教授等与会者提出的宝贵意见。
②　李申、卢光明整理,北京大出版社,1999 年,第 202—205 页,以下不复一一注明页码。
③　收入《二程集》,下,中华书局,2004 年,第 951—956 页。
④　金景芳、吕绍纲:《周易全解》,上海古籍出版社,2005 年,第 381—389 页。

革之时大矣哉

革卦前承井卦,《序卦》曰:

> 井道不可不革,故受之以"革"。
>
> 王弼注:井久则浊秽,宜革易其故。
>
> 程传:井之为物,存之则秽败,易之则清洁,不可不革者也。故井之后,受之以革也。

首当明井之德,卦辞曰:

> 改邑不改井,无丧无得,往来井井。
>
> 程传:井之为物,常而不可改也。邑可改而之他,井不可迁也。故曰改邑不改井。汲之而不竭,存之而不盈,无丧无得也。至者皆得其用,往来井井也。无丧无得,其德也常。往来井井,其用也周。常也,周也,井之道也。

水为人生存所必须,须臾不可离也。水或可喻指制度,政体,乃至于文明。水取之于井,而井不可改:制度、文明具有其连续性,且常用常新。这一点,对于理解革卦大义,至关重要:革是常中之变。然而,井久则浊秽,《白虎通义·三教》:

> 王者设三教何?承衰救弊,欲民反正道也。三王之有失,故立三教,以相指受。夏人之王教以忠,其失野,救野之失莫如敬。殷人之王教以敬,其失鬼,救鬼之失莫如文。周

人之王教以文,其失薄,救薄之失莫如忠。继周尚黑,制与夏同。三者如顺连环,周而复始,穷则反本。

三王之教亦难免有所偏,盖救前世之弊,则不能不偏。此偏最初并不显著,但时间推移,偏会日益严重,以至于成为弊。这就是"井久则浊秽"。浊秽则须淘治,革就是淘治浊秽,令水重归清洌而养人,故井卦之后承之以革。

　　革:已日乃孚,元亨,利贞,悔亡。
　　王弼注:夫民可与习常,难与适变;可与乐成,难与虑始。故革之为道,即日不孚,"已日乃孚"也。孚,然后乃得"元亨利贞,悔亡"也。已日而不孚,革不当也。悔吝之所生,生乎变动者也。革而当,其悔乃亡也。
　　程传:革者,变其故也。变其故,则人未能遽信,故必"已日",然后人心信从。"元亨利贞悔亡":弊坏而后革之,革之所以致其通也,故革之而可以大亨;革之而利于正,道则可久而得去故之义;无变动之悔,乃悔亡也。革而无甚益,犹可悔也,况反害乎?古人所以重改作也。

此处指明革道之两大基本原则:孚,悔亡。
"孚"系从积极角度言,孚者,信也。革以信为本,信预设了革之社会结构:一方面,革必有主动的革者:改革者或革命者。另一方面,革必有其对象,不合理的制度,或有少数人寄生于此制度,而同样为革之对象。还有第三者,民。民生活于不合理制度中,可能风俗败坏,故同样可为革之对象。然而,这两个革之对象的性质,大不相同:前者为少数,后者居多数。于是,革之成功与否,取决于民是否信:信任革者,认可革之措施。

唯有得民之信的革,才有"元亨利贞"可言。据本卦《彖》辞:元亨者,大亨也,亨者,通也,元亨者,大通也。《系辞下》:"《易》穷则变,变则通,通则久。"革即变。革若得民之信,则为革之正道,可收"通"之效果,也即清除妨碍大道运行之障碍。贞者,正也;利贞者,利于正也。革当循乎正道,如此,则革而"当",正当,恰到好处,不多也不少。

这样的革,则可以"悔亡",也即无悔。革而当,则可以通而有利。然而,革亦可能有悔:革而无当则有悔,甚至有害。或许可以说,某些不当之革,表面上看起来,或者最初,可能大通;但实际上不能通;或者过一段时日,则有悔。故革者须深思熟虑而免悔。越是看起来顺利的革,越需要高度敬慎,以防范可能的过错。

确立了这两个基本原则后,《彖》辞深入讨论革之大义,首先解释革之起因:

> 《彖》曰:革,水火相息;二女同居,其志不相得,曰"革"。
>
> 王弼注:凡不合,然后乃变生。变之所生,生于不合者也。故取不合之象以为"革"也。"息"者,生变之谓也,火欲上而泽欲下,水火相战,而后生变者也。"二女同居",而有水火之性,近而不相得也。
>
> 程传:泽、火相灭息,又二女志不相得,故为革。息为止息,又为生息。物止而后有生,故为生义。革之相息,谓止息也。

革之起因,一言以蔽之曰:不合。不合有两种情形:

第一种情形,水、火之性相反,而自然生变。以水灭火,火被变化;或者以火灭水,水被变化。

第二种情形,二女为同性,其中之一必然生变。《系辞》:"一阴一阳之谓道","天地絪缊,万物化醇。男女构精,万物化生"。二女性别相同,不能相爱相生,此子产所谓"同而不和":"若以水济水,谁能食之? 若琴瑟之专一,谁能听之?"①其中一人可能为求通而生变,此即为革:革其故,而改变原来的人际关系结构。

这里似乎暗示了革者的两种不同身份与两种不同形态的革:

在第一种情形中,共同体内存在两个群体,具有不同甚至相反的价值、权利和利益,其中一个群体为改革现状而发起革。这种革意味着双方的地位、权利、利益发生剧烈变化,也即颠倒,其中一个被消灭。故一方是革者,另一方是被革者,这种革是革命。

在第二种情形中,由于种种原因,共同体内存在普遍的不"通",人们的志意不能相和,也即不能相互协调。其中有些人士有所自觉,决心改变不通的局面,由此而有内生之革。二女之中,此女之革不会损害另一女,反可令其受益。比如,一个群体自我提升自身的伦理,或者圣贤创制立法,从而提升共同体整体文明程度。

不过,从象辞和各爻来看,革卦所讨论者主要为前一种革的

_____

① 《左传·昭公二十年》。

情形。

> "已日乃孚"，革而信之。
>
> 程传：事之变革，人心岂能便信？必终日而后孚。在上者改为之际，当详告申令，至于已日，使人信之。人心不信，虽强之行，不能成也。先王政令，人心始以疑者有矣，然其久也必信。终不孚而成善治者，未之有也。

关于"已日"，金景芳先生的解释较为精当：

> "已日乃孚"的已字怎样读怎样讲？这个问题古人的看法从来不一样。有人读作已经的已，有人读作戊己庚辛的己，有人读作辰巳午未的巳。读已经的已是对的。"已日"就是"浃日"，"浃日"就是十日。古人用天干地支纪日，天干共十个，叫作日；地支共十二个，叫作辰。天干循环一周共十日，叫"浃日"；地支循环一周共十二日，叫"浃辰"。"浃日"、"浃辰"都是一周的意思。这里的"已日"也是过了一周即十日的意思。但是这里用"已日"，只是个象征性的说法，不是说仅仅十天，是说一个周期，一个历史阶段。"已日乃孚"，革命或者改革要得到人们的理解和拥护，需要经过一段时间，甚至需要经过整整一段历史时期，绝对不可以把革命或者改革看作一朝一夕即可告成的事情。

革之基本社会结构就是少数先知先觉者革故而创新，这样的社会结构特别容易让革者形成理性和道德的自负心态，所谓众人皆醉我独醒。具有这种心态之革者,必蔑视多数人之价值、利益,视之为陈腐、落后、愚昧,而很可能以简单粗暴的方式对待之。

圣贤则以为,革不是革者单方面的事情,而是整个共同体的事情。大众固然可能是革之对象,比如革旧俗之时。然而,即便此时,大众也是革之参与主体,尽管其自觉性较低。革之成败或者革之当否,取决于革是否得到民之信。为此,革者须具有耐心,耐心地寻求民之信,也即在人民中塑造和维持革之共识,而这是需要时间的。革绝不可操之过急,如此,革才能当。

然而,何以得"孚",下面予以讨论:

> 文明以说,大亨以正,革而当,其悔乃亡。

> 王弼注:夫所以得革而信者,"文明以说"也。"文明以说",履正而行,以斯为革,应天顺民,大亨以正者也。革而大亨以正,非当如何?

> 孔颖达正义曰:"文明以说"者,此举二体,上释"革而信",下释四德也。能思文明之德以说于人,所以革命而为民所信也。"大亨以正"者,民既说文明之德而从之,所以大通而利正也。"革而当,其悔乃亡"者,为革,若合于大通而利正,可谓当矣。革而当理,其悔乃亡消也。

> 程传:以卦才言革之道也:离为文明,兑为说。文明,则理无不尽,事无不察;说,则人心和顺。革而能照察事理,和顺人心,可致大亨,而得亨正。如是,变革得其至当,故悔亡也。天下之事,革之不得其道,则反致弊害,故革有悔之道。惟革之至当,则新旧之悔皆亡也。

说者，悦也。悦则必然意味着孚、信。文明者，明文也，明于天之文，人之文，事之文，即程伊川所说的"理无不尽，事无不察"，尤其是明于革所涉及之事之内在逻辑，具体而言，即是革所涉及的人群之心理、价值、利益、社会结构等等。顺乎此理而制定合理的革之方案，并同样依理而行，则可以令革所涉及之所有人和悦，所谓和顺人心。

大亨以正，意为循乎正道而革，则可以通制度之郁结、扭曲、弊害。不正为偏。革之性质决定了，革者极易偏私。举其大者言：第一，革必涉及权力、利益之再分配，利益可能令革者不正，为追求自身利益或者自己所偏爱的团体利益，而牺牲他人。第二，革者通常具有较强烈之激情，无激情者几乎不可能投入革之事业，因为这事业总是存在风险的。激情可推动人从事于革，但是，同样的激情也可能让革者不够理性，对不同的人做不到不偏不倚。第三，革者经常掌握着权力、甚至是暴力，而这本身会令其不能持守中正。而恰恰因为这一点，革者之偏私会导致严重后果。

然则，何为正？《尚书·洪范》第五畴"皇极"曰：

> 无偏无陂，遵王之义；无有作好，遵王之道；无有作恶，遵王之路。无偏无党，王道荡荡；无党无偏，王道平平；无反无侧，王道正直。

心灵不被情感所扭曲、不偏不倚即为正。《大学》论正心，其意相同：

　　身有所忿懥,则不得其正;有所恐惧,则不得其正;有所好乐,则不得其正;有所忧患,则不得其正。

　　朱子章句:盖是四者,皆心之用,而人所不能无者。然一有之而不能察,则欲动情胜,而其用之所行,或不能不失其正矣。

　　正者,不偏不倚也。为此,革者需要控制自己的激情,控制对利益的欲望,控制权力的骄傲,如此庶几可近于正。正则公,秉公而为;公则平,平等对待每个人、每个群体。革者心正,才可以公平地处理革的过程中所涉及之各群体、各利益、各权力-权利。如此,人各得其分,则可得民之孚,普遍的孚。如此则革的过程较为通畅,也会切实打通、理顺制度之扭曲、郁结。如果革者不正,则打通制度扭曲、郁结的过程同时也会制造出新的、甚至更严重的扭曲、郁结。

　　由正而做到顺事理、循正道,才可能革而当。当者,恰到好处也,具体可分解如下:

　　当首先是指瞄准问题。明智的革者因为"理无不尽,事无不察",故能发现制度扭曲、不通之处何在,而不至于瞄向错误的方向。这样的错误并不罕见。最典型者如现代启蒙知识分子将中国现代转型之失败归咎于传统、归咎于儒家,而试图对传统进行彻底而全盘之革,其结果适得其反。

　　其次,对于所确定之症结予以合理的解决,也即,其力量无过、无不及。最后一爻特别强调了革之节制问题。确实会出现当革而不革的情形,比如广川董子在《天人三策》中批评汉室立国七十年，"当更化而不更化，虽有大贤不能善治也。故汉得天下以来，常欲善治而至今不可善治者，失之于当更化而不更化也"。① 但也会出现另外一种情形，革者失之于不知节制，过于激进，或者穷治不已。如此之革有"悔之道"。革之悔，用现代术语来说，就是革的自拆墙脚，自我颠覆。因为，革不得其道，自然引起弊害，这种弊害不能不引出另外一场革，而启动不断之革，带来灾难。

唯有这方向和力度两个意义上的当，革才可以无悔。接下来，圣贤给出了革之两个典范：

> 天地革而四时成。汤武革命，顺乎天而应乎人。革之时大矣哉！

> 孔颖达正义曰："天地革而四时成"者，以下广明《革》义，此先明"天地革"者，天地之道，阴阳升降，温暑凉寒，迭相变革，然后四时之序皆有成也。"汤武革命，顺乎天而应乎人"者，以明人革也。夏桀、殷纣，凶狂无度，天既震怒，人亦叛亡。殷汤、周武，聪明睿智，上顺天命，下应人心，放桀鸣条，诛纣牧野，革其王命，改其恶俗，故曰"汤武革命，顺乎天而应乎人"。计王者相承，改正易服，皆有变革，而独举汤、武者，盖舜、禹禅让，犹或因循，汤、武干戈，极其损益，故取相变甚者，以明人革也。"革之时大矣哉"者，备论革道之广讫，总结叹其大，故曰"大矣哉"也。

> 程传：推革之道，极乎天地变易，时运终始也。天地阴

---

① 《汉书》卷五十六，《董仲舒传第二十六》。

阳推迁改易而成四时,万物于是生长成终,各得其宜,革而后四时成也。时运既终,必有革而新之者。王者之兴,受命于天,故易世谓之革命。汤、武之王,上顺天命,下应人心,顺乎天而应乎人。天道变改,世故迁易,革之至大也。故赞之曰:革之时大矣哉!

革而当之第一个典范在自然的四季之革。《系辞上》:"变通莫大乎四时",春、夏、秋、冬四季前后更替,万物因此各得其宜。

第二个典范在人间,严格说来在天人之际,此即汤、武之革命。这两场革命不同于尧舜禅让:公天下框架内的禅让之变是和平的,并不伴随着明显的改制。汤武革命在家天下框架内实现了治理权在家族之间的转移,且使用了暴力,伴随着较为明显的改制。此种革命对于人间秩序产生巨大影响,而由其内在性质决定了又极易不文明,不正,因而不当。也因此,圣贤对此种革命予以特别关注。汤武革命却做到了当,因为其"上顺天命,下应人心"。能顺天命则文明,能应人心则正。故汤武革命做到了文明而天下皆悦,公正而通天下之不通,尤其重要的是恰到好处。

"革之时"所指者正为当,不论从时机、从程度上都恰到好处。孔疏、程传似乎都没有强调"时",金解则指出这一点:"革有个时间的问题,不到革的时候不能革,到了革的时候不能不革。"

革之要义正在于时。卦辞之核心就是"已日"。任何一种制度,其内在之偏在运转一定时间后,必定积累为大弊,需革之,不论是变革还是革命。然而,革有时机问题。革者须静待时机。这个时期就是"已日"。当然,已日不是无限的,而必至某一时间点，在此，革之条件已基本具备，比如形成恰当之方案，且万民已孚，或者对革命而言，上天降命，而民心归附。对革者言，最重要之能力就是把握这个微妙的时。另一方面，革者也必须知道革之限度，明智地判断何时结束革。这又是另一种时，尽管它经常被人忽略。

凡此种种"时"之当否，乃革之当否、从而革是否健全而成功之决定性因素，故经文言"革之时义大矣哉"。

> 《象》曰：泽中有火，革。君子以治历明时。
>
> 王弼注：历数时会，存乎变也。
>
> 程传：水火相息为革，革，变也。君子观变革之象，推日月星辰之迁易，以治历数，明四时之序也。夫变易之道，事之至大，理之至明，迹之至著，莫如四时。观四时而顺变革，则与天地合其序矣。

革卦取象于水火相息。泽中有火，则必有变、有革：或者水息火，或者火息水。然而，革之大义在"时"，时之大者，莫过于四时之革。《尧典》："乃命羲和，钦若昊天，历象日、月、星辰，敬授民时。"由此，纳人间诸事于四时之革，人间之物、人各当其宜。然则，"治历明时"之要旨仍在于时，通过治历而明时、知时、用时。革之当否，全在于此。

若望文生义，"君子以治历明时"亦可有一解：治历者，精研历史也；明时者，明乎人间变革或革命之时也。革，包括变革，遑论革命，皆为非常事件，革者未必能够一生经历两次。然则，如何具有于混乱之中发现、把握那隐微的革之时的技艺？形而上学的思辨是无益的,唯有通过对既有的革之探究、反思,革者才可掌握明时之技艺,而这是革之当否的基本保障。历史就是由变、由革构成的,可视为革的先例汇编,革者可用以发现革之道。周公发明"监"之思想维度,即为探究夏殷之革所内在之普遍的革之道,由此而明乎殷周之革的策略。这样的监就是"治历明时"。

以上卦辞、彖、象已指明革之大义:以"孚"为本,以"当"为依,以"时"为大。六爻则为革者更为具体地指示了革之"时",更具体地说,刻画了一个完整的革之程序,为革者提供了一份变革或革命之指南。

时机未到,中顺自固

初九:巩用黄牛之革。

王弼注:在革之始,革道未成,固夫常中,未能应变者也。此可以守成,不可以有为也。巩,固也。黄,中也。牛之革,坚仞不可变也。固之所用常中,坚仞不肯变也。

程传:变革,事之大也,必有其时,有其位,有其才,审虑而慎动,而后可以无悔。[初]九,以时,则初也。动于事初,则无审慎之意,而有躁易之象。以位,则下也。无时无援而动于下,则有僭妄之咎,而无体势之重。以才,则虽离体而阳也。离性上而刚体建,皆远于动也。其才如此,有为,则凶咎至矣。盖刚不中而体躁,所不足者,中与顺也。当以中顺自固而无妄动,则可也。

巩,局束也。革,所以包束。牛,顺物。巩用黄牛之革,谓以中顺之道自固,不妄动也。不云吉凶,何也? 曰:妄动,则有凶咎，以中顺自固，则不革而已，安得便有吉凶乎？

卦辞言，"已日乃革"，革必待时机成熟。此时机之成熟有多个方面，如程子所说：第一，有其时。革不是单方面实现革者之理想，须在制度确实弊败、革之必要性已经显示之时。此时，万民普遍地不能忍受，整个社会产生了革之意愿。第二，有其德，不得其位，则没有权威，不能动员、组织文化、社会、政治力量，则无从推动制度之变革，或政体、治理权之革命。第三，有其才。明于人道、事理，察乎时局大势，因而能够制定出理性而可行之变革或革命方案。

处初九之时，革者洞见世事之隐微处，而有革之意，然尚无其时、其位、其才。此时，最为明智的策略就是"中顺自固"。革乃非常之事，可能触犯这个那个群体之权力、利益，故有巨大风险。革者须掌握自我保护的技巧。不明此道者，不足以言革。"巩用黄牛之革"之义即为，以最坚韧的皮革把自己包裹起来，以保护自己免受外界之伤害。

黄者，中色也。牛者，驯顺之物也。黄牛者，执中而驯顺。不革，则看起来是驯顺的。然而，此种不革，乃出于智慧。实则，革者对于现实已有清醒认识，已有革之意愿。只不过，时机未到，不愿轻举妄动。这就是执中。

对革者而言，"中顺自固"实为一种必要的精神训练。首先，革者必须寻求中道，坚守中道。其次，中顺自固可养成其节制之意识。鲁莽地牺牲自己之革者，万一得势用革，也完全可以罔顾民心，在民不孚的情况下强行用革。

然而，革又是革者之理想，自我保护是为了革，而不是始终逃避。"已日"之后将用"革",这段自我保护的时期也正是革者自我成熟的时期。因此,于初九之时,革者可采取之最明智策略就是谨言慎行,密切观察,深思熟虑,以成其才,以待其时,以思其位。

《象》曰:"巩用黄牛",不可以有为也。

程氏易传:以初九时、位、才皆不可以有为,故当以中顺自固也。

象辞解释何以"中顺自固",原因很简单:此时革之内外、上下条件不具备,或者说不完全具备,自然不可以有为也。此时有为,或者有革之名而无革之实,或者革而不当。

局部之革,自下而上

经过一段时间,条件初步成熟,则可以有为而革矣:

六二:已日,乃革之。征吉,无咎。

王弼注:阴之为物,不能先唱,顺从者也。不能自革,革已乃能从之,故曰"已日乃革之"也。二与五虽有水火殊体之异,同处厥中,阴阳相应,往必合志,不忧咎也,是以征吉而无咎。

程传:以六居二,柔顺而得中正;又文明之主,上有刚阳之君,同德相应。中正则无偏蔽,文明则尽事理,应上则得权势,体顺则无违悖。时可矣,位得矣,才足矣,处革之至善者也。

　　然臣道不当为革之先，又必待上下之信，故已日乃革之也。如二之才德，所居之地，所逢之时，足以革天下之弊，新天下之治。当进而上辅于君，以行其道，则吉而无咎也。不进，则失可为之时，为有咎也。以二体柔而处当位，体柔则其进缓，当位则其处固。变革者，事之大，固有此戒。二得中而应刚，未至失于柔也。圣人因其有可戒之疑，而明其义耳，使贤才不失可为之时也。

　　此爻为本卦主爻，故爻辞与卦辞有相近处。卦辞曰"已日乃革"，至六二已有"已日"，革之时机已经显现：客观条件已初步具备，尤其是革者自身已初步成熟。此时，当革则革。此时不革，则后虽有革，革已失其时，则难得万民之孚信，革而当的难度也会大幅度增加。

　　有意思的是，革首先由臣发动。一卦之中，二为臣，臣在下，不掌握最高权力。王弼释"已日乃革"为阴不能自革，革已，乃能从之。程子亦以为"臣道不当为革之先"。然而，爻辞言"征吉"，程注"当进而上辅于君"，则臣已有革之意，且有革之方案在胸。也就是说，臣最先发动革，正是臣驱动了君之革。

　　此实为革之内在性质所决定。革之对象为既有之制度，而在政治、社会上，越往上层，与此制度之利益联系越是紧密，革对其造成的损害可能越大。因此，上层如君，通常并不愿意启动变革，更会拒绝革命。因此，汤武于革命之时，按照礼法，固然为臣；即便后世诸多变法努力，其发动者也经常是臣。秦汉之后的变法全部是由居于臣位的儒家士大夫发动的，这样的臣上求于君,游说其君变法,其君若有革之意,即可能采用其革之言,此之谓"征吉"。

另一方面,以现代术语而言,在国家结构中,"二"像民间社会或基层政府。制度之弊,在基层可能会被放大,基层之君子,不论在政府内外,痛感于民间疾苦,可能发动革。这样的革在基层社会是有可能启动的,因为,制度控制在基层可能弱化,而为基层之君子留下一些自由行动空间。历史上,诸多重大变革都是在基层局部开始的。武帝兴太学为汉制一大变革措施,然《汉书·循吏传》记载,在此之前的景帝之末,蜀郡太守文翁即"修起学官于成都市中",此一制度创新为武帝变法之先声。而上个世纪八十年代几乎所有重大"改革"措施,皆起源于民众和基层政府突破旧有不合理法律、政策之"违法性创新",最高当局则以法律的方式承认了这些制度创新之合法性。

《象》曰:"已日革之",行有嘉也。

程传:已日而革之,征则吉而无咎者,行,则有嘉庆也,谓可以革天下之弊,新天下之事。初而不行,是无救弊济世之心,失时而有咎也。

爻象赞美说,当革则革,其行可嘉,即便为臣者用革。处于臣位,君子亦可以用革:或者形成完整的变革方案,说服君上进行变革;或者在力所能及之范围内,于基层、部门推动局部变革。此行为体现了君子之治理主体性。孔子认为这种行为可嘉。

这显示了孔子之基本政治哲学理念:天下非君王一人之天下,天下乃天下人之天下。君子尤当勇于承担治理之责任。当制度弊败之时,不论君王有没有变革之志,君子都应见义而为,通过各种方式,起而革故。此类局部之革或有助于打破僵局,推动全盘性变革之启动;或有助于试验变革方案,有助于全盘性变革之理性而可行。此类局部变革也可以为全盘性变革积累人才。同时,局部变革之成功可为全盘性变革提供最为有力之论证,而得民之孚信。也就是说,局部变革可为全盘性变革提供知识上和政治上的准备。故孔子说,此行有嘉也。

这样的革"征吉、无咎",所谓"征"就是具有革之方案的君子,为在上位者所知,并为其启用,而得其位,从而有机会或者将立法、政策方案付诸实施,或者将局部创新之制度全盘实施。因已有充分准备,其方案经过深思熟虑,甚至已经过局部试验,故而在其位、行其革之事而无咎。如果没有这样的准备,则既不可能被征,即便侥幸被征,也必然有咎。

秉持公心,寻求共识

九三:征,凶;贞,厉。革言三就,有孚。

程传:九三以刚阳为下之上,又居离之上而不得中,躁动于革者也。在下而躁于变革,以是而行,则有凶也。然居下之上,事苟当革,岂可不为也?在乎守贞正而怀危惧,顺从公论,则可行之不疑。

革言,谓当革之论。就,成也,合也。审察当革之言,至于三而皆合,则可信也。言重慎之至能如是,则必得至当,乃有孚也。已可信而众所信也如此,则可以革矣。在革之时,居下之上,事之当革,若畏惧而不为,则失时为害。唯当慎重之至,不自任其刚明,审稽公论,至于三就而后革之,则无过矣。

革已启动,由此,各个文化、社会、政治群体被唤醒,革的力量与反向的力量都采取行动:那些与既有制度关系较为密切的群体认为,自己的权力和利益将遭到损害,因而反对变革。另一些群体自认为是不合理制度之受害者,则倾向于全盘而深度的变革,最好让自己成为主宰者。政局由静而动,各群体都提出自己的诉求、意见。

此时,革者似陷入两难困境:征,即征进,也即不管反对者的意见,激进地推动变革。如此征进,必招致凶祸。因为,激进变革必招致既得利益者之强烈反弹。另一方面,变革之潜在受益者也可能受革者不理性态度之激励,得寸进尺。甚至有可能吞没革者,掌控大局,令变革进一步激化,导致两个群体陷于不可调和的敌我关系中。如此,则变革无从谈起。

反过来,面对各方皆动的局面,退而守固,则变革措施将半途而废。更为重要的是,人心已动,各个群体已具政治意识,甚至已形成某种对立意识。若不能通过变革,令各方各得其所,则政治、社会必将陷于失控状态。同时,社会对变革者失望乃至绝望,则变革者之权威迅速流失,陷于"厉"也即高度危险状态。

本爻展示了变革发动之后必然出现的陷阱。若无恰当策略,则变革不仅不能解决制度存在的问题,反而带来灾难,此即"革而悔"。

计当何出?唯一的出路是启动公共辩论程序,发现并且循乎公论,积极稳妥地推进变革。"革言"者,关于革之言论,尤其是权利与利益的主张。在古典语言中,"言"通常是指礼法上的权利和利益主张。变革已经启动,各个群体都在表达自己关于革的诉求、意见,这就是"革言"。对于变革者而言,"革言"是事实。爻辞要求变革者认真对待这些"革言"。

"三就"者,何意也？一般意义上,"三"者,多也。不过,若视"三"为实词,则可作如下解:革言大略可分为三:支持变革之言,反对变革之言,以及中间派之言。面对变革,社会不同群体之态度,不外这三者。

对这三种意见,变革者不可偏信一面之词。而偏信一方之言,是变革者极易犯的一个错误:激进的变革者容易忽视既得利益者之意见,软弱的变革者则容易忽视自认为遭受既有制度之害的群体的意见;而所有的变革者都容易忽视中间群体的意见,因为他们可能是沉默的大多数,其声音不够极端,其诉求比较平实,在舆论空间中不那么引人注目。

程子传曰:"就者,成也,合也。"明智的变革者须兼听上述三种意见,合三为一。健全的变革是共同体之事,而不是某个群体之事。因此,变革方案须吸纳各群体的各种意见,对其予以综合、平衡。为此,首先需要变革者从伦理上和政治上承认,各种意见都具有合理性。在形成变革方案时,变革者当然优先注意支持者的意见。但对此,需要理性地辨析。变革者需要有意识地注意声音并不响亮的中间派的意见。在此特别需要注意的是,哪怕是作为变革对象的既得利益者之诉求,也应当予以认真考虑。他们也是共同体之天然成员,共同体之稳定有赖于他们对共同体之认可。如果忽略他们的诉求,甚至完全剥夺他们,共同体就会分裂。

尽可能地节制激情，平衡地对待各种意见，就是公。公则可得正，正则能得人孚信。只有平衡地对待各群体之权利、权力、利益，并且设计出对其予以合理再分配的变革方案，革才有可能得到共同体全体成员之普遍认可，而得以顺利推进。不可能每个群体的全部诉求都得到满足，但至少每个群体的诉求都被认真考虑过，被部分地接受。

得到社会共识支持的变革方案可让人们普遍地看到希望：非既得利益群体相信，自己会有所得；既得利益群体知道自己将有所损失，但在可接受的范围内，而由此可换得较为长久的稳定性，因此，他们对变革也不会激烈反对。"革言三就"，则有可能渡过变革启动所引发之社会乱局，而进入变革之大规模实施阶段。

> 《象》曰："革言三就"，又何之矣。
>
> 程传：稽之众论，至于三就，事至当也。"又何之矣"，乃俗语更何往也。如是而行，乃顺理时行，非己之私意所欲为也，必得其宜矣。

《象》辞赞美说：革者若能做到"革言三就"，也就尽善尽美了。由此可看出圣贤之共和理念：共同体之日常事务，当由共同体内所有人共同参与决策；作为非常事件之革，亦不例外，或者说，尤其不能例外。因为，革关乎制度之变革，因而将启动权利、权力、利益之再分配，对所有人具有深远而广泛的影响。革而当之前提就是各方相对平衡地影响变革方案。

卦辞云"已日乃孚"，革而当之首要条件使得众人之孚，"已日"期间革者所应从事之事，一言以蔽之，就是寻求众人之孚之方。"革言三就"是其中最为关键者。革者尊重各方意见,并广泛吸纳之,平衡众人之意,依据社会共识,而形成变革方案。如此方案自然是最为健全、也最为理性的方案。

程子则进一步揭示了,"革言三就"要求,革者当尽可能排除个人成见和激情,平衡地综合社会各群体的诉求、意见。因此可以说,革言之三中,当不包括自己的意见。《中庸》:子曰:"舜其大知也与!舜好问而好察迩言,隐恶而扬善,执其两端,用其中于民,其斯以为舜乎!""用其中"之"其",众人也。明智的变革者必相对超脱,依据众人的共识制定变革方案,此即"中"。欲得此"中",变革者必须"正",控制自己的私欲、偏见、激情。

革之成败,端在于信

九四:悔亡,有孚。改命,吉。

王弼注:初九处下卦之下,九四处上卦之下,故能变也。无应,悔也。与水火相比,能变者也,是以"悔亡"。处水火之际,居会变之始,能不固吝,不疑于下,信志改命,不失时愿,是以"吉"也。有孚则见信矣。见信以改命,则物安而无违,故曰"悔亡,有孚,改命,吉"也。处上体之下,始宣命也。

程传:九四,革之盛也。阳刚,革之才也。离下体而进上体,革之时也。居水火之际,革之势也。得近君之位,革之任也。下无系应,革之志也。以九居四,刚柔相际,革之用也。四既具此,可谓当革之时也。事之可悔而后革之,革之而当,其悔乃亡也。革之既当,唯在处之以至诚,故有孚则改命吉。改命,改为也,谓革之也。既事当而弊革,行之以诚,上信而下顺,其吉可知。四非中正而至善,何也？曰：
唯其处柔也,故刚而不过,近而不逼,顺承中正之君,乃中正
之人也。易之取义无常也,随时而已。

革已启动,当革而革,故"悔亡",无可悔矣。基于社会共识
的方案已形成,故"有孚",得众人之信赖。既无可悔,又得众人
信孚,则可以改命矣。

此处之命,当有两义：若就变革言,为法律、政策或风俗,改
命就是调整政策、制度；若就革命言,则为天命,也即治理权,改
命就是革命,治理权实现更替。至此,革已全面展开。因为,时
机已经完全成熟,故"革而吉"。

《象》曰："改命"之吉,信志也。

王注："信志"而行。

程传：改命而吉,以上下信其志也。诚既至,则上下信
矣。革之道,以上下之信为本。不当、不孚则不信。当而不
信,犹不可行也,况不当乎？

象辞解释说,改命之所以吉,根本原因在于"信志",革者之
志得上下之信,得各方之信。程子特别指出,众人之信比方案本
身之当更为重要。

革者明乎事理,或可闭门制定出十分理性的变革方案。然
而,革终究不是工程或技术问题,而是治理问题,是政治问题,是
关于人的权利、权力、利益重新分配的问题,而人是有价值、有情
感的。因此,革的方案固然需要理性,但此理性的方案必须得到

众人之广泛信孚,才是可行的。

对革者来说,至关重要的问题也就是如何知、执民众之"中"。套用现代术语,革首先是"民主"的问题,其次才是"科学"的问题。更进一步可以说,科学必须服从于、服务于民主。革之方案是否理性,正取决于此方案是否基于众人之中。《中庸》谓"舜之大知"正在于用民之中。

革之核心,制度设计

九五:大人虎变,未占,有孚。

王弼注:"未占而孚",合时心也。

孔颖达疏:九五居中处尊,以大人之德为革之主,损益前王,创制立法,有文章之美,焕然可观,有似"虎变",其文彪炳。则是汤、武革命,广大应人,不劳占决,信德自著,故曰"大人虎变,未占有孚"也。

程传:九五以阳刚之才,中正之德,居尊位,大人也。以大人之道,革天下之事,无不当也,无不时也。所过变化,事理炳著,如虎之文采,故云虎变。龙虎,大人之象。变者,事物之变。曰虎,何也? 曰:大人变之,乃大人之变也。以大人中正之道变革之,炳然昭著。不待占决,知其至当而天下必信也。天下蒙大人之革,不待占决,知其至当而信之。

大人者,有德而又有位者也。九五象君,若为变革,则此大人就是具有变革意志之君王。若为革命,则此大人就是革命成功之王者。经此前之准备,革已全盘展开,其关键正是创制立法,或者说立宪。

　　这就是"虎"字之大义所在。象辞"文明以说"之文为革所涉及之人、事之理,经由臣之建议乃至试验,经由"革言三就",形成社会共识,王者已可对革所涉及之人、事之理有准确把握,且形成正当而可行之法律、政策方案。这些构成方案之"文",见之于变革方案中。方案之文形成于前四爻基础上,故焕然彪炳。

　　这些"文"付诸实施,则革的过程有条不紊,是为过程之文,它见之于人、尤其是君子的行动中。革乃非常事件,社会各群体不免骚动,人们的激情极易激发出来,若无正当而可行之方案,或者即便有此方案,而实施不得其法,不得其人,则革的过程一定混乱不堪,比如,不能按照合理的次序陆续建立各项制度。这样的新的制度迟迟不能建立,或者即便勉强建立,各制度之间也无法形成恰当关系。如此,革就可能引发秩序之乱,革而有悔。

　　过程之"文"将方案之"文"落实于人际间,而成为制度,这些制度就是邦国、天下之"文",它见之于人与人的关系中。由此,人各得其所,各尽其分,如《礼记·礼运》所云:"故事大积焉而不苑,并行而不缪,细行而不失。深而通,茂而有间。连而不相及也,动而不相害也:此顺之至也。"这就是文明,革之终极目标是重建文明。

　　方案之文、过程之文与制度之文共同构成"大人虎变",促成了优美昭著之革。当然,这样的革固然来自革者之智慧,但最终来自众人之孚。大人所定之法律、政策公正无私,公平对待各个群体,则必得到各群体之信任、认可。同时,大人实施这些革之文的过程也得众人之孚,众人不是单纯的革之对象,而广泛参与方案的形成过程,从而于革的过程中发挥作用。由此,在革所形

成的新制度中,每个人可以得到恰当的位置,其权利、利益得到
合理安顿。这是为了文明,并以文明的方式实现的文明之革。

这样的革不经占卜,其可行性也毋庸置疑。此为华夏圣贤
一以贯之之理念。《尚书·大禹谟》:"朕志先定,询谋佥同,鬼神
其依。"在共同体之决策程度中,人之共识最为重要。合乎众人
之心,则可被众人尊崇。若一项决策已在人中获得共识,也就不
必然得到鬼神之认可。

此处可注意者,审美感也是制度设计的一个重要指标。善
者必美,合理而可行的制度必简洁而有效,不拖沓,不臃肿,不扭
曲,具有深刻而诱人之美感。不善的制度也一定不美。不合理
的制度必定捉襟见肘,扭曲变形,此后不得不弥苴补漏,而叠床
架屋,运转不灵,让人生厌。

《象》曰:"大人虎变",其文炳也。

程氏易传:事理明著,若虎文之炳焕明盛也,天下有不
孚乎?

《象》辞解说,"大人虎变"之含义就是,有德有为之在位者带
来了文明之变革或革命。这样的革对共同体来说为大吉。然
而,文明一定意味着节制。若无节制,则必然前功尽弃,革而有
悔。上六对此有详尽讨论。

革道之终,须明限度

上六:君子豹变,小人革面。征,凶;居贞,吉。

王弼注:居变之终,变道已成。君子处之,能成其文。小人乐成,则变面以顺上也。改命创制,变道已成。功成则事损,事损则无为。故居,则得正而吉,征,则躁扰而凶也。

孔颖达疏曰:上六居革之终,变道已成。君子处之,虽不能同九五革命创制,如虎文之彪炳,然亦润色鸿业,如豹文之蔚缛,故曰"君子豹变"也。"小人革面"者,小人处之,但能变其颜面,容色顺上而已,故曰"小人革面"也。

程传:革之终,革道之成也。君子谓善人,良善则已从革而变,其著见,若豹之彬蔚也。小人,昏愚难迁者,虽未能心化,亦革其面以从上之教令也。龙虎,大人之象,故大人云虎,君子云豹也。人性本善,皆可以变化,然有下愚,虽圣人不能移者。以尧舜为君,以圣继圣百有余年,天下被化,可谓深且久矣,而有苗、有象,其来格烝乂,盖亦革面而已。小人既革其外,革道可以为成也。苟更从而深治之,则为已甚,已甚非道也。故至革之终而又征,则凶也,当贞固以自守。革至于极,而不守以贞,则所革随复变矣。天下之事,始,则患乎难革,已革,则患乎不能守也。故革之终,戒以居贞则吉也。

居贞非为六戒乎? 曰:为革终言也,莫不在其中矣。人性本善,有不可革者,何也? 语其性则皆善也,语其才则有下愚之不移。所谓下愚有二焉:自暴也,自弃也。人苟以善自治,则无不可移者,虽昏愚之至,皆可渐磨而进也。唯自暴者,拒之以不信;自弃者,绝之以不为。虽圣人与居,不能化而入也,仲尼之所谓下愚也。然天下自弃自暴者,非必皆昏愚也,往往强戾而才力有过人者,商辛是也。圣人以其自绝于善，谓之下愚，然考其归，则诚愚也。既曰下愚，其能革面，何也？曰：心虽绝于善道，其畏威而寡罪，则与人同也。惟其有与人同，所以知其非性之罪也。

大人不同于君子，大人特指创制立法之王者，君子则在社会、政府各个角落，而为社会之领导者。君子与小人相对，本爻揭明，在革的过程中，君子、小人变化之程度必然不等。依孟子，君子、小人之别的关键在于"思"的意愿和能力。也正是这一能力之别，让君子、小人面对变革或者革命，有不同反应：

君子愿思、能思，故对于既有制度之不合理，有较为敏锐的感觉，因而思变之心较切。故一旦发现其他君子或者大人提出、推动文明之革，君子也乐意接受。事实上，君子必然积极参与其中。也即，新体制、新政体、新治理权就是君子参与构造的，他们本身就是革之主体。故与"大人虎变"相对应，而有"君子豹变"。大人与君子都是革之主体，其间只有程度上的不等。革之文明，君子有与焉。

若无分布于社会各个领域、层面的君子之积极参与，无法想象革可顺利展开。如六二爻，很多时候，革首先是由君子于局部发动的。而在"革言三就"之过程中，小人的诉求、意见通常就是由君子代为表达的。相应地，君子之变是比较自觉而彻底的，他们能较为深刻地理解新体制、新政体、新统治权之精神、法度，并参与新秩序之塑造与维护。

小人与此不同。小人"思"的意愿和能力较差，故对制度之良窳，本不敏感，他们生活于君子主导、塑造之风俗中。在革的过程中，也较为被动，既缺乏主体意识，也受制于知识、资源，而

无力参与其中。对新体制、新政体相对于旧体制、旧政体之好处
也缺乏理智的理解,而只能通过日常生活逐渐感受。他们对革
之情感投入较弱,则革对他们之影响就相对肤浅,生活不会起太
大波澜。他们只是较为被动地进入新秩序中。此即"革面",革
仅及于其面。

　　然而,对革者来说,这其实已经足够。《论语·颜渊篇》:"君
子之德,风;小人之德,草。草上之风,必偃。"小人本来就不是社
会治理之主体,他们的价值、信念、生活方式本来就是君子影响、
塑造的,故对于革者来说,重要的是君子之态度。另一方面,君
子是领导者,故与旧体制、旧政体、旧统治者之间本有较密切关
系,若不经过较为深刻的变化,新体制、新政体、新统治权之稳定
性将受影响。小人则相反:与旧体制、旧政体、旧统治者之间本
无密切关系,无需深刻变化,亦不至于影响新体制、新政体、新统
治权之稳定性。故君子既已豹变,"小人既革其外,革道可以为
成也"。

　　不过,有些革者意识不到这一点,对小人之革面仍不满意。
这一点,在古典时代并不多见,二十世纪反而较为常见,圣贤则
天才般地预见到这一点。在小人已革面后仍"征","更从而深治
之",企图使小人达到君子豹变之程度。爻辞对此发出严厉警
告:"征,凶"。"征"何以"凶"? 小人生活于风俗之中,而较为保
守,接受新理念、新制度之过程较为缓慢。若革者深治之,强迫
他们在较短时间内接受新信念、新制度,就会引发其不适、不满。
而他们占到人口之多数,若有人鼓动,他们就可能起而反抗新信
念、新制度、新统治者。如此,秩序混乱,革而有悔。

　　因此,爻辞告诫,在君子豹变、小人革面之后,"居贞吉",如

程子所说:"当贞固以自守。革至于极,而不守以贞,则所革随复变矣。"革者必须具有节制的美德,也即知道及时地终结革。适时地结束革,乃革之技艺中至关重要者,它在极大程度上关乎革之当否。见证过二十世纪不断革命之恶果的人们,对于这一告诫之智慧,当有深切感受。

因此,革绝不可追求全面而彻底。明智的革者需明白,革必然是有限的,当有所革,有所不革。这或许是因为,世间不可能存在一个全面败坏的秩序。善在于人,而不可能被制度完全抑制。因而,哪怕一个整体上败坏的共同体,也一定存在着善。"礼失求诸野"就意味着在礼崩乐坏的时代,存在于小人中间之礼,依然有可观之处。正是这些善、这些礼尚维持着一定的秩序。

故此,理性的革必然是有限的。革应当遵循明示原则:革有较为确定的范围,此范围之外者悉数予以尊重。革只是革其不通、不当之制度,而且是其中较为显著的不通、不当者。那些中性的制度不必革;那些善的制度,更应予以保护、弘扬。有所不革,革则有所依托。革不可能在无秩序的状态下进行,必须以一定的秩序为前提。全盘的革从逻辑上是不可想象的。

广川董子在《春秋繁露·楚庄王》对革之限度则有更具体的探讨:

> 今所谓新王必改制者,非改其道,非变其理。受命于天,易姓更王,非继前王而王也。若一因前制,修故业,而无有所改,是与继前王而王者无以别。受命之君,天之所大显也。事父者承意,事君者仪志。事天亦然。今天大显己,物

袭所代而率与同,则不显不明,非天志。故必徙居处、更称号、改正朔、易服色者,无他焉,不敢不顺天志而明白显也。若夫大纲、人伦、道理、政治、教化、习俗、文义,尽如故,亦何改哉? 故王者有改制之名,无易道之实。

董子谓不可改道。诚然。而二十世纪激进革命之根本特征就是试图改道,故有大凶。董子之所谓改制亦是极为有限的,仅关于治理权之象征性标识;今人所说之共同体的价值、生活方式,皆在"道"之范围,而不可改、不可革。董子之说或为本爻之的解。

程子总结说:"天下之事,始,则患乎难革;已革,则患乎不能守也。故革之终,戒以居贞则吉也。"如初爻所显示,革之发动固然较为艰难,然而,革之节制同样艰难。当革则革,当不革而不革,当终结革而终结之,如此则为革而当,其悔乃亡。

本爻提出君子-小人之别还有一层涵义:革是非常事件,治理架构、社会结构在变动之中,君子群体在变动之中,君子与小人的关系也比较特别。这样的状态无法进行有效治理,应当尽早结束。随着革的结束,君子、小人各得其所,社会结构趋于稳定,社会治理进入正常状态,稳定的秩序逐渐凝定。

《象》曰:"君子豹变",其文蔚也。"小人革面",顺以从君也。

程传:君子从化迁善,成文彬蔚,章见于外也。中人以上,虽不移之小人,则亦不敢肆其恶,革易其外,以顺从君上之教令,是革面也。至此,革道成矣。小人勉而假善,君子所容也。更往而治之，则凶矣。

《象》辞解释爻辞之涵义，概括言之，就是秩序趋于稳定：小人虽然思的意愿、能力较弱，然顺以从君，这个君是变革之君，或者革命之君，总之是新制度、新政体之象征。小人已接受了新制度、新政体。另一方面，君子之文蔚然，此处之文为礼乐。革就是制度之革，也即礼乐之革。礼乐或有乱或有缺，故而有革。经过革，礼乐得正、得全，君子则承载礼乐，故其文蔚然。君子借此化民成俗，则小人自然顺君，优良秩序因此而形成和得以维护。

经义概述

世间无永恒而有效之制度。任何制度都必有运转失灵之时，只不过，有的失灵程度较小，有的失灵程度较为严重而系统。一旦出现这种情况，即需革，或者是既有制度框架内的变革，或者是突破既有制度框架的革命，所谓"穷则变，变则通"。对此失灵制度，尽管人们可能普遍不满，但并不是所有人都有变革之勇气，及变革之方案。变革或者革命，必由少数人所发起、推动。这就出现了相对积极的变革-革命者与相对消极的大众两个群体。变革-革命者须取信于大众。为此，变革-革命者须具有足够耐心，以等待变革之时。变革-革命者也须寻求社会共识，依乎此一共识进行变革-革命。而变革，尤其是革命，须有一定的限度。追求彻底的变革或者革命，必然导致变革或者革命之自我反转。本卦之关键词为孚、当或者正、时。革者把握此三者，革就是有效、理性而健全的。

第十篇　秩序想象:《礼运》大同章义疏^①

先儒并未特别重视《礼记·礼运》之"大同"章。大约自康有为始,大同理想备受重视,且对现代各派思想和政治运动产生广泛影响。

从某种意义上,大同章确实阐述了华夏之治理秩序理想,此一理想构成华夏-中国历史演进之驱动性因素。不过,此秩序理想并不像其乍看起来那样高远而不可及。本篇将基于文本,掘发这一中道的秩序想象。

孔子之叹

孔子之阐述大同理想,系在与其弟子言偃的对话中,此对话发生于孔子参与一次祭礼后:

---

① 本篇曾发表于《当代儒学》第一辑,陈炎、黄俊杰主编,广西师范大学出版社,2011年,有修改。文中所引注疏除注明者,均出自《礼记正义》卷二十一,《礼运第九》,不复一一注明。

昔者仲尼与于蜡宾。事毕,出游于观之上,喟然而叹。仲尼之叹,盖叹鲁也。

郑玄注:蜡者,索也,岁十二月合聚万物而索飨之,亦祭宗庙,时孔子仕鲁,在助祭之中。观,阙也。孔子见鲁君于祭礼有不备,于此又睹象魏旧章之处,感而叹之。

孔颖达疏:云"感而叹之"者,一感鲁君之失礼,二感旧章废弃,故为叹也。

孔子参与了鲁侯主祭的一次祭礼,活动结束之后,孔子喟然而叹。孔子所叹息者有二:第一,祭祀过程中,鲁侯于祭祀之礼多有不合之处。第二,孔子在观阙之上,睹物生情。鲁有两观,此观乃藏先王之典章之所。孔子由祭礼之不备,联系到旧章之被遗忘、废弃,因而感叹。

孔子之叹也就确定了《礼运》篇之主旨。孔子生当礼崩乐坏之际,眼见得古典的礼乐被废弃,孔子一方面删述先王之礼乐成六经,另一方面,对礼乐之源流进行考察、思索,《礼运》篇就记载了孔子对于礼之起源、流变、功能等原理性问题的思考。如题解所引郑《目录》云:"名曰《礼运》者,以其记五帝三王相变易、阴阳转旋之道。"

言偃在侧,曰:君子何叹?

言偃,字子游。据《论语·先进》,孔门四科中,子游列"文学"科。文者,孔子所传之礼乐也。文学者,礼乐之学也。子游之长在礼乐之学。《阳货》篇记载子游事迹如下:

子之武城,闻弦歌之声。夫子莞尔而笑,曰:"割鸡焉用牛刀?"子游对曰:"昔者偃也闻诸夫子曰:君子学道,则爱人;小人学道,则易使也。"子曰:"二三子,偃之言是也。前言戏之耳。"

集解:孔曰:"道,谓礼乐也。乐以和人,人和则易使。"

子游以孔子所教之礼乐治理武城。可见,子游对礼乐确有深入把握。《里仁》篇记:子游曰:"事君数,斯辱矣;朋友数,斯疏矣。"《子张》篇记:子游曰:"丧致乎哀而止。"这两章同样表明,子游对于礼之原则,有深入理解。大约正因为此,孔子此次与祭,带子游同行。子游也十分敏锐地注意到孔子之叹,而追问孔子因何而慨叹。

孔子曰:大道之行也,与三代之英,丘未之逮也,而有志焉。

郑玄注:大道,谓五帝时也。英,俊选之尤者。逮,及也,言不及见。志,谓识古文。不言鲁事,为其大切广言之。

孔颖达疏:云"志,谓识古文"者,"志"是记识之名,"古文"是古代之文籍,故《周礼》云"掌四方之志",《春秋》云"其善志",皆志记之书也。

首先值得注意的是,对大道之行的时代,与三代之英,孔子的向往之情是相同的。大道之行的时代就是天下为公的五帝时代,三代之英则在天下为家的小康时代,"禹、汤、文、武、成王、周公,由此其选也",孔颖达疏:"以其时谋作兵起,递相争战,禹、汤等能以礼义成治,故云由此其选。由,用也。此,谓礼义也。用此礼义教化,其为三王中之英选也。"

由此可以看出大同与小康的关系。孔子关于大同时代的描述未提"礼义",家天下时代的根本特征却是"礼义以为纪"。但是,根据孔子的描述,三代之英借助礼义同样达到大道之行的优良状态。也就是说,小康与大同之间并非截然两分,小康之最佳状态就是大同。大同是一个理想,而借助于礼义,人间亦可趋于大同。甚至可以说,在大同之后的时代,礼义就是趋向于大同的唯一大道。正因为此,《礼运》篇将大同理想冠于礼之起源、流变、性质、功能的理论性探讨之前。大同就是礼治秩序所趋向之目标。

这也应当是君子之目标。孔子在描述天下为公时代与三王时代的礼乐之前,首先感叹,自己未能躬逢其盛,而不得不寄身于一个礼崩乐坏之世。不过孔子说,关于这两个时代,有"志"保留下来。郑、孔都解释这个"志"乃指志记之书,也即记载礼乐之文献。

不过,也可将这个"志"理解为"志愿"。也即,五帝、三王被孔子作为一个伟大理想而追求,唐君毅先生即持这种看法:

> 故此大同章之文之重点,唯当在此中之孔子之自言其有此"志在天下为公,使天下大同"之志。志虽未达,然当下已有此志,即可逐步求达。言逐步求达,即谓自客观上言,此大同之世,不能直下实现;而能直下实现者,即只是由小

康以达大同。①

大同的关键在天下为公。在孔子的论述中,"天下为公"既是大道之行时代的具体的制度安排,又是对理想的治理秩序的整体性刻画。大同章认为,这样的理想治理秩序在人间是曾经实现过的,那就是"大道之行"的时代。《礼运》篇的文本结构则显示,天下为公的治理秩序是能够实现于人间的,人们也应当以在人间实现这样的治理秩序作为其理想。

理想政体

大道之行也,天下为公。

郑玄注:公犹共也。禅位授圣,不家之。

孔颖达疏:"天下为公",谓天子位也。为公,谓揖让而授圣德,不私传子孙,即废朱、均而用舜、禹是也。

郑玄前已注明"大道,谓五帝时也",大道流行于天下的时代就是五帝治理的时代。在儒家的政治论说体系中,主要是尧、舜治理时代。这是"大道"最为圆满的时代。孔子、孟子都反复言及尧、舜,尧、舜被视为最为完美的圣王,他们的治理就是理想的治理。而尧、舜最为伟大的地方就在于"共"君位。

思考和设计治理秩序首先要解决的问题是最高治理者、用

① 《中国哲学原论》,《原道篇》,台湾学生书局,1986年全集校订版,卷二,第九七页。

今天的话语说就是主权者的权力之来源与其岗位之轮替问题。古代中国贤哲关于治理秩序的思考,均以此作为重点。一个现实地可运转的治理架构,必然需要一个君,一个掌握最高权力者。这是秩序的保证和象征。如果这是一个制度的必然性,那么,唯一需要认真讨论的问题就是,君位是什么性质的? 担任它需要什么样的资格? 君将如何产生才是最合理的?

这样的讨论,构成了春秋到两汉期间政治哲学讨论的核心问题。只是到了后来,才被其他讨论所遮蔽。在古代贤哲看来,一个共同体如何解决这个问题,标志着这个共同体的治理秩序之基本特征。

大同章说,在尧舜大道之行的时代,治理秩序的根本特征就是"天下为公"。天下为公是说王位为天下人所公有,君王不以之私传子孙,而禅让于有德能之人。尧舜禅让制度之本质就在于君位为天下人共同所有。其背后的政治理念是:天下为天下人之天下。正是基于这样的理念,尧舜将自己行使治理权的位置,即天子之位,视为天下人所共有,而非自己一家所有。他们的这一位置本身既得之于天下,因而在他们自认为体力衰竭的时候,将这个位置还于天下,通过复杂的程序,基于天下人之举荐,从天下人中遴选合适的继任者。当然,承担这个职位的资格要求是十分严苛的,其人需要伟大的德行和治理技艺,并不是随便一个人就可以担任。但这一点并不改变君位为天下共有的性质。

因此,大同章第一句话就阐明了圣贤构想的理想治理秩序的第一原则:主权者的位置为天下所共有,而非某个人或者某个家族所私有。

不过，毕竟，主权者的实际能力是受到身体和理性的限制的，所以，最高治理权的性质和归属有所安顿后，接下来的问题就是次级治理者的遴选问题。大同章提出的原则是：

> 选贤与能。
>
> 孔颖达疏：选贤与能者，向明不私传天位，此明不世诸侯也。国不传世，唯选贤与能也，黜四凶、举十六相之类是也。郑注《乡大夫》云："贤者，有德行者；能者，有道艺者。"四凶：共工、驩兜、鲧、三苗。十六相，八元谓伯奋、仲堪、叔献、季仲、伯虎、仲熊、叔豹、季狸，八恺谓苍舒、隤岂夂、梼戡、大临、龙降、庭坚、仲容、叔达也。

首先，与君位一样，次级治理者的位置同样不能私相授受。这样的位置、权力依然是天下所共有的，因而就需要一个"选"的程序。

"选"的概念之提出，意味着中国古代贤哲已经清楚地意识到，治理的一个重大问题就是"代表"问题。代表问题的凸显有多个原因，其中最为重要的也许是两个：第一，即使是最优良的治理，就其事务的性质而言，也无法做到人人直接治理。自我治理是共同体应当尽可能追求的理想，但任何现实的治理都无法离开他治。这从技术上无法做到，如此就需要代表进行治理。第二，治理活动本身是具有一定甚至相当强烈的专业性的，它需要某些素质和能力。这两者使得"选"成为设计一个优良治理架构时所不能不优先考虑的问题，通过这样的程序，代表被从众人之中"选"出来，从而进行合理的、优良的治理。实际上，帝、天子同样应当被视为一个代表。

人们立刻会问：谁来选？选谁？选的程序是什么？人们可能想当然地以为，是由圣王自上而下地选择。其实并非如此，比如《尚书·尧典》记载：

> 帝曰："咨！四岳。汤汤洪水方割，荡荡怀山襄陵，浩浩滔天。下民其咨，有能俾乂？"金曰："于，鲧哉！"帝曰："吁！咈哉！方命圮族。"岳曰："异哉，试可，乃已。"帝曰："往，钦哉！"九载，绩用弗成。

洪水滔天，尧提议选择能够治水之人。大家都（金）推荐鲧。尧不同意。但是，四岳坚持说，应当给鲧一个机会，让他试一下。尧答应了。从这个故事中可以看出"选"的丰富涵义。它可能不是现代的大众民主选举程序，但很显然，它也绝不是单向的自上而下的委任——从历史上的角度，这样的委任其实是上古之人难以想象的。古人理想中的"选"是高度复杂的，这种复杂性在历史上已经有所呈现，同时它对未来的更为合理的程序也是开放的。大同章的要旨在于，为着优良治理，必须遴选出"贤与能"。那可以肯定地说，大同章不会拒绝现代的民主选举程序，只要这种程序确实能够遴选出"贤与能"。

"贤"与"能"是大同章构想的两种性质不同的代表，他们将参与治理活动。如郑玄所注，贤者乃有德行者，能者乃有道艺者。人们通常会把贤与德作简单化的理解，比如，人们会把贤理解为德，德性。同时，人们通常也会把"能"作简单化理解，把"能"理解为才、才能、才艺。但是，《乡大夫》郑注对贤、能的解释，包含着更为丰富的意思：贤是有德行者。在伦理学中，德行与德性之间虽然有关联，但终究是两个不同的概念。德性指人的内在品性，德行则强调善的外在呈现。①

经学家已明确地作出了这样的区分。《周礼》师氏"以三德教国子"，"二曰敏德以为行本。"郑玄注："德行，内外之称：在心为德，施之为行。"②德与行分而论之，则人固然首先具有内在之德，才可能施之为行。但是，德行连用则显示了两者不可分割的关系，内在的"德"与外在的"行"构成一个统一体，甚至于其先后次序将会发生巨大变化，行获得了相对于德的某种优先性：内在之德本身不再是目的，施之为行才是目的，内在之德反而变成施之为行的手段。内在之德必须施之为行，才可以证明内在之德的存在。个人德性的圆满必须透过道德和政治实践来自我证明，事实上，这不仅仅是证明，德性的圆满是透过施之为行而被建构的。③

这样的德行论让贤者具有从事实际治理的可能性。贤者光有德性是不够的，这个内在之德性必须见之于外在的伦理和政治行动。因此，贤者除了具有德性，还必须具有行的"技艺"④。

---

① 亚里士多德这样论述两者的关系："我们通过做公正的事成为公正的人，通过节制成为节制的人，通过做事勇敢成为勇敢的人。"（［古希腊］亚里士多德：《尼各马可伦理学》，廖申白译注，商务印书馆，2003年，第36页）"简言之，一个人的实现活动怎样，他的品质也就怎样"（第37页）。品质就是德性，实现活动就是实现德性的德行。

② 《周礼注疏》卷十四。

③ 如亚里士多德说："但是德性却不同：我们先运用它们而后才获得它们。"（《尼各马可伦理学》，第36页）

④ 亚里士多德把德行比之为"技艺"，参看《尼各马可伦理学》，第36页。

对于贤者来说,这两者是同等重要的。如果没有这样的技艺,而仅有德性,贤者就名不副实,对于优良治理也就没有什么价值。"选"出这样的贤者,也就是一个与治理无关的事情。实际上,一个人如果没有技艺,那他自称的、所谓的德性,就是自我吹捧。

"能"同样不是简单的才能。《乡大夫》郑注解释说,"能者,有道艺者"。此处可注意者有二:第一,此处所言者为"艺"而非学。"艺"显然不是单纯的"学"。艺就是 art,技艺。它是一种实践的能力,这样的能力当然也来自实践。当然,实践必须要求实践者同时也应当学,学习原理、法则,但同时必须将其运用于实践。正是在学与行的互动中而形成艺。第二,这样的艺也必须在"道"的照临、支配下,对于优良治理才有意义。有些人的艺是脱离道的,比如盗贼之艺。优良治理所需要者乃合乎正道、大道之艺。真正的"能"者所具有的,乃"行道之艺",让大道流行于天下的技艺。

道当然可以作多种理解,其中包含德。这样,能与贤之间也就发生了直接的关联。从某种程度上说,贤者必然是能者,而能者也必然是贤者。当然,既然是两个概念,则两者终究还是有所区分的,但这种区分基本上是两种品质搭配的比例之分,而非性质之别。

在大同章看来,政府应当同时由有德行者和有道艺者两大类人组成。唯有这样的政府才有能力进行优良治理。当然,大同章没有讨论的是,这两类人如何配置,而初步观察可以发现,传统中国政府结构最大的问题,也许就在于这两类人没有被十分合理地配置,从而形成既分工合作又相互制约的合理政府架构。《盐铁论》中,贤良多次指责大夫不知仁义,大夫则频频批评贤良迂阔无用，就显示了传统政府的困境。也许，政治审议部门与执行部门的分立，可让贤者、能者各得其所。

　　总之，透过天下为公、选贤与能两个制度安排，大同章完成了对治理架构——主要是政府——的理想构造。

合群之道

　　接下来，大同章讨论了共同生活在一块区域内的人如何联结成为一个具有共同的命运感的共同体的原则。大同章的讨论分为三个层次，从抽象到具体。首先，在最为抽象的层面上，大同章讨论了如何把人联结为一个共同体的两大政治德行：

　　　　讲信，修睦。

　　　　郑玄注：睦，亲也。

　　　　孔颖达疏："讲信修睦"者，讲，谈说也。信，不欺也。修，习。睦，亲也。世淳无欺，谈说辄有信也。故哀公问周丰云"有虞氏未施信于民，而民信之"是也。又凡所行习，皆亲睦也，故《孝经》云"民用和睦"是也。

　　这样的阐释未必完全准确。信和睦不是单纯的私人德性，而是关乎共同体构造的大纲目。"信"与"睦"所关涉的是人与人的关系。两者的功能不同。从某种程度上说，"信"是人与人之间的正义，"睦"是人与人之间的爱。人世间所有人际关系都是分别基于这两者，或者同时基于这两者而建构起来的。

　　在封建制下，"信"是指君臣相互信守对于对方之义务的德行,至于这义务,也不完全是双方约定的,而是由习惯法——
礼——所确定的。当然,作为习惯法的礼制体系也是由无数封
建性契约抽象而成的。因而,信也就可以指人们信守一套正当
行为规则体系。可以说,信预设了一套治理规则体系的存在,这
应当包括正式的法律和非正式的习惯。"讲"的意思不是谈说,
《说文解字》:"讲,和解也,"《周易》兑卦《象》曰:"君子以朋友讲
习。"讲信就是讲究信用,坚守规则、承诺,据此相互对待。每个
人信守对于他人的义务,每个人的权利也获得其他人的尊重。
由此,每个人各得其宜,各得其分。这也就构成了"义"。因此,
大同章所说的"讲信",也就是在一群人中间确认和保证正义。
或者也可以反过来说,实施正义的结果就是人与人之间的信。

"睦"则维持和增进人们之间的爱。睦者,亲也。亲以人与
人之间的血亲关系为基础。这样的爱是自然的。但是,大同章
所要求于人的,不只是这种自然之爱。相反,睦要求人们在陌生
人之间同样应当相亲相爱。这样的爱当然可以不同于血亲之间
的爱,爱当然可以有等差。但是,爱的性质并不因人际关系的不
同而有根本的差异,差异仅在于程度。由此,大同章下面所说的
"人不独亲其亲"云云才可以成立。由于人与人之间的相亲相爱
而形成了"睦"这样的状态。

或许可以说,治人者、治于人者之间同样需要借助于信和睦
这两个要素联结在一起。治人者、治于人者之间应当有某种程
度的爱,这种爱让双方可以相互信赖。如果没有这样的爱,两者
之间处于相互敌对状态,恐怕就不可能形成基本的治理秩序。
但当然,治人者、治于人者终究是陌生人,双方的认知也存在重
大差距,因而,两者的关系绝不可能仅仅基于爱。这两者之间主

要的关系原则还是信。这也就是孔颖达疏所引的"施信于民,而民信之"。孔子在这方面有很多论述,如《论语·学而》:子曰:"道千乘之国:敬事而信,节用而爱人,使民以时。"更为重要的是《颜渊》的论述:

> 子贡问政。子曰:"足食。足兵。民信之矣。"子贡曰:"必不得已而去,于斯三者何先?"曰:"去兵。"子贡曰:"必不得已而去,于斯二者何先?"曰:"去食。自古皆有死,民无信不立。"

孔子认为,君、官长应当信守对民的义务,这是其首要的义务。当然,反过来,民也应当恪守作为民的义务。由此,官长的权力和民的权利各得其宜,实现均衡。而这,正是优良治理的基础。

借助于信与睦,也即正义与爱,万民被联结为一个命运共同体,一个道德和政治共同体。睦意味着人们相互信任,愿意将自己托付于共同体内的他人。信就意味着人们之间的权利、义务被清晰地界定,从而人们不必担心遭到经常性伤害,或者即便偶尔遭到伤害,也可以找到救济。这样,人们将产生休戚与共之感,个人关于自己的想象将从孤立的个体变为共同体的成员。共同体就是借助于人们的这种意识,也即"共同体感",结合而成的。而催生人们之共同体感的,正是信与睦。

在确立了这样的大纲目后,大同章更为具体地讨论了共同体成立的制度前提,也即公域的创造与维系。此即下面一句话的要旨所在:

故人不独亲其亲,不独子其子。

郑玄注:孝慈之道广也。

孔颖达疏:"故人不独亲其亲,不独子其子"者,君既无私,言信行睦,故人法之,而不独亲己亲,不独子己子。

"讲信修睦"是建立人际关系的抽象原则,但具体到现实中,人首先生活于自然的血亲关系之中。在这里,强烈的爱是毋庸置疑的。但是,如果人们普遍地只具有这样的爱,就将呈现为完全的私人。假如人们完全沉溺于这样的自然血亲之爱,共同体就无从谈起。人们将生存于自然所设定的分割状态中。毕竟,对亲人的爱具有极强的排他性,人们甚至会因对亲人之爱而生出对非亲人的恨,过分强烈的自然血亲之爱,会让人与人之间处于永恒的战争状态。

大同章清楚地意识到了这种危险,提出了"人不独亲其亲,不独子其子"的原则。这是关于共同体构造的第二层次的原则。这个原则旨在把个人从纯粹自然的血亲之爱中部分地提升出来。由此,一个超出自然血缘家庭范围的大型伦理与政治共同体就具有了可能性。在这样的共同体中,人固然仍然有自然的、私人的身份,但同时也有了共同体的成员这样的公共身份。

最可玩味的就是"不独"一词,这个词尽得共同体构造与优良治理之妙道。

确实,即使在命运共同体形成之后,人作为自然人,依然亲其亲,子其子。这是人类最为美好的情感,也是普遍之爱的情感的自然根基。但是,既然人们已经进入超出血缘关系的道德和政治共同体中,那就不应只是一种自然的存在,而同时也应当是一种社会的存在、公共的存在,并且,在某种意义上说,应当主要是后者。共同体的维系是以"公域"的存在为前提。在这公域中,陌生人之间也可以基于相互的爱和信,展开广泛的合作、交易,由此整个共同体成员"相与利之"①,共同体之利将得到最大化。为此,人就应当"不独"亲其亲,"不独"子其子。公域的存在必以人们"不独"爱自己的亲人为前提。唯有如此,人才能够突破自然情感的限制,对陌生人敞开信任和爱。这样,陌生人之间才可以形成共同体感。

尽管如此,"不独"的表述也清楚地说明,这样的公域并不替代、压制、更不会取消私域。这绝非"不独"的含义。"不独"意味着并行,共同存在。大同章意识到了公域对于共同体的决定性作用,因而坚定地要求,每个人除了私人的面相之外,也须具有公共的面相。但是,大同章用"不独"一词也清楚地表明,公域只是叠加于私域之上。人的自然的、私人的身份与其人为的、公共的身份,换言之,共同体内的私域与公域,是并行不悖的,且两者完全可以相辅相成,相互支撑。

在儒家看来,私性的爱完全可以构成公共的信与爱之基础。《论语·学而》有子曰:"孝弟也者,其为仁之本与!"朱子集注引程子曰:"仁主于爱,爱莫大于爱亲,故曰孝弟也者,其为仁之本与。"②《中庸》:"人者,仁也,亲亲为大。"孔颖达疏:"仁者人也,亲亲为大者,仁谓仁爱相亲偶也。言行仁之法在于亲偶。欲亲

①　《吕氏春秋·恃君篇》:"群之可聚也,相与利之也。"
②　《论语集注·学而第一》。

偶疏人先亲己亲，然后比亲及疏，故云亲亲为大。"①这里贯穿的就是"不独"的原则。圣贤主亲亲，然绝不止于亲亲，孝悌这样的亲亲自身并不是圆满的仁，而是仁之起点，目标在于同时仁爱陌生人。

这样的"不独"体现了作为一个优良治理秩序之第一原则的天下为"公"。前一句所论者为政体意义上的主权之公，此处所论者乃天下人在精神与社会意义上之公。天下不是无数自然的私人之简单加总，天下不是一个麻袋里面装了一堆土豆。天下是一个有机的共同体。天下这个共同体存在的前提就是每个人不仅是"私人"，也是"公人"，用现代的词语说，就是"公民"。每个人不仅生活在自己的家庭和其他自然的社会关系之中，也生活于人为构造的各种社会性之群中，这样的群，乃借助于信和睦构造出来的。应当说，家庭等自然社团就已经创造出了某种程度的"公域"，但仅此还不够，它的公的程度还不足以构造一个包容遥远的地方的陌生人的大型共同体，这个共同体将具有更大的善。要构造和维持这样的共同体，需要更为广泛的社团，需要纯粹陌生人之间的公域。而这个公域的主体就是"公民"。

这样的共同体需要由信与睦或者正义和爱来创造和维系，需要相互之间陌生的公民们既具有爱的德行，也具有正义的德行，不仅针对自己，针对自己的熟人，更针对自己不认识的陌生人。没有这样的爱和正义，天下就不复为天下。两句"不独"表明了大同章对于构造共同体的基本认知：天下人人为公——哪怕只是部分地，人人部分地生活于公域中，天下才可以现实地并

---

① 《礼记正义》卷五十二，《中庸第三十一》。

且健全地存在。

借助于君道的树立和选贤与能,治理架构被建立起来。借助于讲信修睦、人不独亲其亲、子其子,一个道德和政治的共同体就基本上被建立起来了。现在可将其称为"邦国"、国家。那么,这个共同体应当如何安顿它的全体成员,让他们各得其宜,普遍地获得幸福?这就是大同章接下来讨论的问题,也就是第三个层次的合群之道:

> 使老有所终,壮有所用,幼有所长,矜寡、孤独、废疾者皆有所养。
>
> 郑玄注:无匮乏也。
>
> 孔颖达疏:使老有所终者,既四海如一,无所独亲,故天下之老者皆得赡养,终其余年也。"壮有所用"者,壮,谓年齿盛壮者也。所用,谓不爱其力以奉老幼也。亦重任分轻任并,班白者不提挈是也。"幼有所长"者,无所独子,故天下之幼,皆获养长以成人也。"矜寡孤独废疾者皆有所养"者,壮不爱力,故四者无告及有疾者,皆获恤养也。

大同章在这里分别了三类人,而分别提出了通往各自幸福之大道。

首先值得注意的是"使"字。"使"的客体显而易见,主体则是前面已完成构造的共同体:邦国、国家。大同章前面所讨论的是国家构建的基本原则。这个构建的主体,大同章没有明言,但可以推测,它就是作为一个整体的混融的"人民"本身,也许还应当加上"天",因为,构建邦国乃天人之间的事业。当然,大同章对此没有明言，这一点也许表明了古代贤哲政治思考的一大美德：理性的自我节制。国家的构建乃部分地带有神秘性质的事业。此一事业的主体是人民，但也许，最终的推动力还来自人民之外，天或神，至少部分地。人当然应当沉思它，但不应当试图对其进行完备的思考。对此进行完备的探究，乃理性的僭越。对此一根本性问题，已经生活在现实的邦国中的人应当保持一定的敬畏。此时的人所能做的最明智的事情，是生活于现实之中而始终保持希望：对于善的邦国的希望。大同章所表达的就是一个希望。

据此希望，人可提出关于在人间组建这个邦国的一些根本原则。而此时，作为一个整体、不可思议的人民就成为可以思议的、具体的人们了。这正是大同章所要安顿的对象。混融的人民具有不同的身份，而成为一个个的国民。这个时候，邦国的责任就是具体的，它必须面对万民的复杂性，而让每个具体的人，获得与他们的身份相配的幸福。

大同章分三类人进行讨论，这一点本身具有重要含义。它意味着大同章相信，尽管万民生活在一个共同体中，但是，万民还是呈现为个体，他们的幸福总是具体的。邦国应当让每个人获得本来属于他的具体的幸福。这就拒绝了依据一个一致的标准强加统一的幸福的狂妄。圣贤和治国者不能把自己所认为的幸福，强加于其他人。治国者必须具有这样一个美德：关注人们的具体性。

具体性的进入让治国成为一项需要技艺的事业。只有借助于技艺，治国者才能处理具体问题。具体性的进入更让正义成为不可或缺的，归根到底，在一个共同体中的具体的人的幸福只能是各得其分,大同章马上就会讨论到这一点。

回到三类人实现具体的幸福之道:"使老有所终,壮有所用,幼有所长。"需要追问:为什么大同章从世代的维度对人群进行划分? 尤其是,为什么大同章首先关注"老有所终"?

从世代的维度对人群进行划分显示,大同章认为,人们构造和维持共同体的活动,与人的生命之间具有十分深刻的关联。个体的生命是暂时的,一个人自然会经历幼、壮、老阶段,有生而有死。但是,人始终在追求不死、不朽、永恒。永恒能让生命具有意义,没有永恒,生命就失去了判断意义之判准。这是一个矛盾。伦理与政治的共同体,也即邦国,却部分地解决了这个矛盾。个体的生命是短暂的、一次性的,共同体却是永恒的。共同体成员有生有死,共同体本身却恰恰在其成员持续不断的生生死死中保持着永恒的生命。每个成员个体短暂的生命,因为共同体的永恒,而获得了某种永恒的意义。从这个角度看,对于人来说,群具有绝对的必然性,合群的生活是生命内在地要求于人的,构造和维系邦国乃人的宿命。

大同章首先谈论"老有所终",则更为显豁地揭示了这一点。共同体的生生不息,恰恰是借助于部分成员之死而实现的。这个世界上的资源总是稀缺的。没有死亡,邦国可能毁灭。个体的死亡让共同体能够永生。个体的短暂的生命也正借助于自身的死亡,而从共同体的永恒中分有了意义。

但当然,这样的生死之辨确实非常残酷,这是自然之道。人类的智慧则可以在很大程度上化解自然的残酷性。动物群体和蛮族会抛弃老者,优良的邦国却不会。顺从自然之道,就不配文明之名。事实上,人们建立邦国就是为了超越自然之道,让所有人享有幸福。"老有所终"就是人超越自然之道的第一个努力。按照自然之道,个体的价值之排序是幼、壮、老,或者壮、幼、老,不管如何排序,老者最没有价值。邦国在安顿具体的人的幸福的时候,恰恰把第一条确定为老有所终。这里正体现了人超越自然之道的心性。

这种反自然之道而行的安排,是邦国的生命不同于个体自然生命的内在逻辑所要求的。个体生命必然走向死亡,恰恰基于对此之恐惧,人们从邦国寻找永恒的意义。因此,邦国之为邦国必须把生命的永恒感给予每个人。这是人们成立邦国的根本目的所在。邦国必须让每个人相信,他可从邦国的永恒中获得个体生命之永恒。这不应只是关于来世的幻觉,而应是可以看见、感受的事实。这就要求邦国必须透过一套制度安排,让每个人在衰老之后、死亡之前,与其他人一样有尊严地存在。可以说,大同章确立的"老有所终"的优位性构成了"人道"之本。

第一,"老有所终"的优位性体现了共同体对于其成员的感恩。老者以自己个体生命的消耗维系和壮大了共同体的生命,共同体每个成员从中都获得了好处。共同体基于信与睦的原则,自应回报他们。回报之道就是让他们"老有所终",在年老的时候享有作为人的尊严和幸福。支持共同体这一回报制度的,也是信与睦:睦让共同体爱老者,信让共同体回报老者。

第二,"老有所终"的优位性体现了对于邦国的维系至关重要的另一原则:给没有希望者以希望。按照自然的法则,幼者最有希望,老者绝无希望——他们已经没有未来。没有希望就没有幸福,而任何一个成员的不幸福就意味着邦国的失职。因此,邦国必须让老者仍有希望。希望来自有尊严的生活。"老有所终"就让老者能够保持人之为人的尊严。而一旦老者有希望,则整个共同体所有成员就都有希望;有希望,共同体就有生命。

第三,"老有所终"的优位性,也让幼、壮者可以保有希望。人最恐惧的是衰老和死亡,这样的恐惧会鼓励人采取机会主义的生命策略,也即及时行乐。他人衰老和死亡的事实提醒人们,自己迟早也会死亡的。如果一个人对自己衰老之后的生存状态没有较好预期,他就会在幼年和壮年的时候采取机会主义的生命策略,今朝有酒今朝醉,不必为未来打算、积蓄,不去付出。这种生命策略,对他本人,对邦国,都是不利的。邦国可以改变人的这种自然的生命策略。邦国让"老有所终",则可纾缓人们对衰老和死亡的恐惧。壮者、幼者如果看到老者同样具有尊严,衰老的生命仍然丰富而具有意义,那么,自己未来的不可避免的衰老和死亡就不再是令人恐惧之事。如此,这些壮者、幼者的行为的预期就会较为长远。由此,壮者也就愿为所用,不光为自己所用,也为公所用。

至于"幼有所长",孔颖达疏云"皆获养、长以成人也"。养乃自然的养育,它当然可以主要在血亲家庭之内进行。但对于幼者来说,最为重要的是"长",就是作为一个共同体成员的培养,以期其"成人"。人之为人不只是自然的,而是共同体的,社会的,伦理的,政治的。这就关涉教育问题。要尽可能培养每一个幼者成为"讲信修睦"之人,成为"不独亲其亲,不独子其子"之人。当然,也需要培养其中一部分成为"贤与能"。如此,邦国的生命体才会不断注入新鲜血液,而始终具有强健的生命力。这样的教育对于共同体的生命同样具有决定性意义。从世代结构上看,共同体的生命的永恒性,依靠幼者来延续。

"矜寡、孤独、废疾者,皆有所养"依据的是同样的希望原则。只不过,老有所养是从时间维度上提出的,引导人们面向共同体的生命问题。这一条是从空间角度提出的,引导人们面向共同体的结构问题。

任何一个共同体都是不完美的共同体,其成员都是复杂的,其中有很多人,因为命运或者个人的原因而生活在痛苦之中。邦国如欲具有永恒的生命,如欲维持自身作为一个共同体的存在,就必须纾解所有痛苦者的痛苦。

这一点,同样是反自然之道的。当身体出现变异,医生为了人体的健康,可能切除病变部分。但是,一个邦国却不应当这样做。因为,邦国是为天下所有人建立的,或者是作为一个混融的整体的人民为了自己的幸福所建立的,而这人民中就包括这些遭受痛苦者。他们也是邦国的共同建立者。他们与常人一样,对于邦国抱有希望,甚至比常人更为强烈:他们希望通过建立邦国,获得幸福,或者更准确地说,纾解自身的痛苦。邦国理当满足他们的希望。

至关重要的是,邦国如果做到了"矜寡、孤独、废疾者,皆有所养",就实现了自身结构上的完整性。"老有所终,壮有所用,幼有所长"让邦国超越了时间的约束而具有永恒性,进而赋予每个人之必然消逝的短暂生命以永恒性。"矜寡、孤独、废疾者,皆有所养"则让社会结构横截面上的所有人享有人的尊严,从而它的结构上不存在任何明显的缺陷。

这同样构成了另一个面相的"天下为公"。老有所终、痛苦者皆有所养,其实都是天下为公的原则所要求的,也是天下为公在时间和空间维度上的具体实现。"公"意味着无所排斥,任何人不被排除在外。"天下为公"意味着每个人获得他作为一个人应得的待遇。只有这样,天下才是公的,为公的天下致力于所有人的尊严和幸福。而那些最不幸者,理应获得与其不幸相当的关照,如此,天下才具有圆满性。

而"人不独亲其亲、子其子"则是老有所终、皆有所养的人性与制度保证。人各亲其亲,各子其子,则大多数幼者固然可以得到养,但很多老者将无法得到善终,至于矜寡、孤独、废疾者,绝大多数将无所养。这再一次说明,人若只是各亲其亲、子其子的一群人,其实根本就不可能组成一个命运共同体。文明与政治共同体首先是一个命运共同体。这样的共同体,也即邦国,须以两个"不独"为前提,须以公域的存在为前提,须以陌生人之间的爱和正义为前提。

当然,命运共同体的构造、维系、扩展还需另一重要要素:营养。

气血贯通之道

回过头来,大同章具体地讨论了"壮有所用",这是共同体繁荣的引擎。对一个共同体的生命来说,老者是历史,幼者是未来,壮者则是当下。壮者是共同体生命的肌肉、气血,正是他们支撑起邦国这个生命体。

那么,如何分配这些壮者,才可让共同体的生命最为健硕?大同章提出如下基本原则

男有分,女有归。

郑玄注：分，犹职也。皆得良奥之家。

孔颖达疏："男有分"者，分，职也。无才者耕，有能者仕，各当其职，无失分也。"女有归"者，女谓嫁为归。君上有道，不为失时，故有归也。若失时者，则《诗》卫女淫奔，"期我乎桑中，要我乎上宫"，是失时也。故注云："皆得良奥之家。"

这句话首先确立了男女有别、男女分工而合作的原则。圣贤对社会分工有非常清晰而深刻的理解，这里说的是广泛意义上的社会分工而非简单的经济分工。社会从本质上说就是一个分工、合作网络，人们之所以进入社会、邦国的共同体生活中，也正是为了利用这样一种机制，"相与利之也"。樊迟学稼故事中孔子的议论①，及孟子关于治人者、治于人者的讨论②，涉及的就是治理秩序框架内的分工、合作问题。男女之别同样是基于社会分工、合作原理，而对男人、女人的角色作出的一般性安排。

既然邦国是所有人共同的事业，则从邦国的角度看，每个人都是珍贵的。反过来，邦国是为每个人的，每个人都有资格（title）在邦国内找到最适合于自己的岗位。个人一旦被配置到这样的岗位上，邦国从个人所得到的收益也是最大的。这两者的

---

① 《论语·子路》：樊迟请学稼。子曰："吾不如老农。"请学为圃。曰："吾不如老圃。"樊迟出。子曰："小人哉，樊须也！上好礼，则民莫敢不敬；上好义，则民莫敢不服；上好信，则民莫敢不用情。夫如是，则四方之民襁负其子而至矣；焉用稼！"
② 《孟子·滕文公上》："有大人之事，有小人之事。且一人之身，而百工之所为备，如必自为而后用之，是率天下而路也。故曰：或劳心，或劳力。劳心者治人，劳力者治于人。治于人者食人，治人者食于人。天下之通义也。"

结合,就是"分"。分就是职分,就是应得(entitlement),分就是与自己的潜能相应、能够让自己的潜能得以较为充分的发挥的社会性岗位。

让每个人各得其分是邦国的道德和政治义务,反过来,它也构成了每个邦国成员的权利(应得)。从某种意义上说,人各得其分是邦国最基本的原则,因为,邦国可被推定是所有人共同构造的,它也是为了所有人的,并且由所有人共同拥有,如此则每个人在这个邦国内获得幸福,就是一个合理的、正当的希望,而一个理性建立的邦国也必将以满足其成员的这一希望作为其最高目标。天下为公、选贤与能等原则,也是人各得其分在治理领域中的具体运用。

需要说明的是,"分"在个人、邦国之际,由个人与邦国双向确定。因此,人人各得其分的前提是每个人能够各定其分,换言之,就是人享有自主的自由。因为,每个人的潜能是什么,各当何职,在正常情况下,自己比别人更为清楚。事实上,在很大程度上,一个人可以干什么,与一个人希望干什么,经常是混合在一起的。因此,一个人的职分是他的客观的潜能与主观的希望的综合。而这两者都在个人自由意志的范畴内。必得让每个人自由地就此进行决策,各得其分才是可能的。

当然,在人间秩序中,并不是所有人的潜能都能得到发挥,并不是所有人的希望都能够得到满足,潜能和希望需要借助于机会和某些客观条件方可实现。邦国的责任是提供这样的机会和客观条件。但很显然,任何时候,机会和客观条件必然是稀缺的。为此,人人各得其分的原则就要求邦国必须公道地在成员之间分配机会和条件。这样,可能有人失望,但他们不会因此而怨恨。如果邦国的分配过程有失公平，那邦国内必然存在大量"旷男怨妇"，邦国的根基就会被动摇。而为了做到公道，邦国需要很多具体的制度安排。

这样，经由个人的自由选择与社会的公道分配，壮者将会相对均匀地分布在共同体生命的各个部位，就像孔颖达所说，"无才者耕，有能者仕"，养育、教育、财富、宗教、治理等各个领域都有最合适的人在从事生产性、创造性活动。共同体由此可以气血通畅，共同体的生命将均衡地发育，各个部位保持合适的比例。畸形意味着疾病，邦国必须避免壮者分配的畸形。而做到这一点，就必须同时确保个人自由与社会公道，而这样的保障则来自天下为公、选贤与能的制度构造。

"男有分、女有归"是一个社会分工合作格局，此一格局包容了财富生产的分工合作网络。财富对于邦国的生命体来说就是营养，没有财富，邦国的生命就会枯萎。因此，大同章关于邦国之大纲的讨论，终结于财富生产与分配的基本原理。这个基本原理就是：

> 货，恶其弃于地也，不必藏于己；力，恶其不出于身也，不必为己。
>
> 郑玄注：劳事不惮，施无吝心，仁厚之教也。
>
> 孔颖达疏曰：货，谓财货也。既天下共之，不独藏府库。但若人不收录，弃掷山林，则物坏世穷，无所资用，故各收宝而藏之，是恶弃地耳。非是藏之为己，有乏者便与也。力，谓为事用力。言凡所事，不惮劬劳，而各竭筋力者，正是恶于相欺，惜力不出于身耳。非是欲自营赡，故云"不必为己"也。

　　货与力是两种资源。人世间的资源无非就这两种:自然资源与人力资源。财富来自这两者的结合。这两种资源恰当地配置,并充分发挥作用,财富就会生产出来,社会就会较为繁荣。因此,大同章首先指出"货,恶其弃于地也",也即,人应当高效率地利用自然资源。"力,恶其不出于身也"的意思是,邦国应当高效率地利用人力资源。这一点,也就是前面所说的"男有分"。

　　如何做到这两种基本资源的充分利用?与人各得其分一样,效率来自个人的自由和治理的公道。资源的充分利用最终依赖于具体的人之各尽其力,来自每个人较为充分地发挥自己的创造性。而创造性来自自由,公道则保证每个人的创造性不被刻意地抑制。自由和公道的共同作用,将使邦国的财富被高效率地生产出来。

　　接下来的问题是:这些财富如何分配,才同时有助于个体的幸福和共同体的繁荣?大同章提出了两个"不必"。这两个"不必"与前面的两个"不独",同样精妙而深刻,两者的含义也相差不大,意思都是"不完全"、"不只是"。

　　这种否定的表达语式,深刻地体现了圣贤的审慎和明智。近人对大同章所描述的理想世界普遍地作一种财产公有、财富共有式理解,以附会自西方而来的某些玄虚的学说、理想。这样的理解完全不合乎儒家明文论述的思想传统,也根本有悖于儒家的中道心智。大同章确实在描述一个理想,但这个理想仍是人的理想,而非神的理想。因此,从根本上,它是立基于人性的,当然是儒家的人性观。

　　"不必"的含义是非常清楚的:每个人生产出来的财富,不完全是为了自己。也就是说，每个人生产出来的财富首先还是属于自己，并且为自己的。尤其是对于普通人也即孔子所说的"小人"、孟子所说的"治于人者"，更是如此。

不过，既然人们已生活于共同体中，而个人的财富生产活动必依赖于整个社会的分工、合作网络，依赖于政府及其他治理主体所生产的公共服务，则基于交换原则，人们必会同意拿出一部分财富贡献于共同体。另一方面，最为重要的是，人们生活于共同体中，则必然具有共同体感，具有"公民"意识。因此，从一开始，他们的生产活动就不只是为了自己，也同时是面向他人，为了各个层级的共同体。这是人进入共同体生产之后的一种必然：个体生产的财富是具有共享性的。

尽管如此，归根到底，每个共同体成员所生产的财富首先还是属于自己。因此，共同体分享其任何成员的财富就必须基于成员的自由意志。从制度的角度说，邦国分享成员的财富必须经过同意的程序。一个拥有财富的共同体成员必然乐于拿出自己的财富与同胞分享，这是他作为共同体成员的本性。历史事实也确实如此。而这一点恰恰表明了，共同体分享其成员的财富，强迫是不必要的。当然，强迫也是不道德的。一个人如何分配他的财富，不管是拿出多少与同胞分享，还是给邦国贡献多少，都应当让他自己来作决定。前者是自愿的慈善公益事业，后者则意味着，政府对邦国成员所征的任何税，须以这些成员的同意为前提。

总之，大同章的两个"不必"，根本没有财富由整个共同体全部公有的含义，更不意味着政府的占有。财富首先是共同体成员私人享有的，但是，人们私有的财富同时具有公共性，这与人在自然的私人身份之外另有人为的公共身份是一样的。人们生产的财富同时具有私、公两个品性,前者关联于人的自由,后者关联于共同体生活。这两者对于人是同等重要的,也是人的两个本能:一个是自然本能,另一个是社会本能。它们同时存在于每个人身上。因此,邦国需要建立复杂而公道的制度,合理而正义地配置人们生产出来的财富。所谓公道,就是让每个人各得其分。

中道的理想

至此,大同章完成了对一个理想邦国的构造。

这个邦国的最高治理岗位是通过禅让的方式而为天下共有的。次级治理者同样是对所有具有贤或者能的品质的人士开放的,因而,也为天下所共有。这个邦国讲信、修睦,正义和爱两个纽带把人们连接在一起。在这个邦国里,人们固然生活在家庭这样的自然的、内向的,因而倾向于封闭的社团之中,但同时,人们也超出这个社团,创造出了一个陌生人之间相互交往、合作的公域。由此,这个邦国是一个立基于公民的共同体。人们除具有私的一面,也具有公的一面。这样的邦国为了其生命的永恒,对其国民做了妥善的安排:给没有希望者以希望,给寻找发挥自己潜能者以自由。而成员创造出来的财富同样既具有私的一面,也具有公的一面。

由此可以看出,这个邦国的首要原则就是"天下为公"。天下为公既是最高治理者产生的具体制度安排,也是大道之行时代的普遍原则,或者说是第一构成性原理。事实上,唯有天下为

公,一个理想的邦国才能作为一个具有凝聚力的共同体存在和
发育,而人们则从中"相与利之"。

在这样的邦国中,人们普遍具有"共同体感"。人们会感觉
到,自己可与他人休戚与共,每个人既为自己也为他人,既可自
主,又彼此分享。这样的共同体感给予每个人以长远而确定的
预期。由此,每个人的生活成本都是低廉的:既然老有所终,自
己的未来不会有太大风险,人就无须对自己的未来忧心忡忡做
过于周全的安排。既然讲信修睦,每个人与他人交往时,就不必
投入全副身心进行计算,采取周密的防范措施。因此,一个优良
治理的邦国秩序能给每个人以安宁感。这样的邦国自可避免人
间秩序之普遍而常见的恶:

> 是故,谋闭而不兴,盗窃、乱贼而不作,故外户而不闭。
>
> 郑玄注:尚辞让之故也。御风气而已。
>
> 孔颖达疏:"是故谋闭而不兴"者,兴,起也。夫谋之所
> 起,本为鄙诈。今既天下一心,如亲如子,故图谋之事,闭塞
> 而不起也。"盗窃乱贼而不作"者,有乏辄与,则盗窃焉施?
> 有能必位,则乱贼何起作也?"故外户而不闭"者,扉从外阖
> 也,不闭者,不用关闭之也。重门击柝,本御暴客,既无盗窃
> 乱贼,则户无俟于闭也。但为风尘入寝,故设扉耳。无所捍
> 拒,故从外而掩也。

谋者,诈谋也,也即人们旨在追求个人利益最大化的相互计
算之心,且不会把他人可能遭受的伤害计算入内。这就是法家
所论说的人性。具有这样的计算之心的人既不会讲信,也不会

修睦。他不是"不独",而是"独",他不是"不必",而是"必"。一群聚集在一起的人,何以普遍具有这种心智?恐怕是因为,他们中间没有构造出健全的秩序。因此,他们每个人都缺乏安全感,不能不对自己的未来作出周密的安排,在与他人打交道时也必须保持高度警惕。这种不安全感反过来刺激人的计算之心。人们必须计算自己人生最遥远的未来的任何风险,也必须计算他人对自己可能带来的一切风险。面对这样的计算,他人也不能不进行更加苛酷的计算。人们相互计算,必然演化成相互提防、相互猜疑,最终同时采取相互伤害的行动。而这一切的根源在于治理秩序不合理所造成的安全感的普遍匮乏。

盗窃、乱贼同样是因此而起。"谋闭而不兴"描述人心健全淳朴,"盗窃、乱贼而不作"描述社会安宁稳定。

"盗窃者",窃取他人财物也。从事这种勾当者,通常是底层穷人。他们因为贫困,更多的时候是因为绝望,而为了自己的利益侵害他人。盗窃者与大同章前面所说的"不独"、"不必"形成奇妙的对比。在一个秩序优良的邦国,人们既生活在私域中,同时也共同建立了一个公域,在这里,人们与他人分享情感和财富。那些生活在社会底层、被自然决定的没有希望者因此而得到了希望,当然也就不会行盗窃的勾当。优良治理所促成的相互分享是人们相互增进幸福感的机制,而这又会反过来巩固人们的共同体感。由此可以看出,给不幸者以幸福,给没有希望者以尊严,对于共同体来说具有巨大的溢出效应。相反,在缺乏优良治理的邦国不存在这样的公域,人们拒绝分享,底层的没有希望者就会强制分享他人的财富,此即窃盗。这会引发一连串反应,人们将会相互憎恨,结果是秩序趋向解体。

这恰恰给了"乱贼"可趁之机。乱贼者，谋反叛乱者也。从事这种勾当的通常是自认为有能力的人。他们从社会普遍的绝望和相互憎恨中看到了自己的希望。他们利用人们的不安全感，趁势起而"打"天下，以博取个人利益的最大化。乱贼的目的不是改进治理秩序，而是为了自己的私利而打天下：天下被他视为一份可给个人带来好处的产业。这样的乱贼当然不可能建立一个与原有秩序相比有所改进的治理体系。乱贼只是在重复不良的制度而已。为防止这样的循环，治理体系必须从一开始就设计合理，从而不给乱贼以任何机会。

尤可注意者，大同章关于大道之行时代治理秩序的表征之描述，最终归结为"故外户而不闭"。前面描述了一套完整的政治、社会、精神制度安排，"是故"而有"谋闭而不兴，盗窃乱贼而不作"之人心与社会秩序效果。人心如此，社会秩序如此，"故"有"外户而不闭"之普遍的幸福生存状态。

今人解大同章，普遍附会西方传来的一种理念，比如冲破家庭。然而，治理之本在于家庭。大同秩序归结于"外户而不闭"，说明了家庭在大同世界具有决定性意义。实际上，大同章整个文本显示，家庭是最基本的社会单元，"女有归"当然是立家，故邦国只养育"矜寡孤独废疾者"；"不独亲其亲，不独子其子"也绝不是说人当无家，而只是说，人应当在家，但又超越于家。可以说，离开家庭，没有大同。

总之，大同章主张，人首先生活于自家之中，家就是人维持其生命的最为稳固的堡垒。尤其是，即便这个社会已经没有暴客，但家仍然设"户"。这是在划定家的范围，"户"把每个人的家标定为一个纯属家人拥有的私域。当然，优良的制度已经驯化了人的行为,人们相互之间有足够的信赖,因此,每个人的家获得了最充分的安全,人们可以不关闭门户。但是,门户仍然存在。因为,每个人、每个家庭仍然是每个人、每个家庭。这是社会的基本单位,也是治理的基本单元。它的存在被大同章设定为永恒的。

由此可以看出,大同理想绝无意于消灭私域,相反,它所做的全部工作是确认这个私域,与此同时,致力于透过制度设计,引导人们走出这个私域的洞穴,关注公的领域。此即"不独"、"不必"的用意所在。

因此,大同世界既不是私人相互封闭、尤其是封闭于血亲自然家庭的世界中,也不是一个公而无私的世界。大同世界的根本特征是中道,也即私域和公域的并存、交叉、均衡。在大同世界中,私人与公民交叉重叠于一个人身上,每个人、每个家庭同时具有私和公两个面相。这样就形成了一个基于家庭中的个人的公共性秩序。这样的秩序就是大同。

大同是理想,然而,大同章描述理想的方式,实极为特别。人不独亲其亲,不独子其子,货不必藏于己,力不必为己,谋闭而不兴,盗窃乱贼而不作,外户而不闭:大同章短短一百余字,竟然使用了七个"不"。这一点是大同章文本最为显著的特征,最为典型地呈现了儒家思考治理问题的心智。

大同章确实在描述一个理想,但这个理想不是乌托邦,不是幻想。大同章从来没有准备正面地论述一个理想社会中的人们是何等样的心智,人际关系呈现为何种状态。相反,大同章始终是通过否定的方式来间接地描述理想社会的。换言之,大同章并不准备追求抽象的、圆满的、绝对的理想,而只希望透过若干重大制度的改进,祛除现实中人人可见的最为恶劣的情形。七个"不"均具有这样的倾向。至于理想的社会究竟是什么,大同章留给现实中的人们去自行创造,而拒绝进行哲学的幻想。

请注意这里的句式:"人不独亲其亲,不独子其子",不应指望人兼爱一切人。人必然先亲其亲,惟当以此为本,养成人的普遍的爱。而这种爱一定有等差,而这对优良秩序已经足够。货"不必藏于己",力"不必为己",不应指望人人无私。人必然关心自己。但是,人又必然具有不忍人之心,因而也必然具有分享的本能。"谋闭而不兴",不应指望从根本上消灭人的谋心,只不过,立国者、治国者要通过制度设计,令人们不必运用此心,令此心不兴。"盗窃、乱贼而不作",谁也不能保证,这个世界上无人有盗窃、乱贼之心,立国者、治国者所要做的是让具有这种心思的人,不必、也不可能实施其计划。"外户而不闭",各家仍有门户,只是因为秩序良好,而不须关闭。

从这些句式可以清楚看出,儒家所说的"大同"其实是一个平实、低调的理想,绝非后人附会的超出人性限度的幻想。其中可见儒家的中道心智。儒家对人性是乐观的,这在孟子那里、在"人皆可为尧舜"的论断①中表现得很清楚。但是,儒家对人从来不抱不切实际的幻想。儒家不会构想一个与现实完全相反的天堂,儒家不相信历史的终结。儒家只是希望,人不断地向上提升,社会秩序持续地向善改进。大同章这一在儒家思想传统中最具理想色彩的论说,也最为深切地呈现了儒家心智之中道特征。

---

① 《孟子·告子下》。

大同者,太和也

然则,何为大同?

> 是谓大同。
>
> 郑玄注:"同,犹和也,平也。"
>
> 孔颖达疏:"是谓大同"者,率土皆然,故曰"大同"。

乍一看,郑玄之注令人不解。先贤曾明确分疏过"和"与"同"的根本差异,如《国语·郑语》记西周末贤人史伯曾对郑桓公说过这样一番话:

> 夫和实生物,同则不继。以他平他谓之和,故能丰长而物归之。若以同裨同,尽乃弃矣。故先王以土与金、木、水、火杂,以成百物。是以,和五味以调口,刚四支以卫体,和六律以聪耳,正七体以役心,平八索以成人,建九纪以立纯德,合十数以训百体。出千品,具万方,计亿事,材兆物,收经入,行姟极。故王者居九畡之田,收经入以食兆民,周训而能用之,和乐如一。夫如是,和之至也。于是乎,先王聘后于异姓,求财于有方,择臣取谏工,而讲以多物,务和同也。声一无听,物一无文,味一无果,物一不讲[当为构]。

先贤已清楚指出,"和"不同于"同"。基于这样的智慧,孔子也说过："君子和而不同，小人同而不和。"①《说文解字》释义：
"和，相应也"；"同，合会也"。同就是同质事物的简单相加，和则
是异质事物之相互协调。

很显然，大同章所描述的理想社会，不是人人相同的社会。
大同章也从来没有试图把人人塑造成为相同的。相反，大同章
自始至终承认，人各不同。因为，人难免是"私"人，他们难免有
私心。大同章所努力者，是在这样的人性基础上，在这私人中
间，构造出一种人们可以"相与利之"的治理秩序。为此，大同章
提议，立国-治国者透过制度设计，让人们超越封闭的自我世界，
创造出一个必要的"公域"。当然，这样的制度设计，也是以人具
有公心之潜能为前提的，这公心的基础就是孟子所说的人所固
有的"不忍恻隐之心"。当公域被构造出来后，人们就能以最低
成本进行广泛的合作、交易，而相与利之也。因此，大同章所设
想的，其实就是万众之"和"。郑玄看似突兀的解释，反而深得大
同章之要旨——现代诸贤哲反而误解了大同章的涵义。

根据郑玄的解释和上面对大同章旨的疏解可以说，《礼运》
篇所说的"大同"，其实不是大"同"，而是大"和"，就是万民相和，
也即天下处于普遍的相互协调的状态。

然则，如何达此大同？大同章只是描述理想秩序的状态，而
未讨论达此状态之道。这个道只能从"三代之英"那里寻找：

> 今大道既隐，天下为家。各亲其亲，各子其子。货、力

① 《论语·子路》。何晏注云："君子心和，然其所见各异，故曰不同。小人所嗜好
者同，然各争利，故曰不和。"

为己。大人世及以为礼,城郭沟池以为固,礼义以为纪:以正君臣,以笃父子,以睦兄弟,以和夫妇;以设制度,以立田里;以贤勇知,以功为己。故谋用是作,而兵由此起。禹、汤、文、武、成王、周公,由此其选也。此六君子者,未有不谨于礼者也:以著其义,以考其信;著有过,刑仁,讲让,示民有常。如有不由此者,在势者去,众以为殃。是谓小康。

首先,以小康章与大同章对比,立刻可以看出一个十分显著的文本特征:大同章皆以否定语气描述,连续使用了七个"不"。这里却进行正面描述,且与大同章前六个"不"恰相对应:各亲其亲,各子其子,货为己,力为己,谋用是作,而兵由此起。引人注目的是,大同章的第七个不字句"外户而不闭",则没有相对应者,取而代之的是礼治的框架性描述。

天下为家时代的根本特征是"礼义以为纪"。孔颖达疏:"纪,纲纪也。五帝以大道为纪,而三王则用礼义为纪也。"禹、汤、文、武、成王、周公等六君子就是三代之英,他们"未有不谨于礼者也",孔颖达疏:"言此圣贤六人,皆谨慎于礼,以行下五事也。"

三代之英构建和维系优良秩序之大道,就是礼义。大同章中的各种优良状态,都是通过礼义实现的:大同章的"选贤与能"对应小康章的"大人世及"和"以贤勇知",大同章的"讲信"对应小康章的"以设制度,以立田里"。大同章的"修睦"对应小康章的"以正君臣,以笃父子,以睦兄弟,以和夫妇"。也就是说,大同时代的各种状态,透过礼义,也是可以近似地实现的。只不过,为此,人们需要付出巨大的努力,维系礼乐制度。

前已指出，孔子在本场对话开头就将"大道之行"与"三代之英"相提并论，至此，也就可以确定地说，在孔子看来，实现大同之现实的大道，就是礼义、礼乐。小康章之后，孔子正是这样说的：

> 言偃复问曰："如此乎礼之急也？"孔子曰："夫礼，先王以承天之道，以治人之情。故失之者死，得之者生。《诗》曰：'相鼠有体，人而无礼；人而无礼，胡不遄死？'是故，夫礼，必本于天，殽于地，列于鬼神，达于丧祭、射御、冠昏、朝聘。故圣人以礼示之，故天下国家可得而正也。"

接下来，孔子详尽阐述了礼之起源，礼之流变，礼之性质和功能。《礼运》篇终结于大顺：

> 故治国不以礼，犹无耜而耕也；为礼不本于义，犹耕而弗种也；为义而不讲之以学，犹种而弗耨也；讲之于学而不合之以仁，犹耨而弗获也；合之以仁而不安之以乐，犹获而弗食也；安之以乐而不达于顺，犹食而弗肥也。
>
> 四体既正，肤革充盈，人之肥也。父子笃，兄弟睦，夫妇和，家之肥也。大臣法，小臣廉，官职相序，君臣相正，国之肥也。天子以德为车，以乐为御，诸侯以礼相与，大夫以法相序，士以信相考，百姓以睦相守，天下之肥也。是谓大顺。大顺者，所以养生、送死、事鬼神之常也。故事大积焉而不苑，并行而不缪，细行而不失，深而通，茂而有间，连而不相及也，动而不相害也。此顺之至也。

　　这里以生命体为喻讨论人、家、国、天下的治理之道。肥,就是《大学》所说的"富润屋,德润身,心广体胖"①。"肥"对个人的身体,对家、国、天下这样的共同体来说,都是指健壮、健康、健全。这种健全来自"正"和"充盈"。对共同体来说,如果各种制度都得其正,则每个成员都可以发挥其潜能。个体发育健全,同时最大程度地贡献于共同体。如此一来,这个共同体的生命就是活泼而充盈的。

　　"正"就是所谓"大顺",郑玄注:"言人皆明于礼,无有蓄乱滞合者,各得其分,理顺其职也。"大顺就是大和,也就是处于各种关系中的相对各方,各得其分,实现协调,从而在家、国、天下等各个层面上,人们皆可以最低成本合作、交易。此即"连而不相及也,动而不相害也"。这就是"大和",在这种大和状态中,个体是自由的。

　　礼的运转之趋归就是《易·乾·象》所说的"乾道变化,各正性命,保合大和"。此处之"大和"与大同章的"大同"遥相呼应,乾卦的"大和"就是大同章的"大同"。大同章所说的大道之行也就是乾卦所说的保合大和,万物各正性命。

　　由此,《礼运》全篇构造了一个理想与现实之间的回路。它首先高陈了一个大同的理想。它用这个理想提撕现实。但这其实是一个基于给定的人性,因而是可以在人间实现的理想。通

---

① 《礼心正义》孔颖达疏云:"心广体胖"者,言内心宽广,则外体胖大,言为之于中,必形见于外也。

往理想之道在于制度，"礼"就是制度的总和。《礼运》中间大量地论述了礼的性质、渊源、内容。透过这些合理的制度安排，人间既可达致小康，更进一步也就可以达致大顺。[①] 大顺就是大同，大同所要求的无非就是普遍而深刻的和顺。

因此，小康、大同的区别不过是人间普遍和顺的程度有所不同而已，其间并无性质上的差异。在大同世界，其实仍然存在君臣、父子、夫妻、田里等等制度，只不过，所有这些人间的伦理和政治关系已经处于普遍和顺的状态。因此，小康与大同是相连的。由此我们可以理解，《礼运》篇开首，孔子何以把"大道之行"与"三代之英"相提并论。三代之"英"与大道之行之间，并非截然的两个世界，而是相续的世界。三代之英就是通往大道之行状态的道。

当然，大同章高陈大同理想的用意依然是深刻的。理想仍然是理想。可以说，人间永远达不到理想状态。但是，一个共同体欲实现优良治理，则必须始终面向理想。理想能够引导人们充分地发掘自己的心性，发挥自己的创造性，持续地构造适合于人的现实。理想对于人具有提撕力量，因而也就具有引导人超越现实的力量。而唯有指向理想的现实，才具有意义、具有价值，才是真正的现实。小康必须向着大同，才有意义，也才能够是小康。

《礼运》篇整体文本同样表明儒家之中道气质。治理秩序的

---

① 孔子说，"齐一变，至于鲁，鲁一变，至于道"（《论语·雍也》），就是对此社会变迁模式的具体运用。

优良离不开理想的牵引,把人当作物看待的没有理想的治理秩序,如秦制,必然坠落、败坏。但另一方面,儒家的理想是可望而可即的,它并不要求人性的根本改造。相反,人性自身本就敞开了通往理想的可能性,人性也具有这种强烈意向。重要的仅在于人们基于人心的这种自觉而不断向上努力,其中最为重要的是透过制度构造,塑造出健全的治理秩序。这种秩序的根本特征就是天下为公,而天下为公的含义也就是所有人在公道的制度下各得其分,自由地交往、合作。

经义概述

回首华夏-中国漫长、丰富而曲折的治理秩序历史,隐约可见一种前后连贯的"秩序意向"。这个秩序意向在历史的有些阶段似乎中断了,但总会被接续。大体上,这个理想始终牵引着中国人寻找更为健全、合理、美好的治理秩序。这个近似于永恒的秩序意向就是"天下为公"。

天下为公体现在多个层面:首先,人皆天然地具有公的一面;其次,天下之主权归属于天下人;再次,人皆具有仁心,而本乎亲亲之情,仁爱陌生人;第四,人皆乐于在保有财产的前提下,与他人分享自己的财富。优良制度必本乎此,以此为原则,并保护人的这种天性。

天下为公的秩序想象可被看成生活在这块土地上、浸淫于这一文明中的人们普遍而持续追求的理想。正是这理想引导着中国人在历史性立宪时刻形成精神与政治自觉,采取超越败坏的制度的大胆行动,推动治理秩序之演进。中国治理秩序之演进就是这个天下为公的理想寻求其有效而合理的实现形态的过程,这理想在现实中不那么完备的实现赋予了看似混乱的历史过程以深刻的永久性意义,未来中国之文德也必在这理想引领下生成。

新民说·书目（已出）

王人博：《孤独的敏感者》
许章润：《坐待天明》
吴稼祥：《公天下》
秋　风：《儒家式现代秩序》
梁治平：《法律史的视界》
梁治平：《法律何为》
胡　适：《中国哲学史大纲》（卷上、卷中）
鲁迅著、丰子恺绘、孙立川注：《呐喊》（新编绘图注本）
柴春芽：《我故乡的四种死亡方式》
刘仲敬：《民国纪事本末（1911—1949）》
艾　云：《寻找失踪者》
李贵连：《法治是什么：从贵族法治到民主法治》
秋　风：《治理秩序论：经义今诂》
梁治平：《法律后面的故事》
刘　擎：《纷争的年代——当代西方思想寻踪》

Http://e.weibo.com/xinminshuo
E-mail:fanxin@bbtpress.com

Http://e.weibo.com/xinminshuo
E-mail:fanxin@bbtpress.com